精神分析的生态之维

杨文臣 著

武汉大学出版社

图书在版编目(CIP)数据

精神分析的生态之维/杨文臣著. —武汉:武汉大学出版社,2023.7
ISBN 978-7-307-23767-4

Ⅰ.精… Ⅱ.杨… Ⅲ.精神分析—研究 Ⅳ.B84-065

中国国家版本馆 CIP 数据核字(2023)第 096287 号

责任编辑:李 琼　　　责任校对:汪欣怡　　　版式设计:马 佳

出版发行:**武汉大学出版社**　（430072　武昌　珞珈山）
　　　　（电子邮箱:cbs22@whu.edu.cn　网址:www.wdp.com.cn）
印刷:武汉邮科印务有限公司
开本:720×1000　1/16　印张:14.25　字数:212 千字　插页:2
版次:2023 年 7 月第 1 版　　2023 年 7 月第 1 次印刷
ISBN 978-7-307-23767-4　　定价:56.00 元

版权所有,不得翻印;凡购买我社的图书,如有质量问题,请与当地图书销售部门联系调换。

目 录

导论 ·· 1

第一章 "母性法则":精神分析和生态思想共同的精神内核 ············ 12
  第一节 精神分析与母性法则 ·· 12
  第二节 生态思想与母性法则 ·· 18
  第三节 精神分析视野下的道家思想 ·· 24
  本章小结 ·· 37

第二章 从"非压抑性文明"到"生态文明" ································ 39
  第一节 压抑、欲望、毁灭冲动与生态危机 ·································· 40
  第二节 "宣泄疗法"的失败与"非压抑性文明"的提出 ················ 51
  第三节 人的解放与自然的解放 ··· 67
  本章小结 ·· 71

第三章 关于"构建生态共同体"的精神分析:前提与路径 ············ 73
  第一节 虚假的共同体与生态问题的形成 ····································· 74
  第二节 "自我分析疗法"与"仁者爱物" ·································· 87
  第三节 从"理性共同体"到"生态共同体" ······························ 96
  本章小结 ·· 104

第四章　抱持疗法与家园意识 ………………………………… 105
第一节　焦虑、神经症与生态问题 ……………………… 106
第二节　抱持疗法及其在家园营建中的运用 …………… 125
第三节　精神分析视野下的儒家思想 …………………… 146
本章小结 …………………………………………………… 154

第五章　文化退行与生态复魅 ………………………………… 155
第一节　"自然之魅"的精神分析解读 …………………… 158
第二节　心灵的祛魅与生态问题的形成 ………………… 165
第三节　文化退行与生态返魅 …………………………… 177
本章小结 …………………………………………………… 189

第六章　"保卫自然"：从"自然文化化"到"文化自然化" …… 191
第一节　由德里达对海德格尔的批判说起 ……………… 193
第二节　抹不掉的自然与拉康的转向 …………………… 201
第三节　精神分析视野下的禅宗思想 …………………… 211
本章小结 …………………………………………………… 224

后记 ……………………………………………………………… 225

导　论

一

20世纪70年代以来，作为对不断加剧的全球性生态危机的应对，自然科学和社会科学的各个学科相继展开了"生态转向"，并很快获得了社会实践领域的回应。经过有识之士们几十年来坚持不懈的努力，生态话语如今已经成为一种显赫的话语，现代文明的生态转向也近乎成为全球共识，被公认为通向美好未来的必经之路。

放眼当下，生态意识可谓是"深入人心"。在我国，建设生态文明已经被写入党章并纳入制度建设之中。很多经济、体育和文化交流活动，诸如博览会、运动会、科技与文化论坛等，都纷纷把"生态"作为自己的活动理念和口号。"生态"（"环保""绿色"）是当前商业宣传最有效的手段之一，无论商品的品质如何，只要挂上生态的噱头，就能一定程度上提高其在消费者心中的认可度，这无疑是公众生态意识提升的表征。

然而，正如我国著名生态美学家曾繁仁在为《中国古典美学的生态智慧研究》一书作的序言中所说，"人类尽管从1972年就召开全球性的环境会议并通过环境宣言，此后又多次召开类似会议，但环境污染的恶化并没有得到明显遏制"[①]。我们认识到了生态问题的重要性，认可了生态的世界

[①] 卢政等：《中国古典美学的生态智慧研究》，人民出版社2016年版，序言第1页。

观、伦理观和存在观,但并没有做出足够的努力。我们认可的和奉行的不一致,意识和无意识之间存在着分裂。我们很清楚汽车给能源和环境带来的巨大压力,但还是争先恐后地购置了私家轿车;我们对食品工业非法和过量使用添加剂深恶痛绝,但在经营农场时却亦步亦趋地把农药和化肥灌进土地中;我们知道因为地球的有限性,经济的增长是有极限的,但我们最关注的还是统计表上的数字对比和线条走向;我们知道核武器有多么危险,但在削减核武器的存量方面迟迟不愿迈出实质性的步伐。而且,我们还总是能够找出一堆理由,来表明自己的做法是无奈之举。无论是个人还是群体,似乎都被某种邪恶的非理性力量所控制,宁愿等待灾难的降临,也不愿眼下做出一点牺牲。美国精神分析学家埃里希·弗洛姆痛心地说:"那些政治家们装着做这做那,好像是在采取有效的措施以防止这场灾难,无休止的会议、协商和裁减军备的谈判给人一种印象,好像他们认识到这些问题并正着手解决这些问题。其实不然,我们实际上没有得到任何进一步的帮助。领导人和被领导的都装出一副认得路和沿着正确方向前进的样子,并以此来麻醉自己的良心和生存的愿望。"①不止那些政治家们如此,笔者清晰地记得读博士期间,在结束一个关于生态思想的课堂讨论之后,上课的老师用无奈的口吻感慨地说——"我们在一次次会议上大谈生态,心里想的却是山珍海味,是会后到哪里去饕餮一顿,想想真是很悲哀!"操持生态话语的学者们尚且如此,遑论沉迷于物欲之中的芸芸众生!

笔者绝非要抹煞学界在探究和弘扬生态理念上作出的贡献和价值,没有学界的"生态转向"和对生态问题的持续关注,生态问题不可能像当下这样受公众重视,这本书也不会产生。笔者也相信公众在谈论生态问题时表现出的忧虑是真诚的,没有谁愿意在一个生态状况恶劣的地方生活,也没有谁愿意把一个不适合居住的世界留给自己的子孙。不过,如上文所说,我们并没有做出足够的努力。这很大程度上不是因为缺乏生态意识,而是

---

① [美]埃里希·弗洛姆:《占有还是存在》,李穆等译,世界图书出版公司2014年版,第11页。

我们的行为并不像我们认为的那样受意识的支配。给一个酗酒的人宣讲喝酒的种种害处并不能令他戒酒，很多时候他不仅明白这些道理，而且非常厌恶沉溺在酒精中的自己，但他就是无法把酒戒掉，这不只是意志薄弱的问题。一个患了被迫害妄想症的人，通常也能够意识到困扰自己的那些想象有多么荒诞，知道沉溺其中的灾难性后果，他会一次次地通过理性的分析告诉自己，那些可怕的人和事根本没有真实存在的可能性，以便说服自己摆脱它们，但却徒劳无功，妄想和恐惧依然挥之不去。对于生态问题，也可作如是观。我们拥有了生态意识，并不意味着必然会带来行为方式的改变。

生态思想家们一再申明，不消除对于自然的统治欲和占有欲，生态问题就不可能从根本上得到解决，实为不刊之论。让人们认识到这一点并不难，难的是如何才能让他们放弃统治、占有自然的欲望。以为意识到了这种欲望的危险和丑恶就可以摆脱它，是一种很天真的想法。古今中外的哲人们，都棘手于如何解除欲望之缠缚的课题。时至今天，不断膨胀的欲望以及因欲望而起的焦虑如瘟疫一般四处蔓延，这一课题愈益显得重要和急迫。近年手机社交平台上频频出现劝导人们清心节欲、珍爱生命的所谓"深度好文"，认同率和转发率都很高，这一现象折射出了人们正普遍地受到焦虑的困扰并渴望得到解脱。不过，我们并不能从那些文字中获得真正的帮助。阅读时虽有彻悟之感，甚至誓以自新，但很快便故态复萌，什么也没有改变。进一步说，那些文字的内容我们其实都清楚而且也经常在生活中拿来劝导别人或劝导自己，只是表达不像它们那样精妙而已。对金钱的欲望，对异性的欲望，对权力的欲望，对声名和地位的欲望……我们漂浮于欲望的海洋中，与他人展开激烈角逐，殚精竭虑，不择手段。我们意识到了应该抵抗，但缺乏抵抗的力量，就像前文提到的酗酒者或吸毒者，偶尔会幡然悔悟表表决心，但很快就又沉迷在酒精和毒品带来的快感中了。我们如何对待他人，就会如何对待自然。在一个提倡竞争、金钱至上的时代，我们与自己的同类尚且不能取得和解，又怎能与自然取得和解？我们念念不忘胜过他人、高踞于他人之上，又怎能平等地对待自然、放弃统治和占有自然的欲望呢？

我们惯于为自己的非生态行为辩护，将责任推给社会大环境。比如，购买汽车是不得已的，是为了避免孩子因自家没车而在家里有车的同学面前产生自卑感，我们无法改变相互攀比的社会风气，也无法隔绝其对孩子的影响，只能违心顺从；经营鱼塘、果园时使用污染环境的激素和药物是不得已的，它们能显著提高产品的产量和品相，别人都用若自己不用就无法生存下去；迟迟不关闭一家污染环境的企业也是不得已的，因为这不仅关系到上千企业员工的就业和生计问题，还关系到一笔不菲的财政收入，进而关系到可投放在公共事业上的经费；等等。如此，我们就回避了自身应尽的义务，将责任推给了经济、制度和文化环境，从而心安理得地摆脱了生态良知的压力。我们会为自己辩解说，其实自己非常认可并愿意顺应生态法则，只是受到了不可抗拒的外部力量的胁迫。

不可否认，要想解决生态问题，经济模式、社会制度、文化价值取向等层面的变革至关重要，但这不意味着生态问题的解决单纯依靠"顶层设计"就可以了。反生态的资本逻辑、消费主义文化和竞争型的社会价值取向，之所以牢牢盘踞于当下，是因为有相应的精神土壤。如果不对土壤进行清理，生态文明就难以成为现实，即便有"顶层设计"保驾护航。生态意识难以转化为生态行动，原因也系于此。在弗洛伊德、荣格、弗兰克尔等人看来，人类文明的全部历史都是个体深层心理的象征物，这固然是偏激之论，但并非全无道理，没有任何"顶层设计"能在与民众全无投契的情状下扎下根来。所以弗洛姆说："人心理上的深刻变革也不失为避免经济和生态灾难的一种方法。"①这种变革不是指我们已经在做且成效显著的培育和增强生态意识，而是指通过精神分析的努力，对植根于人们无意识之中、隐秘地支配人们行为的非理性力量——攻击性、占有欲、焦虑、恐惧等——进行清理，彻底更新、重建人们的心灵和精神，进而通向生态文明。

---

① [美]埃里希·弗洛姆：《占有还是存在》，李穆等译，世界图书出版公司2014年版，第9页。

二

表面上看，精神分析和生态问题无甚关联。如我们所知，弗洛伊德开创精神分析学说的目的是为了治疗癔症、强迫症、歇斯底里等形形色色的神经症，这一学说关注的是人类个体的内在经验和心理机制，而生态思想关注的却是人类群体与自然的关系。但我们也很容易发现，二者之间具有同步性。精神分析的诞生以1900年弗洛伊德的《释梦》出版为标志，三十年后，大规模的生态灾难就爆发了。① 也就是说，精神分析兴起的时段，也是生态问题迅速酝酿和发酵的时段。

19世纪六七十年代，第二次工业革命蓬勃兴起。相对于第一次工业革命，第二次工业革命大大加速了现代性的进程，电力的开发和广泛使用，钢铁、石油、化工产业的兴起，以及远程通信的出现，使世界面貌发生了翻天覆地的变化。自然科学的新发展开始同工业生产紧密结合起来，新的技术一旦产生便迅速得到推广应用，这不仅带来了社会生产组织的变革，也剧烈地冲击着人们对于存在的体验。波德莱尔写道："现代性就是过渡、短暂、偶然。"②没有什么是稳定、永恒的，无论事物还是秩序，一切变幻不定，一切转瞬即逝，令人感到"震惊"和"眩晕"。这样一种体验猛烈地冲击着人们之于主体、理性的信念，"对于启蒙运动而言，主体的自治意味着主体具备了超越'纯粹'隐私的、感性的被动容纳的心灵属性。只有具备了这种能力，人才能获得普遍有效的理性结论。许多观察者深信，世纪末的文化毁灭了这种能力，并为'退化''自恋'和'颓废'等新兴力量的出现

---

① 1930年比利时的马斯河谷烟雾事件是20世纪最早的环境公害事件，随后20年内又发生了洛杉矶光化学烟雾事件、多诺拉烟雾事件、伦敦烟雾事件等多起工业废气导致的灾难性事件。自此，生态问题成了困扰全人类的恶疾、顽疾。

② ［法］波德莱尔：《1846年的沙龙：波德莱尔美学论文选》，郭宏安译，广西师范大学出版社2002年版，第424页。

哀鸣不已"①。尽管波德莱尔在美学上肯定了现代都市绽放的"恶之花"，但他笔下呈现出的种种令人窒息的喧嚣和溷浊、歇斯底里的阴郁和疯狂却绝不会给人以美的享受。波德莱尔之后，孤独、绝望、荒诞、病态等非理性情愫迅速蔓延，成为现代主义文学和艺术的主色调。

文学艺术上的新景观折射出了社会情状的变迁。也是伴随着第二次工业革命，神经病学（neurology）——弗洛伊德最初从事的专业——勃然兴起，从事相关研究的研究和教学医院得以扩建，诸如巴黎的萨伯特医院、苏黎世的柏格霍兹利医院、纽约的贝尔维尤医院，等等。这些医院得以扩建的部分原因是，它们要处置大量涌现的犯罪、酗酒和卖淫之类的新型社会问题，为此人们发明了一整套新术语，诸如"神经症""强迫症""癔症""异常"等。② 最初，解剖学是开展神经病学研究的主要手段，人们试图从神经系统的器质性病变中寻找神经症的成因。但很快，研究思路便从解剖学向心理学转移，因为人们发现很多神经症患者的神经系统并没有受到任何损伤。弗洛伊德不是这一转向的首倡者，③ 但无疑是最杰出的引领者，他的精神分析学说开创了一个全新的领域。

英国著名动物学家和人类行为学家埃斯蒙德·莫里斯指出，野生动物一般不会自杀、手淫、伤害后代或同类，不会有恋物癖和同性恋，但关在动物园笼子里的动物却时常会表现出种种反常行为。不幸的是，现代都市就是一座"人类动物园"，这座"人类动物园"将来有可能变成"超级疯人院"。④ 显

---

① ［美］伊利·扎列茨基：《灵魂的秘密——精神分析的社会史和文化史》，季广茂译，金城出版社2013年版，第5页。
② ［美］伊利·扎列茨基：《灵魂的秘密——精神分析的社会史和文化史》，季广茂译，金城出版社2013年版，第11页。
③ 比如，巴黎的萨伯特医院的让-马丁·沙可——弗洛伊德曾在他手下学习——就对解剖学之于神经病学的局限有着清醒的认识，弗洛伊德后来回忆道："沙可常说，神经系统的器质性病变的理论也可以说已经终结。要解决的下一个问题是神经症。"（［美］伊利·扎列茨基：《灵魂的秘密——精神分析的社会史和文化史》，季广茂译，金城出版社2013年版，第14页。）
④ ［英］埃斯蒙德·莫里斯：《人类动物园》，刘文荣译，文汇出版社2002年版，第230页。

然，这不只是一个比喻的说法，也不是在哗众取宠。远离自然，自闭于钢筋混凝土的丛林中，正让越来越多的现代人染上精神疾患。由于弗洛伊德生活的年代，生态危机的临界点尚未到来，生态问题暂时没有进入他的视野，他也没有自觉地把神经症与第二次工业革命的影响联系起来。不过，随着精神分析运动的开展，随着社会文化因素在精神分析理论中的分量逐渐增加，他的后继者们越来越明确地告诉我们：神经症是现代工业文明的孪生物，生态危机必然伴随着精神危机，精神危机和生态危机是一体同源、互为表里且互为因果的关系。——精神分析的生态之维日益凸显出来。

三

精神分析的初衷是疗救病人的精神苦痛，但在治疗实践上却难言成功。早在20世纪20年代，对精神分析疗法的系统怀疑就开始出现，当时对来自柏林精神分析诊所的472名病人的研究表明，只有其中的40%可以视为治愈。40年代和50年代的研究也一致表明，接受精神分析治疗后病人状况改善的几率大约是五五开。甚至，50年代中期由美国精神分析学研究协会核心事实委员会发起的调查研究表明，6个接受精神分析治疗的病人中只有1个被治愈——这一具有毁灭性的行业自己的报告推迟了十多年才公之于众。① 自然，对精神分析理论的质疑也接踵而至，独断主义——把理论预设强加给病人——成为最主要的指控。②

独断主义的指控是不公正的。固然，无论是弗洛伊德还是他的后继者们，都存在将理论预设强加给病人的做法。但精神分析之外，无论自然科学还是社会科学，又何尝不是这样？人们总是受限于自己的理论视野，对

---

① ［英］彼得·沃森：《20世纪思想史》，朱进东、陆月宏、胡发贵译，上海译文出版社2006年版，第576页。
② ［英］彼得·沃森：《20世纪思想史》，朱进东、陆月宏、胡发贵译，上海译文出版社2006年版，第772页。

研究对象做出有限的解释,并把自己的解释视为真理,我们并没有因为他们的局限而抹煞他们的价值。不否认,对个人权威非常看重的弗洛伊德的确有独断作风,他容不下与自己相左的理论,有时其家长做派很让人反感。不过,如果我们着眼于整个精神分析运动,就会发现精神分析理论始终在谋求突破,以便对精神现象做出更合理的解释,正如有的论者所言,"精神分析运动的百年发展历程是一种不断分裂与整合的过程。其整合过程就是不断地克服片面性、极端性从而逐渐地走向互相吸收、融合的历程,表现在它的不同发展阶段之间、其内部的各种模式之间以及它与外部诸多学科之间的相互吸收与融合"①。的确如此,精神分析运动中存在的分裂和斗争比其他任何领域都更引人瞩目,这恰恰表明精神分析运动是充满活力的,它从不故步自封。

治愈率低也不能构成对精神分析理论的否定,因为其理论逻辑已经预示了这种状况:神经症来自个体心灵深处的种种冲突,但作为所有这些冲突的根源的社会文化状况超出了个人的控制,没有社会文化的变革,单凭精神分析医生的帮助是不可能彻底消除冲突、治愈神经症的。在对患有盗窃症的13岁孩子乔治的分析治疗中,温尼科特明确告诉乔治的母亲,他很清楚孩子的问题所在,但却无法解决,因为他没有办法改变其家族状况以及外界环境中的一些不利因素。② 相对于成人患者,儿童患者的治愈几率要大得多,如果家长接受了精神分析医师的建议并愿意努力去改变孩子的成长环境的话。而对于大多数成人患者来说,生存环境是无法按照个人意愿改变的,通常他们的症状在分析治疗之后会有一定程度的减轻——甚至痊愈,但回到原来的生活轨道之后,很快便旧病复发。这并不能表明精神分析是无效的,就像我们不能因为衣服又脏了而否认洗衣店曾有效地祛除了衣服上的污渍一样。

---

① 郭本禹:《百年历程:精神分析运动的整合逻辑》,《南京师大学报》(社会科学版)2007年第5期。

② [英]唐纳德·W. 温尼科特:《涂鸦与梦境——儿童精神病学中的治疗性咨询》,李真、苏瑞锐译,北京师范大学出版社2016年版,第329~330页。

荣格早期对弗洛伊德的修正也预示了这一点，他认为神经症并不是儿时的性创伤导致的力比多的"固着"，而是适应现实的失败导致的力比多的"退行"。以河流为喻，力比多的主河道在性欲的幼儿发展时期还没有被发现，相反，力比多分出分支，形成各种各样的支流，当河流冲刷出主河道时，所有的支流就干涸了。如果后来发生了淤塞，所拦蓄起来的力比多就会退行从而重新激活旧有的渠道，这就是神经症患者的幼儿式性欲的形成机制。精神分析的任务在于疏通当下造成的堵塞，摆脱力比多的退行与停滞。也就是说，神经症的动力因素源于患者对当下适应的失败，进而言之，源于不利的生存环境。① 精神分析医师当然无法改变患者不利的生存环境，也就无法阻止堵塞的一再发生，因而他的疏通只能暂时缓解患者的症状而无法一劳永逸地解决问题。

这也可以解释，何以那些优秀的精神分析家们都热衷于跨学科地谈论社会、文化、政治、宗教等领域。要想消除神经症，必须着眼于改变为其提供动力的社会文化土壤。笔者以为精神分析作为一种哲学和批判理论的价值，或许并不次于其在神经病学领域的价值，尽管后者是其理论起点。本课题关注精神分析的生态之维，正有助于把精神分析从举步维艰的神经病学领域中"解救"出来，在更广阔、重大的社会领域中实现其价值。

四

彼得·沃森在他那部令人叹为观止的《20世纪思想史》的开篇指出：1900年思想界发生的几件事预示了20世纪的"思想规则"的形成，首当其冲的是弗洛伊德的《释梦》出版，然后是伊文思登上克里特岛发现了古希腊罗马世界的"母亲文明"——米诺斯文明，孟德尔的遗传定律经德弗里斯和科伦斯的"重新发现"在科学界产生轰动，普朗克提出量子理论，以及毕加

---

① ［瑞士］卡尔·古斯塔夫·荣格：《弗洛伊德与精神分析》，谢晓健、王永生、张晓华等译，国际文化出版公司2011年版，第124~125页。

索驾临巴黎并迅速征服了巴黎的艺术界和知识界。沃森认为这几件事体现出了共同的时代精神："首先，人们所要把握的核心问题，是20世纪初诸多思想的惊人互补，即对隐秘的基本原理及其地位的研究；其次，这种心性的推动力是科学的，纵使它被体验为艺术时，也是如此。……20世纪的思想支柱已然形成。"①科学与艺术、物质与精神、物理学与人类学，其间并没有不可跨越的鸿沟，它们在各自的领域深耕细作，却形成了惊人的呼应和互补，指向支配整个世界运转的"隐秘的基本原理"，"对人们迄今用以理解现实的种种范畴提出了挑战"②。

所谓"人们迄今用以理解现实的种种范畴"，众所周知，是指主客二分思维范式下形成的主体与客体、肉体与灵魂、质料与形式，等等。而对这些范畴形成挑战的"思想规则""隐秘的基本原理"，则指向一种整体的、普遍联系的世界观念和思维范式，即把世界看作一个由相互依赖、制约、转化、生成的万事万物构成的纷繁复杂的整体。埃德加·莫兰将其表述为"复杂性范式"，大卫·格里芬则将其表述为"生态学范式"。"在这种隐形秩序中，永恒的事物不是像在显性秩序下所呈现的那样是相互分离的，而是相互重叠的……科学中的机械论范式应由生态学范式所取代"③。"后现代思想是彻底的生态主义的，它为生态学运动所倡导的持久的见识提供了哲学和意识形态方面的根据。"④在格里芬看来，20世纪思想发展的趋势便是从以机械论为特征的现代思维范式向以生态论为特征的后现代思维范式转移。

精神分析和生态学的确体现了同样的思维方式。弗洛伊德的学术背景

---

① [英]彼得·沃森：《20世纪思想史》，朱进东、陆月宏、胡发贵译，上海译文出版社2006年版，第25页。

② [英]彼得·沃森：《20世纪思想史》，朱进东、陆月宏、胡发贵译，上海译文出版社2006年版，第25页。

③ [美]大卫·格里芬：《后现代科学》，马季方译，中央编译出版社2004年版，第19~20页。

④ [美]大卫·格里芬：《后现代精神》，王成兵译，中央编译出版社2005年版，第227页。

本身就很复杂,他在中学时期接触了大量文学作品,对达尔文的进化论很感兴趣,进入医学院校后阅读了费尔巴哈的著作,还听了布伦塔诺的课程,大学三年级进入恩斯特·布吕克的生理实验室研究一种低级鱼类的脊髓,之后又转向人的神经中枢系统研究。如他在自传中所说,"在大学的前几年,我搞研究的特点是题大面广,层层铺开"①。即便在将主要精力转向精神分析之后,他广泛的学术兴趣也从未衰减,并始终在关注科学界的进展,而来自各个领域的知识也都以不同的方式参与到他的精神分析理论的创建中。弗洛伊德的后继者们对其生理主义的取向多有诟病,而这恰恰表明了他的思维方式是重整体、重联系——这是生态思想最为看重的。他从没想过把精神分析变成"灵魂哲学",生物的、遗传的、文化的、宗教的等各种因素都参与了人的精神世界的组建,反过来,我们生命存在的所有形式也都可以从精神分析的角度予以解释。

如此,我们探讨精神分析的生态之维,就不能局限于精神分析学家与生态直接有关的言论。精神危机和生态危机是一体同源、互为表里的关系,精神的解困本身就有助于生态的突围,反之亦然。精神分析关于人的心理机制和精神成长的种种言论以及相关的社会文化批判,对于生态思想也是有益的和必要的补充,二者之间存在着广阔的对话空间。

我们先从精神实质上的对话开始。

---

① [奥]西格蒙德·弗洛伊德:《弗洛伊德自传》,顾闻译,国际文化出版公司2013年版,第8页。

第一章 "母性法则":精神分析和生态思想共同的精神内核

英国精神分析学家克里斯托弗·博拉斯认为,母性法则是精神分析的基础。① 生态思想也具有母性色彩,著名的生态学理论——"盖亚假说"——就以大地女神盖亚命名。母性法则是精神分析和生态思想共同的精神内核,也是二者得以展开有效对话的前提。

第一节 精神分析与母性法则

无可否认,弗洛伊德本人和他的理论都具有浓烈的父性气质。他开创了精神分析,并以这块领地的国王自居,发号施令、分封诸侯。他把自己最有才华的学生荣格唤作"王储""长子",在后者与自己产生思想分歧时,改口称其为"弑父者"并将其逐出了自己的王国。在理论上,弗洛伊德也流露出明显的性别优越感,他创立概念"阉割焦虑"和"阴茎嫉羡",把女性看成被阉割的男人,宣称女性在男性面前先天地具有自卑感,让女性主义者们无比愤怒。他进一步指出,男孩的"阉割焦虑"和女孩的"阴茎嫉羡"都发生在俄狄浦斯时期,这一时期也是个体化进程开始的时期。此前,个体在心理上尚处于与母亲的乱伦阶段,把母亲作为原欲的对象,父亲的介入终结了这一阶段,他把孩子与母亲分离开来,从而开启了孩子生命的个体

---

① [英]克里斯托弗·博拉斯:《精神分析与中国人的心理世界》,李明译,中国轻工业出版社2015年版,第15页。

化、社会化进程。男孩会因为"阉割焦虑"而克制和改变对母亲的欲望,并通过"反向生成"最终产生对父亲的认同;女孩则会因"阴茎嫉羡"而认同自己的母亲。

尽管强调了父亲的作用,把父亲作为"超我"和"秩序"的代表,但弗洛伊德毕竟承认了存在一个前俄狄浦斯时期,主导这一时期的是母性的规则。出于偏见,弗洛伊德对这一时期的生命活动是否定的,认为那纯粹是动物性的,必须予以压制或者升华,否则便会使自我解体,并危及文明的存在。即便在超我变得越来越严厉以致引发了个体强烈的不满和攻击冲动时,他仍然主张对超我进行强化,尽管他对这一举措的前景相当悲观,清醒地认识到那样会导致恶性循环。① 于此,弗洛伊德对父性法则、父权秩序的执拗展露无遗。他的悲观也表明了,这种执拗是没有出路的。他在两个方面犯了错误:其一,对前俄狄浦斯时期的生命活动的认识过于片面,或者说,对主导这一时期的母性规则、母性秩序作了妖魔化的理解,使用"乱伦"一词最显然地表明了他的这种态度。其二,他还是延续了西方传统的重冲突的思维方式,② 在父性法则和母性法则、理性和非理性之间,推崇前者而贬抑后者,认为秩序必须建立在前者对后者的压制之上。他承认生命中存在非理性的力量,且相当强大,但并不愿认可更不愿屈从于这种力量。所以,他要深入无意识中,将潜藏在那里的非理性力量曝光于理性的目光之下,以便让理性更好地对其加以控制。如弗洛姆所说,弗洛伊德"坚信理性的力量",是"启蒙时代的后裔"。③

弗洛伊德的当代追随者乔治·弗兰克尔在《文明:乌托邦与悲剧》一书中,认为弗洛伊德的个体发展理论与西方文明的历史发展是同构的:

---

① [奥]弗洛伊德:《文明及其缺憾》,车文博主编,九州出版社2014年版,第137~138页。
② 钱穆先生指出:"就中西文化大体作一比较,似乎在西方文化中,'冲突性'更大。而在中国文化中,则'调和力'更强。"——钱穆:《中国文化精神》,九州出版社2012年版,第67页。
③ [美]埃里希·弗洛姆:《弗洛伊德的使命:人格与影响力分析》,尚新建译,世界图书出版公司2015年版,第4页。

个体成长的前俄狄浦斯时期对应了母权制文明阶段，那时孩子属于母亲或者说就是母亲的一部分，女神是最高的神祇，"在克里特人的意象中，阿多尼斯是一株被蛇律动的能量所环抱的树。事实上，蛇和树，植物之神和性爱之神，原是一体的。树神阿多尼斯是与其性欲的生命能量共生的，像蛇一样有节奏地震颤着"①。俄狄浦斯时期是人格发展的关键期，孩子要在父亲和母亲之间艰难地做出选择，这一时期对应的是从母权制文明到父权制文明的过渡阶段，古希腊神话中宙斯与母系诸神的斗争生动地折射了这一阶段的文明进程，"为了征服古老的秩序，宙斯至少要在三个战线上进行斗争。首先，他必须反抗古老的女神，并剥夺她的支配地位，愤怒之下的女神已经变成了魔鬼；其次，他要在女神面前保护阿多尼斯(这里意指性的支配权——笔者注)；第三，他必须对抗那些年轻的神的谋杀冲动，他们对父亲充满了嫉妒，在母神的鼓动下代表她而背叛父亲并且反抗他，在母亲的驱策下成为父亲的敌人"②。就像父亲最终获得了企图"弑父娶母"的儿子的认同一样，宙斯也最终镇压了古老的女神和她们的支持者，赢得了年轻一代——阿波罗和雅典娜——的忠诚。雅典娜从宙斯的头部生出来，是俄狄浦斯时期父亲与母亲争夺子女所有权的生动写照。在希腊人那里，至高无上的宙斯取代了依附于蛇女神的阿多尼斯，成为不朽之王，是希腊人的代表和理想化形象。之后，上帝、国王以及被视为男性特征的理性先后成为秩序的确立者，父权制也日益巩固。而在弗洛伊德看来，顺利克制了弑父娶母情结、取得与父亲认同的孩子，也更有机会成长为一个有着正常人格的社会个体。不难看出，弗洛伊德的人格发展理论，是对父权制文明的辩护和鼓吹。所以弗洛姆认为他"因袭了那个时代父权制的偏见"，"只是个反叛者，而不是一个

---

① [英]乔治·弗兰克尔：《文明：乌托邦与悲剧》，褚振飞译，国际文化出版公司2006年版，第28页。

② [英]乔治·弗兰克尔：《文明：乌托邦与悲剧》，褚振飞译，国际文化出版公司2006年版，第29页。(着重号为笔者所加)

革命者"。①

弗洛姆自己则用一套性别色彩不那么明显的语言表述了弗洛伊德的所谓"乱伦情结","千百年来,人试图回到他出生的地方,再次与大自然融为一体。人愿意再次与动物、大树生活在一起……他崇拜树木与河流,把自己与动物视为同一,并通过像动物那样地行动与感觉来达到这种同一性"②。弗洛伊德认为不摆脱对于母亲的乱伦情结,个体化进程就不会开始,人格就不会发展。弗洛姆也认为,不在情感上切断与母体的"始发纽带",人就不会真正诞生。而且,他们都主张,发展个体的理性是唯一的出路。不同的是,弗洛伊德在超我与本我、理性和非理性的关系上坚持对抗的态度,主张用前者坚决地压制后者;而弗洛姆则认为,回归自然(母体)的渴望是无法遏制的,他主张通过发展理性,找到人与自然的一种新的和谐。也就是说,在父性法则和母性法则之间,弗洛姆立足于调和而非对抗。父性法则是理性与独立,是对个体化的维护;母性法则是爱与联结,是对个体化的反动。弗洛姆宣扬的"爱的艺术",源于母性法则又融入了父性法则,是一种"理性之爱"——即保留自己完整性和独立性的前提下与他者的合二为一。③

在荣格的学说中,"乱伦情结"则被褒饰、衍绎成了"集体无意识"。荣格认为,秩序并不像弗洛伊德所说的那样是由父性法则确立的,在意识、理性尚未接管人的生命存在之前,集体无意识已经赋予了生命存在以意义和秩序。作为一种先天心理或者说是原始心理,集体无意识就是维柯所说的"诗性智慧",它将尚未个体化的生命存在与自然密切连接在一起,每个生命存在与生命共同体之间都存在着"神秘参与"关系,恰如

---

① [美]埃里希·弗洛姆:《弗洛伊德的使命:人格与影响力分析》,尚新建译,世界图书出版公司2015年版,第26、65页。
② [美]埃里希·弗洛姆:《在幻想锁链的彼岸》,张燕译,湖南人民出版社1986年版,第165页。
③ [美]埃里希·弗洛姆:《爱的艺术》,李健鸣译,上海译文出版社2011年版,第25~32页。

尚未与母亲分离的婴儿。在这个意义上可以说,集体无意识体现的就是母性法则。随着代表父性法则的意识(理性)接管了生命存在,代表母性法则的集体无意识被压抑到心灵的深处。在这种压抑不太强烈的初始阶段,集体无意识尚能通过神话、宗教来表现自己,但随着压抑的不断强化,随着神话和宗教被视为虚诞之物遭到放逐,精神危机就开始困扰我们了。换言之,神经症是深受压抑的集体无意识发出的抗议。不过,荣格谈论、赞美集体无意识,但并不主张退回到集体无意识中。他和弗洛姆一样立足于调和立场,主张我们过一种"象征生活",发挥集体无意识对于意识的补偿作用。

梅兰妮·克莱因和唐纳德·温尼科特不像弗洛姆和荣格那样热衷于谈论人类文明的进程,他们的目光始终聚焦在个体精神的成长上。克莱因自称是弗洛伊德的忠实追随者,但她不像弗洛伊德那样强调俄狄浦斯期的重要性,而是把更多的目光投向前俄狄浦斯阶段,宣称个体化进程并非始于父亲的介入,在母婴阶段就已开始。克莱因认为婴儿出生后深受"被害焦虑"的困扰,其最初的客体——母亲的乳房——既是爱的对象也是恨的对象:当营养需要被及时满足时,乳房是"好乳房";反之,若营养需要的满足被延宕,乳房就成了"坏乳房"。"坏乳房"(坏客体)会引发他(她)的焦虑,而对"好乳房"(好客体)被破坏的担忧也会引发他(她)的焦虑,有时克莱因会用"被害期"描述这一心理发展阶段。在这一阶段,婴儿没有能力把"好乳房"和"坏乳房"整合在一起,这种分裂的、极端的、偏执的面对世界的态度,被克莱因称为"偏执-分裂心理位置"。出于焦虑,婴儿会攻击自己的母亲,"在婴儿时期最初的几个月里,其施虐冲动不仅朝向母亲的乳房,也指向她身体内部:掏挖、吞噬内容物、摧毁,极尽施虐之能事"①。

如果得到了足够好的照料,"被害恐惧"不那么强烈,婴儿会顺利从

---

① [英]梅兰妮·克莱因:《爱、罪疚与修复》,吕煦宗等译,九州出版社2017年版,第278页。

"偏执-分裂心理位置"过渡到"抑郁心理位置",这时他会对母亲产生感恩之情,对自己攻击母亲的行为感到罪疚,对失去母亲感到恐惧,这就是"良知"。——并非像弗洛伊德说的那样,罪感和良知都是俄狄浦斯时期的产物,是由攻击父亲("超我")的行为或心理引发的。如果能够进一步克服"抑郁心理位置",即克服对失去母亲的恐惧,建立起"内在的好妈妈"(即保存在内心中的、永远伴随自己成长、可以从中获得力量的"好妈妈"),个体就不大容易出现心理问题。他有更大机会顺利度过俄狄浦斯期,因为"好妈妈"已被内化,父亲介入导致的与母亲的分离不会对他造成太大的冲击。成年以后,遭遇现实的凄风苦雨时,他还可以从"内在的好妈妈"那里感受到温暖、安全和爱。也就是说,虽然成长意味着独立,意味着与母亲的分离,但我们需要"内在的好妈妈"永远伴随着我们。克莱因认为,神经症的病根,或者在于个体未能从"偏执-分裂心理位置"顺利向"抑郁心理位置"过渡上,或者在于"抑郁心理位置"未能被顺利克服,总而言之,在于没有建立起良好的母婴关系。母亲——而非父亲——才是那个对我们的心理成长影响最大的人。

温尼科特和克莱因一样强调母亲的作用,其学说的核心概念是"抱持"——取满怀爱意地将婴儿环抱于臂弯中这一形象,意指妈妈无微不至地照料与呵护孩子。人生初期阶段受到足够好的抱持,对于个体日后的精神健康至关重要。由于这时个体尚不能区分自己和世界,不知道有一个母亲在悉心照料自己,他会以为一切都是自己的意愿和想象创造出来的:饿了就会有食物,渴了就会有水,冷了就会有衣物,困了周围就会安静下来……这种貌似荒诞的"主观全能的自我"非常关键,它是日后个体的安全感、自信心、想象力和创造力的根苗,温尼科特称之为"真我"。完美的"抱持"可以使"真我"得到充分发展,为个体的人格健全打下坚实的基础。① 温尼科特还指出,即便在离开母亲的怀抱以后,我们依然需要安放

---

① 如果没有完美的抱持或抱持过早被结束——孤儿就会面临这种情况,个体就会被迫过早地面对外部世界,因适应不良而留下创伤。当然,抱持有一定时限,过了这个时限,孩子就要离开母亲怀抱,否则也会出现人格障碍。

"真我"的空间，需要被"抱持"，否则，我们很难过一种有激情的生活，我们可能会被冷漠而枯燥的理性窒息。没有恋人的抱持，就不会有如鱼得水的爱情体验；没有单位的抱持，就不会有归属感，也没有责任感和创新的动力；而没有社会的抱持，我们就只能追求"独善其身"，像契诃夫小说中写的那样把自己装在套子里（《装在套子里的人》）。这样的生存状态是可悲的，这种生存状态下的人格也算不上健全。体现了母性法则的抱持，对于个体的健全和社会的健全，都不可或缺。

弗洛姆和荣格不主张我们退回蛮荒时代，克莱因和温尼科特也不主张我们退回儿童时代。他们呼吁的，是调和母性法则和父性法则，达到一种非精确意义上的平衡。在父权制的社会形态下，这种呼吁无疑具有一种母权色彩。正是在这个意义上，博拉斯宣称母性法则是精神分析的基础。正如我们所知，女性主义者们也并不主张颠倒男尊女卑的社会格局，她们谋求的，是男女之间的平等与合作。

当然，精神分析的构成非常复杂，并非所有的精神分析学家们都认可母性法则，比如弗洛伊德，比如拉康。① 博拉斯也承认，在精神分析运动中，母性法则这个基础不断受到压制。然而，正如我们前文所谈到的，执着于父性规则的弗洛伊德无法为危机重重的现代文明找到出路。只有以母性法则为基础，精神分析才有光明的前景。

第二节　生态思想与母性法则

生态思想也是以母性法则为基础的。安德烈·科拉德指出，"因为女

---

① 弗洛伊德强调"俄狄浦斯时期"，拉康强调"镜像阶段"，个体化之前母婴阶段都被他们忽略了。结构主义时期的拉康宣称"实在界"是不可能的，我们只能言说"符号界"和"想象界"，这就意味着，尚未习得语言、未与母亲分离开来的婴儿的心灵，以及尚未发展出完全语言能力、从自然秩序中脱身而出的野蛮人的心灵，都被他排除在了视野之外，母亲（自然）在个体（人类）精神构成中的份额被削减了，他不受女性主义者的待见正与此有关。关于拉康，我们在后面的章节中会做专门探讨。

性和自然界这两者从史前起，在我们的意识中就是相互联系的，所以生态学其实是一门母性的学科"①。"生态女性主义"的蓬勃兴起，无疑是生态思想与母性法则存在内在关联的最好证明。这一学派认为：一个真正的生态学者必然会支持女性主义，反之亦然，真正的女性主义者也必然会赞同生态的世界观。

如精神分析所说，在前俄狄浦斯时期，母亲是个体生命中最亲密也是最重要的那个人。在人类刚刚从自然母体中分离出来的童年时期，母性神祇也是其崇拜和敬畏的主要对象。及至俄狄浦斯时期，父亲逐渐取代母亲成为个体认同的对象；同样，在人类的俄狄浦斯时期，父性神祇取代母性神祇成为最高神。在古希腊神话中，男神宙斯和儿子阿波罗代表了秩序和理性，女神盖亚和倪克斯则分别代表了大地和黑夜。代表智慧的雅典娜虽是女神，但却被说成是从宙斯的头部生出来的，象征着男性取代女性、人类取代自然成为智慧的拥有者。父权制社会确立的人类与自然、男性与女性的不平等格局中，自然和女性处于同样的位置，都被贬低为秩序和理性的他者。在西方的古老传说中，那些未确立起文明秩序的自然地域，诸如森林、荒野、沼泽等，通常是由邪恶的、喜怒无常的女巫掌管。在古罗马哲学家卢克莱修的书中，自然也被赋予了女性特质，"就像一个妇女由于年老而耗尽了生育力一样，大地的生产也总有一个限度"②。

女性和自然被联结在一起，不仅是因为二者都是被压制的对象，也不仅是因为她们都是生命的孕育者，还因为女性与自然的关系更为亲密。马克斯·舍勒指出："在历史变易性之界限内，女性类型的任何变化从来没有改变下述事实：女人是更契合大地、更为植物性的生物，一切体验都更为统一，比男人更受本能、感觉和爱情左右，天性上保守，是传统、习俗和所有古旧思维形式和意志形式的守护者，是阻止文明和文化大车朝单纯

---

① Andree Collard, Contrucci Joyce. Rape of the Wild. London: The Women's Press, 1998: 17.

② [古罗马]卢克莱修：《万物本性论》，包利民等译，见包利民、章雪富主编《自然与快乐——伊壁鸠鲁的哲学》，中国社会科学出版社2004年版，第216页。

理性和单纯'进步'的目标奔驰的永恒制动力。女人在身体和心灵的可塑性尽管提高了,但对于历史上男人的无节制(无论是理念方面还是习俗和时尚方面的)始终保持一种近乎奇迹的安宁和恒定。动物在树木旁边乱蹦乱跳,树木仍然那么安详、娴静。从其存在的根基上讲,在男人历史动荡不安的戏剧面前,女人仍然那么安宁、娴静;女人总在考虑如何固持我们的人类生存必须据为己有的那些伟大而平凡的基础。"①

诚如舍勒所言,女性确如植物一样,把根深深地扎在大地之中。和男性相比,女性的身体感知更敏锐、更细腻,更能与自然同呼吸、共脉动,她们的自然书写因而更细腻、更灵动,更能体现自然之物性,一草一木的荣枯、一螽一蚁的悲欢,无不被她们收入笔端。女性的心灵也更开敞、更包容,更容易随遇而安,更能从点点滴滴中寻找乐趣,生活琐细、生老病死是女性文学最常见的主题。男人之间的交流被戏称为"侃大山""摆龙门阵",以"慷慨激昂"为特色,嗓门越高越尽兴;而女人之间的交流则相对具有私密性,最典范的形式是躲在闺房说悄悄话,故有"闺密"(也叫"闺蜜")之谓。男人热衷于谈论来自公共生活领域的大话题——学术化的说法是"宏大叙事";女性的话题则多和身体相关涉,诸如饮食、生养、婚姻等,她们的声音是身体和大地的自然表达——露丝·伊瑞格瑞在褒扬的意义上称之为"女人腔"。换言之,女性之间的交流比男性之间的交流更贴近自然人性,目前学界对女同性恋的关注也远远高于男同性恋。

除了秩序与自然,理性与非理性也被用来区分男性和女性。理性在我们文化中的地位毋庸置疑,它被视为男性的特质,女性则被不无轻蔑地贴上非理性的标签。当然,没有谁会认为女性一点理性也没有,只是相比男性而言,她们身上有更多非理性的质素。但这就足以引起纷争了,女性主义者一度对此大为光火。其实,说女性更非理性一些并没有问题,问题在于我们不该贬低非理性,正如我们不该贬低自然。荣格认为,智慧并不专

---

① [德]马克斯·舍勒:《资本主义的未来》,罗悌伦等译,三联书店1997年版,第89~90页。

属于理性，非理性有时也配得上智慧的冠冕。

比如，已经被我们放逐了的巫术（仪式），在荣格眼中并不虚诞，它的确能对我们的精神产生重要影响，而且这种影响不能用欺骗或迷信加以解释。人类文明初期很多部族有太阳神崇拜，人们祈祷太阳神赐予自己力量，并在祈祷之后感到自身真的充满力量。这种力量当然不是来自太阳神，而是来自他们自身，来自太阳神象征的转化作用——把处于感觉阈限之外的自然状态的力比多转化成了可以利用的力比多。至今依然流行于一些宗教、民俗中的生火仪式，则具有救赎和拯救的象征功能，"这种仪式是一种颇有意义之举，因为它代表着一种规范清晰的对力比多进行渠化疏导的程式。事实上，它对我们具有范例性的使用价值，告诉我们在力比多受阻的情况下应当如何行事。我们所谓的'力比多受阻'，在原始人那里是他必须面对的铁样的事实：他的生命之流凝滞了，万物失去了光彩，动物、植物和人丁都不再兴旺……我们在复活节点燃新火，那也是为了纪念人类初次钻木取火行为的救赎和拯救意义"①。浅白一些说，生火仪式带给人们的是新生的祈盼、希望和信念。现在我们还常常能在一些庆典中见到取火仪式，比如举世瞩目的奥林匹克圣火采集，即便是坐在电视前观看，我们有时也会感受到一种神圣的净化：灵魂瞬间变得纯粹而舒展，无以名状的和悦与安宁充盈着身心。这就是一种新生的感觉，一种受阻的力比多得以渠化疏导的感觉。由于受到仪式被赋予的种种具体的、狭隘的意义的干扰，这种感觉往往非常微茫，一闪即逝，但我们反观自照，还是会发现其存在的。按照荣格，女巫是女性与自然血脉相连的一种征象，完全不必成为女性引以为耻的"黑历史"，相反，对女巫的妖魔化和放逐，是理性压抑非理性、文明侵凌自然的一种征象。

直觉也是非理性的，女性的直觉高于男性，算得上是一种共识，所以我们一般把"第六感"视为女性的专属。按照柏格森的解释，我们推崇的

---

① ［瑞士］卡尔·古斯塔夫·荣格：《转化的象征——精神分裂症的前兆分析》，孙明丽、石小竹译，国际文化出版公司2011年版，第146页。

"智能"（即理性）具有强烈的目的性，它引导我们的意识选择性地对世界进行关注，把其他一切都推进无意识之中。"它不喜欢流动的东西，它将接触到的一切都加以固化。……我们对自身在进化的感觉，我们对纯粹绵延中一切事物都在进化的感觉，就是在智力概念周围形成那种（被恰当地称作）消退到黑暗中模糊边缘。机械论和目的论都仅仅考虑在中央闪耀的明亮核心。它们忘记了，这个核心乃是由其余部分凝缩而成的；它们忘记了，必须使用整体，既要使用那些流动的东西，也要使用被凝聚的东西以外的那些东西，才能把握生命的内在运动。"①直觉恰恰出现于理性休眠之际，此时被排除到无意识中的一切得以自由地进入主体的视野之中，从而帮助感知到整体情状的主体做出迅捷而准确的判断。女性的直觉敏锐，是因为女性倾向于以自然、开放的心态面对世界。其实，有的男性也有良好的直觉，他们通常是那种心怀淡泊、性情温润——也可以说是具有母性气质——的人。为了某个目的而绞尽脑汁地谋划设计，有时不仅会"欲速则不达"，还会让我们忽略掉很多有价值的事物。相对来说，男性更容易为了某个目标而孤注一掷，女性则往往不那么极端，她们有太多割舍不下的牵念。相应地，男性更容易因挫败而动怒，女性的情感则因寄托的分散化而不易失衡。当然，男性会成功，但成功和智慧并不等同。我们可以把男性的心灵比作理性规划过的良田，把女性的心灵比作一片自然处女地，前者高产但生态脆弱，易于崩溃，后者原始但生态优良，蕴涵了更高超的智慧。——这个比喻，也契合了真实的人类历史进程，建立在父权制基础上的现代文明把自己的秩序强加于自然之上，的确导致了生态危机。反抗男性秩序的压迫，不只是女性主义运动的目标，也是生态运动的目标。如卡洛琳·麦茜特所言，"在乔叟及典型的伊丽莎白时代作家的笔下，自然是一个友善、关爱的母性供养者形象"②，而今天的资本主义秩序中，"妇女

---

① ［法］亨利·柏格森：《创造进化论》，肖聿译，译林出版社2011年版，第43~44页。

② ［美］卡洛琳·麦茜特：《自然之死——妇女、生态和科学革命》，吴国盛等译，吉林人民出版社1999年版，第7页。

和自然实际上成了筋疲力尽的企业家——丈夫修养身心的资源"①。以自然为关怀对象的生态运动,无疑是具有母性色彩的。

归根结底,人类是自然之子,人类的理性、秩序都发端于自然,而自然并非一片混沌,她也有自己的智慧和秩序。我们可以也应该建立自己的秩序,甚至可以在一定程度上赋予其之于自然秩序的优先性,但绝不应该完全无视自然秩序,走向"人类中心主义"。正如孩子可以追求和享受自己的人生,但不应该为此无节制地压榨母亲。"自然是生产了人的母亲。由于母亲的很好照料,孩子才长成可以独立的人。现在孩子却对母亲大发脾气,最后竟然把母亲当作一切都要听从自己的奴隶。"②我们其实离不开母亲,经济上的依赖可以摆脱,但情感上永远不能,当她离开了,我们就会意识到这一点。人类与自然的关系更甚于孩子和母亲,我们永远也无法彻底摆脱自然的限制。生态危机源于我们毁掉了外部的自然,精神危机则源于我们压抑了内部的自然。生态思想要在外部世界中恢复人与自然的平衡,精神分析则要在心灵中平息意识和无意识之间的战争。而这里的内与外,并非各自独立的存在,它们一体同源且互为因果、互为风火。

印度大哲人泰戈尔极富前瞻性地指出,"男人们已经看到今日文明之弊端是建立在民族主义基础上的——即建立在经济学、政治学和军国主义基础上的。男人们为使自己适应于庞大的机械的组织,已丧失了它们的自由和人性。人们希望,今后的文明,将不单纯地建立在经济的和政治的剥削和竞争的基础上,而要建立在世界范围的社会合作上;不再建立在效益的经济基础上,而要建立在互利的精神理想上。那时,妇女将会拥有她们真正的地位"③。泰戈尔说这段话时生态运动尚未兴起,但这并不妨碍我们

---

① [美]卡洛琳·麦茜特:《自然之死——妇女、生态和科学革命》,吴国盛等译,吉林人民出版社1999年版,第3页。
② [日]稻盛和夫、[日]梅原猛:《回归哲学——探求资本主义的新精神》,卞立强译,学林出版社1996年版,第50页。
③ 刘湛秋主编:《泰戈尔文集·Ⅳ》,安徽文艺出版社1996年版,第111页。

推断：在他憧憬的妇女扮演重要角色的未来文明中，生态问题将会得到解决，自然的解放与女性的解放是同一过程。我们还可以进一步推断：在那样一种文明中，精神问题也将大大缓解——按照温尼科特的说法，充满了母性气息、具有抱持性的生存空间，是不会滋生精神问题的。

第三节 精神分析视野下的道家思想

谈到母性法则，我们很容易想到道家思想。《道德经》开篇写道："道可道，非常道；名可名，非常名。无名，天地之始，有名，万物之母。故常无欲，以观其妙，常有欲，以观其徼。此两者，同出而异名，同谓之玄，玄之又玄，众妙之门。"（《道德经·第一章》）博拉斯认为，这个"玄"，就是母亲；而"众妙之门"，就是我们的生命之门。[①] 我国学者刘士林也持同样的观点，认为作为老子哲学最高范畴的"道"，是"近取诸身"的结果，来自对人类生殖活动的抽象思考，或者说，来自母系时代的诗性智慧。除了"万物之母"，老子在描述"道"时还多次使用"母"这个字眼，诸如"食母""得其母""守其母"等。他还把"谷神不死，是谓玄牝，玄牝之门，是谓天地根"（《道德经·第六章》）解释为女神崇拜，"谷神"就是女性生殖器的形象说法，所谓"谷神不死"，就是指在女性伟大的生殖力量中领悟到永生的奥秘。[②]

道家思想也是生态思想特别倚重的理论资源。中国学者撰写关于生态的文章中，每每要提及老子的"道法自然"。在西方学界，随着学术交流的深入，谈论中国道家也几乎成为一种时尚。道家思想中的生态智慧，已经被反复挖掘、阐发，变成了一个让人产生审美疲劳的话题。不过，我们仍没有穷尽道家的生态智慧，将其置于精神分析的视野下加以言说，会给我们新的启发，精神分析的生态之维也能够在这种对话中进一步凸

[①] ［英］克里斯托弗·博拉斯：《精神分析与中国人的心理世界》，李明译，中国轻工业出版社2015年版，第64~65页。
[②] 刘士林：《中国诗性文化》，江苏人民出版社1999年版，第86~88页。

显出来。

如同个体有时会眷恋母亲的怀抱不想长大，人类在跨越从母系社会到父系社会的门槛时也并不情愿，中国的道家思想极致地体现了人类童年时期对于成长的抗拒。老子云："天下有始，以为天下母。既得其母，以知其子；既知其子，复守其母，没身不殆。塞其兑，闭其门，终身不勤。开其兑，济其事，终身不救。"（《道德经·第五十二章》）"守其母"，即与"道"合一，是生命的最佳状态，若把知识和欲念引入生命之中，开启个体化进程，祸患就将源源不断，无法禁绝。庄子亦云："一受其成形，不亡以待尽。与物相刃相靡，其行尽如驰，而莫之能止，不亦悲乎！"（《庄子·齐物论》）一旦从大道之母体中分离出来，一旦个体意识出现，就有了我与物、内与外的分别，就无法忘怀自身、抛却生死，就将徒劳无益地卷入与外部环境的纠葛中，永远无法脱身。在《应帝王》篇中，庄子讲述了这样一则寓言：

> 南海之帝为倏，北海之帝为忽，中央之帝为浑沌。倏与忽时相与遇于浑沌之地，浑沌待之甚善。倏与忽谋报浑沌之德，曰："人皆有七窍，以视、听、食、息，此独无有，尝试凿之。"日凿一窍，七日而浑沌死。

"浑沌"是非个体化的生命状态，纯然素朴，无知无识。"开窍"象征着个体化进程的展开，对于生命并非幸事。"浑沌之死"寓示了，成为"人"对于生命来说，是悲剧性的，甚至是灾难性的。对于已经拥有了个体意识、成之为"人"的生命个体，明智的做法就是赶紧摆脱掉自我意识，回归到之前的无我状态。老子认为真正的智者都懂得"塞其兑，闭其门；挫其锐，解其纷；和其光，同其尘"（《道德经·第五十六章》）。庄子则借颜回之口劝导人们"堕肢体，黜聪明，离形去知，同于大通"（《庄子·大宗师》）。老子的"和光同尘"与庄子的"离形去知"是一回事，如刘士林所说，都是在宣扬"不成人之道"，抵制生命的个体化及其之于生命的异化。

老子常用婴儿来描述这种非个体化的生命状态：

> 我独泊兮其未兆，如婴儿之未孩。(《道德经·第二十章》)
> 常德不离，复归于婴儿。(《道德经·第二十八章》)
> 专气致柔，能婴儿乎？(《道德经·第十章》)
> 含德之厚，比于赤子。(《道德经·第五十五章》)
> ……

婴儿代表了一种简单素朴、元气淋漓的理想生命状态。圣人治天下，也要像照看婴儿一样照看天下之人：

> 圣人在天下，歙歙焉，为天下浑其心，百姓皆注其耳目，圣人皆孩之。(《道德经·第四十九章》)

百姓们都专注于自己的耳目聪明，圣人使他们都回到婴孩般纯朴的状态。我们很容易想到温尼科特的精神分析疗法——分析师设法帮助患者"退行"至婴儿状态，并像母亲抱持婴儿一样抱持患者，从而让患者的"真我"浮现出来并得到充分发展。① 这里我们并非牵强附会，老子和庄子所处的时代，正是一个弱肉强食、盗贼蜂起的时代，儒家那一套礼法学说在他们看来更是加剧了浑沦朴散，导致伪饰之风盛行，所谓"以人灭天，以故灭命"。用

---

① 温尼科特致力于为接受分析的病人营建一种抱持性环境，一种接近于子宫和襁褓的氛围。对此，克里斯托弗·博拉斯描述道："工作室往往光线都不是十分明亮，但是并不缺乏智慧的光芒。房间很舒适，墙上有几幅画或者几个吸引人注意的摆设，从而自我可以进入内在。很多分析师不用沙发，而是用一个普通的床，用柔软的垫子铺好，加上一个枕头。分析师坐在病人的后面，病人看不到他们，形成一种虚幻的感觉，好像两个人都是在同一个客体的内部。温尼科特会鼓励他的病人回到一种'未整合'的状态，或者无形无相的状态。有时候他的病人会睡着。经常他也会睡着。"这是一种如鱼在水、绝对放松的状态，病人可以放心地摆脱防御性的"假我"，让早年停滞、潜隐的"真我"浮现出来并得到充分的生长、拓展和巩固。

温尼科特的概念说，就是"假我"滋繁，而"真我"湮灭。① 道家主张"复归于婴儿"，进而归根复命、全性葆真，在理念上与温尼科特异曲同工。

温尼科特不相信语言，在他看来病人的语言都是假我的表现，是对外部世界的抄袭和模仿，他们自以为真诚的、喋喋不休的诉说其实完全没有触及心灵深处的渴望，令人生厌且毫无意义。（海德格尔对流俗语言持同样的看法，认为它们只是"作为某种说话之消失的所说"②，空洞无物，发不出任何召唤。）温尼科特会设法让病人安静下来，摆脱语言从而摆脱假我，进入一种无形无相、与境冥合的状态，"病人和分析师都不再用日常的方式对话，他们处于一种近乎噤语的状态，唯一能够听到的声音就是肠胃蠕动的声音、腿盘起来又放松下来的声音、清嗓子的声音、茶杯碰到茶盘的声音、鸟叫声……分析师和被分析的人从而可以回到一种感受性的生命状态，从生命的最初几年之后这种状态就消失了"③。

---

① 所谓"真我"，指的是在母亲的抱持状态下浮现出来的自我，一种"主观全能"的自我，那时婴儿感觉自己是世界的中心，是全能的创造者，他饿了乳房就会出现，喝饱了乳房就会离开，冷了世界就会变暖，热了世界就会变凉快，他不知道这是母亲悉心照料的结果，以为是自己的愿望创造了想要的客体世界，这种貌似荒诞的"主观全能感"在温尼科特看来是个体日后发展出创造力和自信心的根苗。而所谓"假我"，是生活在客观现实中的、完全应现实需要和他人期望而动的自我，也就是我们切齿痛恨又难以摆脱的"人格面具"。温尼科特指出，如果个体成长初期缺乏足够好的"抱持"，他的"主观全能感"就得不到充分的培育，就会被迫过早地去适应环境，从而造成"真我"缺失，人格为"假我"占据。这样的个体从社会的角度看并无问题，他们长于合作，甘分随时，合格地扮演着自己的角色，但他们自身缺乏内在的活力与创造性，感受不到生命的激情与欢欣——温尼科特称之为"假我型人格障碍"。不过，"假我"并不就是坏东西，它也是人格必不可少的组成部分。"抱持"有一定时限，过了时限，母亲就应该逐渐放手，让孩子自己去适应环境，学着迁就他人、与他人合作，唯此他才能将"真我"安放在现实中，才能现实地实现自我的欲望和创造潜能，否则，他就可能成为一个完全生活在主观全能中、与客观现实毫无联系的人，自闭自恋，自我中心——温尼科特称之为"自恋型人格障碍"。

② ［德］海德格尔：《在通向语言的途中》，孙周兴译，商务印书馆2004年版，第7页。

③ ［英］克里斯托弗·博拉斯：《精神分析与中国人的心理世界》，李明译，中国轻工业出版社2015年版，第99~100页。

道家对语言也不信任。老子曰"信言不美，美言不信"，语言往往成为别有用心者蛊惑人心的工具；又曰"知者不言，言者不知"，真正的智慧是不需要语言来承载的。庄子则在《天地》中写道：

> 性修反德，德至同于初。同乃虚，虚乃大。合喙鸣。喙鸣合，与天地为合。其合缗缗，若愚若昏，是谓玄德，同乎大顺。

抛弃语言的逻辑、意义，说起话来与鸟鸣无别，人就真正破除了个体意识，回返到太初之时的完美状态，这种"德至同于初"的状态，也就是温尼科特所说的"抱持状态"。不同的是，温尼科特学说中的抱持者是母亲或精神分析师，在庄子这里的抱持者是具有母性色彩的"道"（又名"大顺""大通""大化"等）。

不过，温尼科特只要求病人在分析室中做暂时的"退行"，之后还是要走出来，作为成人进入现实世界中，退行到"抱持状态"和走出这种状态同样重要。也就是说，"抱持状态"虽然对于人格成长非常重要，但个体并不能恒久地停留在这种状态中，孩子总要走出母亲的怀抱，患者也总要走出分析室。而庄子似乎在鼓吹永久地退行到原始生命状态，返回那个"同与禽兽居，族与万物并"的"至德之世"。如此，二者能够相提并论吗？——在温尼科特看来，耽溺于"抱持状态"可是一种神经症，他称之为自恋型人格障碍。

冯友兰指出，庄子想象出的原始状态并非真正的原始状态，"庄学于言之外，又言无言；于知之外，又言不知；然庄学所说之无知，乃经过知之阶段，实即知与原始的无知之合。此无知经过知之阶段，与原始的无知不同。对于纯粹经验，亦应作此分别。如小儿初生，有经验而无知识。其经验为纯粹经验，此乃原始的纯粹经验也。经过有知识的经验，再得纯粹经验。此再得者，已比原始的纯粹经验高一级矣。'玄德''若愚''若昏'，非'愚''昏'也，'若'愚'若'昏而已。不过庄学于此点，似未十分清楚"①。无论庄子是

---

① 冯友兰：《中国哲学史》（上），重庆出版社 2009 年版，第 202 页。

否清楚"原始的无知"与"经过知之阶段的无知"、真正的"愚昏"与"若愚若昏"之间的区别,他只能追求后一种,而且,他意欲追求的是,其实也是后一种。因为庄子宣称"至人无己",但并没有真正取消"己"。真正"无己"的状态,应该是一种自然状态,由弗洛伊德的"本我"或尼采的"酒神冲动"来支配生命的运行。就此而论,主张"贵己"的杨朱倒是更接近"无己",其"贵己"的方式把生命交付给"快乐原则","为欲尽一生之欢,穷当年之乐,唯患腹溢而不得恣口之饮,力惫而不得肆情于色;不遑忧名声之丑,性命之危也"(《列子·杨朱》)。而庄子和老子一样,是主张禁欲主义的,"且夫失性有五:一曰五色乱目,使目不明;二曰五声乱耳,使耳不聪;三曰五臭熏鼻,困惾中颡;四曰五味浊口,使口厉爽;五曰趣舍滑心,使性飞扬。此五者,皆生之害也。而杨、墨乃始离跂自以为得,非吾所谓得也。夫得者困,可以为得乎?"(《庄子·天地》)刘士林评价说:"如果说杨朱的自然主义是出于本能驱动,那么庄子的自然主义则是一种审美活动,它虽由消解道德主义而来,但比起低于道德主义的本能,更是高出两个层次。"①如果说针对儒家的"圣人无名"和针对墨家的"神人无功",旨在摆脱社会性——名声、事功——之于生命的束缚,把生命推向自然状态;那么,针对杨朱的"至人无己"却通过摆脱生理本能,使得生命远离了自然状态。如此,我们就不必担心庄子的"退行"与神经症意义上的"自恋"(温尼科特)或"乱伦"(弗洛伊德)有什么瓜葛了。

维特根斯坦说,"我的语言的界限意味着我的世界的界限"②。意识是由语言来承载的,一般来说,如果我清晰地意识到一个事物,我就能够用语言把它说出来;如果我意识到了却很难说出来,那表明我的意识本身就很模糊。③

---

① 刘士林:《中国诗性文化》,江苏人民出版社1999年版,第414页。
② [奥]维特根斯坦:《逻辑哲学论》,贺绍甲译,商务印书馆1996年版,第85页。(着重号为原文所加)
③ 克罗齐表达过同样的看法:"我们常常听到有人说头脑中有不少重要思想,但就是不能把它们表达出来。其实,若真正拥有那些思想,就能把它们用铿锵悦耳、妙不可言的词汇构建,因此将它们表现。若在表现它们的行动中,那些思想显得若隐若现或变得贫乏枯竭,只表明它们根本就不存在,或本来就贫乏枯竭。"——[意]克罗齐:《美学的理论》,田时纲译,中国社会科学出版社2007年版,第21页。

以此递推，如果有某种事物是在我的语言之外的，那么它也在我的意识之外，属于无意识的领域。所以，在精神分析中，无意识即"无法言说之物"或"语言压抑之物"。弗洛伊德的"自由联想"就是为了让患者在近乎恍惚的放松状态下松开语言的锁链，让无意识浮现出来；荣格的集体无意识也只存身于象征性的仪式和意象中，只能体悟而不能用逻辑性语言加以解译。奥地利女作家英格博格·巴赫曼则把维特根斯坦的名言解读为：语言在我与世界之间划定了界限，我言说世界，但作为形而上学主体的我不再是世界的一部分。换句话说，语言一旦现身，人与世界就走向了分裂，语言的压抑之物，就是人与世界的原初统一关系。如此，我们不难得出：庄子的"言"和"知"是意识，"无言"和"不知"是无意识，"于言之外，又言无言；于知之外，又言不知"，则是在试图把意识和无意识整合起来——"知与原始的无知之合"。

整合意识和无意识，恰恰是精神分析所追求的。荣格的表述非常清楚，"情结心理学的治疗方法一方面在于使群集的无意识内容尽可能成为意识，另一方面在于通过识别活动将它们与意识融合"①。在他看来，如果我们过于强调意识，自矜于理性和道德，否认无意识及存在于其中的阴影，我们就有可能变得狭隘且偏执，成为癔症患者；相反，我们越是能够看到自己的阴影，越是勇于承认无意识中存在着黑暗和狂暴，就越能够远离它的控制。而在庄子看来，我们越是执着于"言"和"知"，格局、境界就越小，受到的钳制和异化就越重；相反，越是承认"言"和"知"的有限性，就越能"独与天地精神往来，而不敖倪于万物"（《庄子·天下》）。此中相通之处显而易见。其他精神分析学家，也持同样的立场。比如，弗洛伊德的精神分析疗法的核心理念，是把深藏于无意识之中的致病"情结"找出来告诉患者，一旦进入意识，"情结"就解开了；安娜要拆除患者无意识中的"防御机制"，方法和她的父亲一致，那就是将其呈现于意识；克莱因要病

---

① ［瑞士］卡尔·古斯塔夫·荣格：《原型与集体无意识》，徐德林译，国际文化出版公司2011年版，第34页。

人知道，危险和邪恶并不总像他们认为的那样是客观的存在，而是他们将无意识中的敌意、怨恨、嫉羡投射于客体之上的结果；至于温尼科特，则是通过让患者退行至抱持状态即无意识的生命状态，来缓解意识的紧张带给心灵的压力……

精神分析看重的是无意识，即"语言的压抑之物"，因而对语言持不信任的态度。如弗洛姆所说，"在精神分析中，所有真正的洞察，其特征都不能用思想来表达。……它的到来不可强迫，甚至不可预料，它不是始于我们的大脑，而是——用日本人的形象比喻——始于肚子。它无法用言语来适当地表达，如果我们想这样做，它就逃离了我们。然而，它又是真实的，可以意识到的，体验到它的人就会变成另外一个人"①。不过，分析却离不开语言，谈话是分析师对患者进行诊疗的主要手段，即便是温尼科特，也要借助语言帮助病人顺利退行。显然，精神分析语言不能同于流俗语言，它必须能够唤起而非扼杀人的直觉和体验。

首先，精神分析语言是一种悖论性的语言。比如，精神分析会说，A对B既恨又爱，恨即是爱。这就是悖论，是不合逻辑的，恨与爱是对立的两级，现实中A恨B的时候是不可能感受到爱的。但在精神分析中，A对B的悖论态度是成立的：A深爱B，但无意识中A担心自己的攻击性会伤害B，于是借助防御机制发展出对B的恨意，以阻止自己靠近对方，如此，爱恨一体，恨是意识中的情感，而爱是无意识中的情感。再比如，一个人不可能同时既自大又自卑，这是不合逻辑的，但在精神分析中，意识层面的自大可能是对无意识层面的自卑的一种防御或补偿。

道家对语言的态度也是悖论式的，一方面，"大道"是不可言说、不可命名的，另一方面，除了语言，又没有更好的方法将其谕示给芸芸众生。于是就有了"道可道，非常道，名可名，非常名"（《道德经·第一章》）这样的悖论语言。此外，像"夫唯不争，故天下莫能与之争""无为而无不为"

----

① ［日］铃木大拙、［美］弗洛姆、［美］R.德马蒂诺：《禅宗与精神分析》，洪修平译，辽宁教育出版社1988年版，第156~157页。

"无用之用""大辩不言，大仁不仁"之类的悖论语言在道家言论中比比皆是。其中，悖论的一极，"争""为""用""辩""仁"，是个体化的行为和价值，是"以我观之"的结果；而另一极，"不争""无为""无用""不言"和"不仁"，则是非个体化的行为和价值，是"以道观之"的结果。按照精神分析的说法，前者是个体的意识，而后者是受到意识压抑的无意识。

荣格告诉我们，受压抑的无意识贸然闯入意识层面，往往会带来病态甚至疯狂。的确如此，一旦个体在功利化现实中受到挫败，"不争""无为""不仁"等无意识心理就会借助心灰意懒、随波逐流、麻木不仁表达出来，而这些显然是有害于生命的负面情绪。但如果主动把无意识整合进意识中，它就会有利于生命，"一旦这些无意识成分成为意识成分，这不仅会导致无意识成分被同化入已经存在的自我人格中，而且还会导致自我人格的转变"①。这种情况下，"不争"表现为乐道安命，不同于心灰意懒；"无为"表现为道法自然，不同于随波逐流；"不仁"表现为弃伪崇真，不同于麻木不仁。如此，道家的悖论语言，从精神分析的角度来看，正是一种把无意识整合进意识之中的努力。

精神分析语言还是一种诗性的语言。弗洛伊德并不看重病人说了什么，病人的语言于他只是一些标记，他关注的是那些隐藏在标记之后的内容，那些病人本人也不知道的"言外之意"。这种思维方式很像诗。不同的是，诗的语言与其要表现的意蕴之间有着我们可以直觉到的联系，而病人的语言与我们的日常语言一样，丧失了这种性质，"是一种被遗忘了的，因而被用滥了的诗歌"②。就此而言，如果说诗人的使命在于恢复日常语言的诗性，使之成为关于存在的言说，那么弗洛伊德赋予自己使命与之相似，把病人的语言作为一种象征，从而打开通向无意识领域的大门。诗人需要破除概念化、逻辑化之于语言的束缚，"将语言逼近、打乱而表达他

---

① ［瑞士］卡尔·古斯塔夫·荣格：《心理结构与心理动力学》，关群德译，国际文化出版公司2011年版，第155页。
② ［德］海德格尔：《在通向语言的途中》，孙周兴译，商务印书馆2004年版，第24页。

的意义"①；弗洛伊德的"自由联想"也具有类似的功效，旨在松开语言的锁链让无意识浮现出来。

相比弗洛伊德只是在思维方式上与诗相通，荣格更重视诗本身，他认为弗洛伊德称为象征的内容并不是真正的象征，"它们在潜意识的过程中只是扮演了迹象或征兆的角色。真正的象征与此有本质的不同，它应该被理解为一种还不能用任何其他的或更好的方法来阐明的直觉思想的表现"②。在他看来，伟大的诗（艺术）才是真正的象征——"集体无意识"的象征，它们可以帮助我们找到"回到生命最深处的本源的道路"，"代表了一种民族和时代生命中的自动调节过程"，③ 诗人作为"人类无意识生活的媒介物和塑造者"，在人类文明中扮演着与精神分析师相近的角色。这种角色的统一性意味着，分析师也应具有诗人的直觉和气质。荣格思想中的浪漫主义色彩就很浓，艺术是他构建自己学说的重要资源，也是他治疗病人的重要手段，而且，在某种程度上他也把自己的精神分析实践当成了一种引领人们重返精神家园的艺术，"恢复那条由基督教的避世所截断的与自然的纽带"④。这完全契合韦勒克之于浪漫主义本质的论断——一种"想通过作为'一切知识的起源和终结'的诗歌使主体与客体合一，并使人与自然、意识和无意识协调起来的努力"⑤。

温尼科特的分析也不依赖逻辑语言，他在论著中会不吝笔墨地论证推演，但在面对病人的时候用语非常简洁，"我的诠释都是很节俭的，我希

---

① [英]T. S. 艾略特：《玄学派诗人》，见赵毅衡主编《"新批评"文集》，中国社会科学出版社1988年版，第43页。
② [瑞士]卡尔·古斯塔夫·荣格：《人、艺术与文学中的精神》，姜国权译，国际文化出版公司2011年版，第87页。
③ [瑞士]卡尔·古斯塔夫·荣格：《人、艺术与文学中的精神》，姜国权译，国际文化出版公司2011年版，第103、104页。
④ [瑞士]荣格：《荣格文集：让我们重返精神的家园》，冯川等译，改革出版社1997年版，第197页。
⑤ [美]雷内·韦勒克：《批评的概念》，张金言译，中国美术学院出版社1999年版，第213页。

望如此。如果一个诠释就够了……我就说一件事，或者用两三部分来说一件事。我绝不用长句子，除非我累了"①。长句子要靠逻辑组织起来，而逻辑从属于现实原则。温尼科特进行临床分析的目的不是为了"教谕"病人使之变得理性和现实，而是为了让病人摆脱现实的纠缠进入一种无形无相的抱持状态，因而，必须抛弃逻辑。他会使用图景式的、富于感染力的语言，诸如"你在你迷失的地方""你在你的母亲之中"。这种语言本质上就是诗，它敞开一个空间召唤病人进入其中。我们很容易联想到海德格尔关于诗语的言说——召唤世界与物入于其亲密性之纯一性中，召唤异乡人踏上返乡之途。②

　　道家的语言同样是诗性的。众所周知，海德格尔晚期不再像早期那样执着于此在的生存论分析，而是借助"诗之思"直接切入存在的真理，这一转向与《道德经》的启发有一定关系。《道德经》本身就是诗，音韵优美，蕴藉无穷。它说但不执着于说，运用逻辑但不执着于逻辑，进而言之，说是为了让我们领悟无言之化境，运用逻辑是为了破除逻辑之于我们的拘牵。老子深知"知者不言，言者不知"，深知"道"本身和循道而行的"圣人"都是概念化、逻辑化语言难以界说的，因而，他诉诸诗性语言：

> 古之善为士者，微妙玄通，深不可识。夫唯不可识，故强为之容。豫兮若冬涉川，犹兮若畏四邻，俨兮其若客，涣兮若冰之将释，敦兮其若朴，旷兮其若谷，混兮其若浊。孰能浊以静之徐清？孰能安以久，动之徐生？保此道者不欲盈，夫唯不盈，故能蔽而新成。(《道德经·第十五章》)

"夫唯不可识，故强为之容"，揭示了言说的限度。然后，用一连串比喻来

---

① 转引自[英]克里斯托弗·博拉斯：《精神分析与中国人的心理世界》，李明译，中国轻工业出版社2015年版，第101页。
② [德]海德格尔：《在通向语言的途中》，孙周兴译，商务印书馆2004年版，第23、75页。

形容循道而行之"士"的风采，值得一提的是，其中"若冰之将释""若朴""若谷""若浊"都是以自然做喻，可以被追溯为魏晋时期人物品藻之风的滥觞。此处，人与自然不止是相似，还具有内在的统一，或者说，人就是自然。正如有论者指出的，"美的极致只能使用自然物来象征，不是因为自然符合人的精神，而是因为人必须有自然的风韵才是美的"[1]。而要拥有自然的风韵，人必须同化于自然。"孰能浊以静之徐清，孰能安以动之徐生"，是对得道者的描述，又不止于此，它超越任何具体的事物和情势，具有咀嚼不尽的韵致和含义，这正是诗语的特征。《道德经》中有些篇章直指人心，如寺院的钟声一般洗涤、摇荡我们的灵魂，让我们心凝形释、冥合万化。比如：

> 视之不见名曰夷，听之不闻名曰希，搏之不得名曰微。此三者不可致诘，故混而为一。其上不皦，其下不昧。绳绳不可名，复归于无物，是谓无状之状、无物之象，是谓惚恍。迎之不见其首，随之不见其后。执古之道，以御今之有，能知古始，是谓道纪。（《道德经·第十四章》）
>
> 致虚极，守静笃，万物并作，吾以观复。夫物芸芸，各复归其根。归根曰静，是谓复命。复命曰常，知常曰明，不知常，妄作，凶。知常容，容乃公，公乃全，全乃天，天乃道，道乃久，没身不殆。（《道德经·第十六章》）

在经验或逻辑的层面上对这类文字展开辨析和讨论没有太大意义，我们需要做的，是倾听和感受，让心灵契合于那种"无状之状，无物之象"的"惚恍"状态。——这就是海德格尔名之的"在语言中栖居"。这样的语言他称为"纯粹所说"（"道说"），"纯粹所说乃是诗歌"。[2]

---

[1] 卢政等：《中国古典美学的生态智慧研究》，人民出版社2016年版，第36页。
[2] [德]海德格尔：《在通向语言的途中》，孙周兴译，商务印书馆2004年版，第7页。

庄子继承了老子"知者不言，言者不知"的看法，并进一步探讨了言和意的关系：

> 荃者所以在鱼，得鱼而忘荃；蹄者所以在兔，得兔而忘蹄；言者所以在意，得意而忘言。吾安得夫忘言之人而与之言哉！（《庄子·外物》）

"言"只是引领读者通达"意"的工具，并不是"意"本身，真正的"意"——"大道"本身——是无法直接加以言说的，因为"道"这个字眼，都是姑且为之的，"道之为名，所假而行"（《庄子·则阳》）。可悲的是，人们却被困在语言编织的牢笼中，通往"大道"之路被阻断。这样的语言，海德格尔称之为丧失了语言之本质的语言。而真正的语言——"道说"——是一种"寂静之音"，拒绝任何逻辑分析和陈述，"道说要求我们，对在语言本质中成道着的开辟道路这回事情保持沉默，同时又不谈论这种沉默"①。庄子感慨"忘言之人"难寻，自己却汪洋恣肆地说了很多，他所有的言说是为了把我们引向"天地与我并生，而万物与我为一"的无言之境。这种言说即是"道说"，是真正的诗。

"吾安得夫忘言之人而与之言哉！"这句话很容易让我们联想到温尼科特的精神分析情境，分析师和病人回归到使用语言表达意义之前，如同母亲和婴儿一样在沉默中交流。作为一种社会政治学说，道家的主张是行不通的，如刘士林所说，庄子的"三无说"——"至人无己，神人无功，圣人无名"——几乎把人类的整个生活世界（现实）都给"无"掉了，"既因为害怕异化而排斥一切社会关系，又害怕个体与社会冲突而否定掉自身，于是，人类的所有活动都被中止了，或被宣布为毫无意义的徒劳"②。不过，道家却为"与物相刃相靡"的生命个体提供了一个灵魂的休憩之所，所谓

---

① ［德］海德格尔：《在通向语言的途中》，孙周兴译，商务印书馆2004年版，第268页。
② 刘士林：《中国诗性文化》，江苏人民出版社1999年版，第418页。

"进儒退道"。就此而言,道家在中国传统社会中扮演的角色类似于温尼科特的精神分析诊疗室:当你在现实原则的压迫、在"假我"的重重捆缚下疲惫不堪、心神枯槁时,就退回到这里接受抱持,待元气恢复、"真我"充盈后再重新出发。

本 章 小 结

母性法则是精神分析和生态思想共同的精神内核,也是二者得以展开有效对话的前提。

弗洛伊德是一个父权主义者,其理论也具有浓烈的父性气质,但他的继承者们将母性气质注入他发起的这场运动中,使母性法则成为精神分析的基础。弗洛伊德把亲密的母婴关系贬为"乱伦"而将其摒弃在视野之外,认为克服"俄狄浦斯情结"进而确立父权秩序是个体成长的开端和关键。他的继承者们则把目光聚焦在所谓的"乱伦阶段":荣格对代表了母性法则的"集体无意识"大唱赞歌,弗洛姆认为回归自然(母体)的渴望是无法遏制的,克莱因和温尼科特则鼓吹母婴关系的重要性,宣称母亲而非父亲才是对个体精神成长最重要的那个人。与弗洛伊德把神经症归咎于个体未能顺利克服"俄狄浦斯情结"相反,他们认为父性法则对母性法则的过度压制才是精神问题出现的源头。调和母性法则和父性法则,达到一种非精确意义上的平衡,以推进个体的健全和社会的健全,是精神分析运动的主旋律。

生态思想的母性色彩更为显明。安德烈·科拉德一语中的:生态学其实是一门母性的学科。人类之于自然,恰如孩子之于母亲。"人类中心主义"是有性别色彩的,本质上是"男性中心主义"。父权制社会确立的人类与自然、男性与女性的不平等格局中,自然和女性处于同样的位置,都被贬低为秩序和理性的他者。生态思想要求我们尊重自然,尊重"盖亚女神",母性色彩显而易见。

中国道家思想也推崇母性法则,"母"是《道德经》中最常用的字眼之一,诸如"食母""得其母""守其母"等。众所周知,以"道法自然"为核心理念的道家思想,是当下生态思想特别倚重的理论资源。在中国传统社会中,道家思想也扮演着类似精神分析诊疗室的角色,承担着人格重塑和精神修复的使命,所谓"进儒退道"。由此切入展开对话,我们发现道家和精神分析在语言和思维方式上都存在相通之处,其超卓的生命智慧和生态智慧远未被我们所穷尽,精神分析的生态之维也在这一对话中得以凸显出来。

第二章　从"非压抑性文明"到"生态文明"

时至今日，我们已经为生态问题的解决找到了答案——建设一种生态文明。如我们在导论中所说，这不仅是学界共识，而且已经被我国写入党章并纳入制度建设之中。

技术上不存在障碍，虽然修复比破坏的难度要大得多，但以我们目前强大的技术研发和创新能力，我们仍有机会为自己赢得一个美好的未来。建设生态文明表明了我们的决心，但决心和能否付诸行动是两回事，这不仅仅是意志力和执行力的问题。我们无数次地决心在健康和名利之间选择前者，我们把知足常乐挂在嘴边劝说别人也劝说自己，但我们依然会为名利而透支健康，依然会为得到太少而满怀忿恨。如何避开欲望的陷阱是一个亘古难题，因为欲望的膨胀而自毁前程乃至败家亡国者比比皆是，很难说生态的压力就能帮我们从欲望中解脱出来。但只要欲望得不到有效的控制，生态文明就只是一个遥远的梦，因为欲望的满足最终要以牺牲自然生态为代价。

除了欲望，我们的攻击和毁灭冲动也是通向生态文明之路上难以跨越的阻碍。从古至今，战争的硝烟就没有完全消散过，人与人之间的攻击也没有停止过，争夺利益、宗教纷争、宿怨新仇、嫉妒、自私……我们似乎有一种丑陋的攻击和毁灭冲动，无法用理性解释也无法用理性平息，其最显著的证明和极致形式便是自杀——攻击和毁灭自己。现代社会自杀率居高不下，有些自杀可以理解，确系身处绝境无路可走。有些则是名符其实的"轻生"，与其说他们死于那些鸡毛蒜皮的小事，不如说他们死于一种非理性的毁灭冲动。今天的我们继承了古今中外那么多光辉的思想，理性思维高度发达并备受尊崇，再加上高度普及的教育，都没有让我们变得更理性、更温和、更友善，看看那些触目惊心的网络暴力吧！如果我们学不会善待他人，我们又怎能善待自然？无法想象那些大肆污蔑、攻击他人的网络暴民，会对自然心怀敬畏。

非理性的欲望、攻击和毁灭冲动，是精神分析关注的课题，也是我们建设生态文明应该关注的课题。只有平息了内心的冲突，与自己和解了，我们才能与他人、与自然和平相处。

第一节　压抑、欲望、毁灭冲动与生态危机

按照弗洛伊德，人类丑陋的、无休止的欲望和毁灭冲动都源于压抑。

弗洛伊德绝对是开时代风气之先的人物，彼得·沃森以"揭去无意识的面纱"作为其《20世纪思想史》的开篇，绝不仅仅是因为时间巧合。[①] 弗洛伊德自称是达尔文开创的生物学传统的忠实继承者，他完全抛弃了古老的肉体/灵魂的二分，抛弃了笛卡尔营造的"我思"主体。他把曾被认为是互不搭界的生理、心理两个领域结合起来，为人类的生理活动和心理活动设定了一个共同的能量单位——"力比多"(libido)。

弗洛伊德认为，性欲是生命的本能和形式，力比多则是性欲的驱动力，它以快感为目标，在快感中释放自己。性是力比多释放自己的本原渠道，它渴望在性活动中获得即时的释放和满足。如果这一渠道通畅的话，我们就不会受到欲望的煎熬，性欲和欲望并不完全等同。打个比方，如果水管畅通，就不会有水(性欲)储存在水箱里，水箱就不会有压力(欲望)。这是动物的生命状态，有性欲但无欲望，在《论人与人之间不平等的起因和基础》一书中，卢梭曾生动地为我们描述过这一状态。

[①] 弗洛伊德的《释梦》于1899年11月左右在莱比锡和维也纳两地出版发行，但真正面世应该推到1900年。1900年1月6日星期天维也纳登出一篇书评，才使世人知晓这本书的存在，此时1900年刚刚开始不到一个星期。

但对于人类个体来说，这一渠道并不畅通，因为对性的管理是社会组建的必要条件之一，被压抑、累积起来的力比多只能寻求别的释放渠道。一种理想的情况是转移到诸如文艺创作、科学研究等创造性的社会文化活动中，弗洛伊德称之为力比多的"升华"。古往今来人类投身于文明创造所需的动力和能量，都是来自管理、压抑性行为所节省下来的力比多。

乍听起来似乎有些荒唐，但并非没有合理之处。众所周知，现在我们使用的一些重要能源——煤、石油和天然气——几十亿年前是不存在的，它们是远古时代被埋于地下的动植物经过漫长的地质年代后形成的，而这些动植物的生长需要吸收太阳的能量，所以，我们不把这些能源叫做太阳能，但承认它们都是由太阳能转化而来的。营养本能（自我保存本能）和性本能（物种保存本能）是人的两个基本本能，营养本能需要吸收能量，性本能则寻求释放能量，后者显然能够成为人的行动（包括创造性行动）的重要推动力，因为它可以提供行动所需要的能量。说创造文明的动力和能量来自节省下来的力比多，与谈论煤、石油、天然气等能源归根结底都来自太阳能，在逻辑上并无不同。

如果个体在成长过程中，力比多既不能顺利实现升华，也不能通过成熟的性行为予以宣泄，它就会另寻出口，从而导致形形色色的神经症。比如，性变态就是力比多"固着"（或"黏滞"）于幼儿期性欲形式的产物，而导致力比多"固着"的，往往是儿时遭遇的某种创伤性的性经验。比如，某个患者有性冷淡的倾向，只有穿鞋子的瘦削而有力的异性的脚能唤起他的热情，他的这种力比多的固着源于六岁时候发生的一件事——当时教他读英文的英国保姆脚受了伤，穿上一只呢绒拖鞋放在软垫上，姿势优雅。[1]

力比多起作用和表现自己的形式极其复杂。在上面的案例中，力比多

---

[1] ［奥］弗洛伊德：《精神分析学引论·新论》，罗生译，百花洲文艺出版社2009年版，第219页。

还是通过性来表现自己的，它也可以经过"非升华"式的转化，在貌似与性无关的情境中表现自己。在著名的格洛丽亚案例中，格洛丽亚深受强迫症的困扰，她会到浴室中按某种顺序反复开关冷热水龙头，无休无止，身心俱疲。弗洛伊德将此解释为她无意识中试图控制自己情感的表达：她症状开始的时候适逢青春期的开始，身体性征的变化引起了父亲的密切关注，后者常常兴奋地就此恭喜她。但性对她来说是可怖之物，她敌视自己身体出现的性兴奋并试图加以控制。水龙头的水代表了她的女性气质和性的迸发，水的冷热代表了她情感的冷热，反复开关水龙头则是她试图控制自己性兴奋的努力。当然，她本人对此毫无意识。格洛丽亚的强迫性行为也要耗费大量的力比多，这里力比多转化成了防御自己的力量，并在看似与性无关的行为中表现出来。

弗洛伊德由此发展了自己"泛性主义"的立场。神经症患者的病态冲突都源于力比多引发的不同心理态度之间的对抗，源于滞留在无意识中的力量与进入意识和前意识中的力量之间的剧烈冲突，进一步说，源于要求宣泄的性欲与对于性欲的防御之间的冲突——用弗洛伊德的人格结构理论来说则是"本我"与"超我"之间的冲突。他明确反对就患者生活中的问题给予忠告和指导，"凡关于选择职业、经济规划、结婚或离婚等生活上的一切重要问题，我们在治疗时都予以保留，以期患者于治疗完毕再决定"①。因为在他看来，患者对这些问题的焦虑其实都源于他们没有意识到的性焦虑，只有鼓励他们"随心所欲地生活"——疏通他们心灵深处被抑制、扭曲进而淤塞的性欲力比多，他们的问题才能解决。

在发生学意义上，我们承认弗洛伊德对性欲重要性的强调。如荣格所说，"大量复杂的功能，如今必定被否认一切性欲的痕迹，在起源上只是繁殖本能的萌蘖"②。不过，用性欲力比多的转化来解释一切人类行为和心

---

① ［奥］弗洛伊德：《精神分析学引论·新论》，罗生译，百花洲文艺出版社2009年版，第276页。
② ［瑞士］卡尔·古斯塔夫·荣格：《弗洛伊德与精神分析》，谢晓健、王永生、张晓华等译，国际文化出版公司2011年版，第96页。

理现象是荒唐的,犯了幼稚的"还原主义"的错误。煤和石油的形成源于太阳的能量,但我们不能把煤和石油还原成太阳能,它们的能量形式和开发方式是不一样的。荣格也指出,"尽管音乐从根源上毫无疑问属于繁殖领域,但是将音乐和性归于同一个范畴就是一个不正当的和荒唐的归纳了。这种使用术语的方法相当于因为科隆大教堂主要是由石头构成的而在一本矿物学教学书中讨论它"①。另外,力比多到底是一种什么性质的能量,生理能量还是心理能量?弗洛伊德没有明示。既然密切关联着物种保存本能,并促成性冲动的发生,那么它应该具有物质和生理的属性,所以初步接触弗洛伊德理论时我们很容易把力比多与"荷尔蒙"联系起来。但格洛丽亚试图控制自己身体而消耗的力比多,又分明具有心理的属性。荣格非常深刻地指出,"必须驱散整个精神分析学派拥有一个清楚理解和具体的力比多概念这一错觉。我认为,我们所运用的力比多概念不仅不是具体的和已知的,而且是一个完全的 X,是一个纯粹的假设,一个模式或筹码,不比物理世界所知的能量有更多具体的认识"②。在他看来,我们应该淡化力比多概念中的性欲色彩,将其视为一个纯粹的能量概念,它存在于性欲之中,也存在于人的其他生命活动中。笔者深以为然。

尽管是一个 X,一个假设,但弗洛伊德的力比多理论仍然意义重大。借助这个无法具体规定的力比多,弗洛伊德喻示我们:生理层面与心理层面,或者说是物质层面与精神层面,并非泾渭分明,它们之间可以相互影响和生成。当下我们主要是在生态学和生物学的意义上谈论人的生态本性,谈论人与自然的生态关系,我们所谈论的其实仍是人与自然的外在关系。能否在心理的、内在的层面上谈论人的生态本性?或者说,能否有一种趋向生态存在的心理本能?如果有的话,当下人类中心主义和非人类中

---

① [瑞士]卡尔·古斯塔夫·荣格:《弗洛伊德与精神分析》,谢晓健、王永生、张晓华等译,国际文化出版公司 2011 年版,第 96 页。
② [瑞士]卡尔·古斯塔夫·荣格:《弗洛伊德与精神分析》,谢晓健、王永生、张晓华等译,国际文化出版公司 2011 年版,第 96 页。

心主义的争执将迎刃而解。① 另外，弗洛伊德把人类文明的一切看作人类心灵深处上演的种种冲突的投射或移置——诸如，宗教中的上帝不过是父亲的形象；原罪不过是俄狄浦斯情结（"弑父娶母"）引发的罪感在宗教中的投射；对异教的仇恨和战争其实是在宣泄对己方父神的攻击欲望；对现实事务的焦虑其实是性欲得不到满足而引发的焦虑的移置；文学创作是无法实现的欲望的心理补偿，是积压了的力比多的释放，等等——尽管不无偏激，有待商榷，但也对我们关于生态问题的思考有着重要启示：生态问题只是我们的错误观念酿成的恶果吗？或者说，只要更新我们对待自然的观念就能彻底解决生态问题吗？现在我们认识到了生态的重要性，为什么却很难将认识贯彻到行动中？人于自然的占有、奴役是否人心灵深处的某种冲突或情结的外化？是否有一种顽固的非理性力量支配着我们在错误的道路上继续前行？我们能否通过无意识心理领域的变革推进生态问题的解决？

如前所说，力比多总是寻求在即时释放中获得快感，文明为了自身的利益，必须对力比多进行管制，以便将其节省下来用于建设性的事业，也

---

① 在生态和环境问题的讨论中，人类中心主义被推至风口浪尖，各种生态哲学流派和团体对其深恶痛绝，宣称这种错误的价值观支持人类大肆向自然索取和掠夺，才导致了现在已经岌岌可危且仍在不断恶化的环境局面，他们主张非人类中心主义的价值观，平等地看待人与自然，并将伦理关怀从人扩展到整个自然。但也有一些学者——代表性的如德国学者瑞尼尔·格伦德曼和美国学者戴维·佩珀——主张在反思人类行为、克服生态危机时，仍然必须坚持人类中心主义，需要改进的不过是那种毫无顾忌地征服和开发自然的态度，在利用自然时要考虑到人类的长远利益，他们的人类中心主义不同于传统的、极端唯我的人类中心主义，被称为"现代人类中心主义"（或"相对人类中心主义""弱式的人类中心主义"等）。现代人类中心主义反驳非人类中心主义的依据之一是：和任何其他物种一样，人类所有的活动都必然围绕自身的需求和利益展开，非人类中心主义是不可能的。这种论调的要害在于，他们虽然承认人与自然共处一个生态共同体中，但仍然坚持人类在意识层面上无法放弃人类自我与自然他者的二分，但如果人类有一种趋向生态的心理本能，人类有一种与生俱来的融入自然的渴望，那么他们对非人类中心主义的攻击就无法成立。——关于人类中心主义和非人类中心主义的论争，可参阅拙作《"现代人类中心主义"能破解环境危局吗？》，《廊坊师范学院学报》（社会科学版）2016年第1期。

就是说，文明鼓励并驱迫力比多的"升华"。然而，升华毕竟违背了力比多的本性，尽管它可以给人带来诸如成就感、被认同感等重要的社会性满足，但是导致性欲的不满足，而且，也不是所有人都能顺利找到升华力比多的渠道。于是，有些个体因寻求不被社会认可的性的替代性满足，而成为神经症患者，"精神分析研究已经向我们表明，正是性生活方面的这些挫折对我们成为神经症患者的人来说是特别难以容忍的。这些神经病患者在他们的症状里为自己创造了替代性的满足，但是，这些满足既使他们感到痛苦，又由于在他们和他们所属的环境及社会的普遍关系中所造成的困难，而使这些满足成为痛苦的原因"①。随着文明的进步，以及相伴随的对性越来越严厉的管制，人们的不满足感也在潜滋暗长，尽管他们对此缺乏意识，就像那些精神病患者不愿承认他们的困扰从根源上来自性的挫折一样。

不满足感会在个体中引发攻击性冲动，这种冲动的满足也是文明要极力禁止的，"文明要求做出这么大的牺牲，不仅有人的性欲的牺牲，而且有人类攻击性倾向的牺牲，那么，我们就能更好地理解为什么在这种文明中人类这么难以感觉到幸福"②。一种恶性循环于是出现了：不幸福带来攻击性冲动，对攻击性冲动的禁抑会带来更多的不幸福。文明的初衷和目的是保护人类免受自然侵害和调节成员之间的关系以便给人类带来更多的利益，但在发展中文明却在一定程度上背离了人类的利益，带来了越来越多的不幸福。弗洛伊德是文明的拥护者，他认为文明在控制人类攻击性方面所做的努力是合理的，但对其成效不抱什么期望。

基于以上认识，弗洛伊德后期对人性所持的态度日益悲观。他声称，攻击性倾向是人类的一种原始的、本能的属性，"除了保存有机物和把它结合到更大单位去的本能之外，一定还存在着另一个与它相对立的本能，

---

① [奥]弗洛伊德：《文明及其缺憾》，车文博主编，九州出版社2014年版，第113页。
② [奥]弗洛伊德：《文明及其缺憾》，车文博主编，九州出版社2014年版，第120页。

这个本能总想分解这些单位,并且使它们恢复其原始的无机物状态。这就是说,除了爱欲之外,还有一个死的本能"①。群体层面上的战争、个体层面上的施虐和受虐②,都是攻击性本能也即死本能的体现。那么,如果说,对自然的破坏和掠夺也是人类死亡本能的体现,想必弗洛伊德不会反对。而且,对他人的攻击,无论对个体施虐还是对群体发动战争,通常会被视为不义之举,要领受谴责和惩罚,但对自然的攻击,众所周知,却在很长历史时段内受到文明的激赏。于是,人类的攻击性本能肆无忌惮地向自然释放出来。如此,按照弗洛伊德,生态危机可以解释为人类攻击本能向自然倾泻所导致的恶果,文明对人类毁灭自然行为的纵容,则可以解释为它在给人类死亡本能的宣泄保留一个出口。

两种本能理论占据了弗洛伊德后期思考的中心,为弗洛伊德的理论大厦盖上了穹顶。对具有攻击性、毁灭性的死亡本能的防御,是文明最重大的课题之一,"在我看来,人类最重要的问题似乎是,他们的文化发展是否以及在多大程度上将成功地控制由于人类的攻击本能和自我毁灭本能所造成的社会生活的混乱"③。在种种貌似合理的借口的掩盖下发动对异教或他族的战争,曾是泄导攻击本能的常见方式,④ 但这种只能偶一为之的方式远远不够,更基本和重要的方式是个体的自我防御和控制。自我防御的初级阶段通常依赖某种外在权威的压力,小孩害怕被大人惩罚不敢干坏事,成人则惧于法律而自我克制;但在更高的阶段,外在的权威内化为超我,对超我的服从形成良心,人们用良心自我约束,一旦察觉到自己的攻

---

① [奥]弗洛伊德:《文明及其缺憾》,车文博主编,九州出版社 2014 年版,第 124 页。
② 施虐和受虐都是具有攻击性的,施虐的攻击性指向他者,而受虐的攻击性指向自身。
③ [奥]弗洛伊德:《文明及其缺憾》,车文博主编,九州出版社 2014 年版,第 150 页。
④ 弗洛伊德指出,对较少文化族群的战争对于战争发动者来说是一种方便而且相对无害的方式,可以满足进攻性倾向,通过这种形式,群体成员就更容易形成亲和状态。在他看来,反犹主义就有满足进攻性冲动作为心理动因。

击冲动，负罪感便会产生。最具良心的人——"圣人"——往往对自己最严厉，他们的负罪感也最强烈，因为他们能更敏感地察觉到攻击欲望对自己的诱惑。

如此，在超我的作用下，个体暂时遏制了自己的死亡本能，但对超我的服从、对自我的压抑会导致新的不满足，并引发对超我的攻击冲动，于是个体只能再次强化自己的负罪感，对自我施加进一步的压抑。这就意味着，文明的目的——把人类结合成一个紧密群体——只能通过不断增长的对负罪感的强化来达到。但总有一天，这种压抑会让个体无法忍受，那时他们就会毁弃超我，将死亡本能释放出来。弗洛伊德忠实的追随者乔治·弗兰克尔认为，当下我们正处于这样一个本我肆虐、文化退化的阶段：超现实主义、抽象表现主义、塔西派绘画以及很多更新潮的艺术，通过毫无节制地展示各种疯狂的、肮脏的、血腥的、恐怖的意象，表达以往看作禁忌的所有冲动，向文化的超我宣战；摇滚乐、打击乐、朋克和重金属则通过制造震耳欲聋的噪音来营造疯狂的、谋杀般的情绪；性、愤怒、暴力是那些青少年群体留给我们的印象也是他们自我炫示的标签。"抗议运动，对升华与延迟满足所发起的攻击，一直威胁着西方父权文明所赖以存在的基础。现代主义者们已经放松了抑制结构。他们对超我提出了强有力的挑战，与年轻人一起，把他们的愤怒和长期郁结的施虐怒火向父亲们发泄出来。"①这些将原来抑制的攻击-毁灭冲动释放出来的运动，不会充实人类的个性和创造潜能，相反，只会把人类推向万劫不复的深渊。

如果像弗洛伊德说的那样，死亡本能是一种和爱欲本能平行的、自我存在的原始本能，那么，人类就很难有一个光明的未来。因为原始本能是我们无法消弭的，任何防御和遏制都只有暂时的效用，且从长远来看，反而会引发更强烈的不满和攻击欲望。弗洛伊德寄希望于爱欲本能能够克制死亡本能，但对此似乎并没有什么信心。"人类对自然力量的控制已经达

---

① [英]乔治·弗兰克尔：《文明：乌托邦与悲剧》，褚振飞译，国际文化出版公司2006年版，第185页。

到了这样的程度,以至于借助它们的帮助,他们就能毫无困难地互相消灭,直到最后一个人……现在,人们期待着,这两种'苍天神力'中的另一种,即不朽的爱欲,将施展它的威力,在与同样不朽的对手的斗争中表现自己。但是,谁能预言会获得什么样的成功和取得什么结果呢?"①

笔者以为,无论是个体还是群体,人类确实都表现出了很强的攻击性,人与人之间,国与国之间,人类与自然之间,形形色色的战争——冒着硝烟的和没有硝烟的——无处不在,但把攻击性作为一种原始本能来谈论并不正确,死亡并不是生命的目的。按照热力学第二定律,熵总是不断增加的,世界也趋向于无序和死寂;但生命之流却是一种逆熵流,使世界趋向于有序和活力。②"生生之谓易"(《周易》),"生生"才是生命的本质和法则。尽管死亡无可避免,但没有哪种生命甘心顺从,弗洛伊德也承认以有机体趋向分解消亡来论证死亡本能的存在"不足为凭"。③ 有没有一种独立的、原始的死亡本能,关键是要看人类的攻击性是与生俱来的,还是后天产生的。

详加探寻我们不难发现,人类的攻击性也即所谓的死亡本能,其实是爱欲受挫的产物,也就是说是衍生出来的,并非一种原始本能。弗洛伊德并未观察到攻击性的任何自发表现。"俄狄浦斯情结"谈论的是儿子对父亲的敌意和攻击欲望,但众所周知,这一情结的产生是因为儿子认为父亲威胁他要把母亲从他身边夺走,也就是说,是儿子对母亲的爱欲受挫才引发了他的攻击欲望。更早之前的阶段呢?爱欲显然是存在的,不然就不会有爱欲受挫这一说。而攻击欲望呢?弗洛伊德从未谈到过。当然,弗洛伊德曾谈到,在吮吸母亲乳房时,孩子有时会用力过度以致母亲受伤,但这只

---

① [奥]弗洛伊德:《文明及其缺憾》,车文博主编,九州出版社2014年版,第150页。
② [美]霍尔姆斯·罗尔斯顿:《哲学走向荒野》,刘耳、叶平译,吉林人民出版社2000年版,第93页。
③ [奥]弗洛伊德:《文明及其缺憾》,车文博主编,九州出版社2014年版,第177页。

能算是营养本能导致的非预期的后果,而非对乳房的蓄意攻击,就像白蚁并不是在攻击性的驱使下去堤坝上筑巢致使堤坝毁坏,它们只是习性使然。①

弗洛伊德退一步说,我们很难找到死亡本能的踪影,因为它总是隐藏在爱欲的幕后,"除非它和爱欲的混合把死的本能表现出来,否则它就总是躲避着检查。正是在施虐狂中,死的本能使爱欲的目的屈从于它的意志,同时还完全满足性的欲望,我们才能够最清楚地洞察到死的本能的本质及其和爱欲的关系"②。施虐狂的确混合了爱欲和攻击欲,但并不能表明所有的性爱都包含了攻击欲——这是我们无论如何都无法接受的,也不能表明那种极端行为中包含的攻击欲是一种本能。施虐狂并不是天生的,而是后天生成的一种畸形人格,说施虐狂行为中的攻击欲是与生俱来的,或者爱欲中总是包含了攻击欲,等于说每个人多多少少都是施虐狂。那么,攻击性从何而来?事实上弗洛伊德本人说得很清楚,其源头是文明对于性的管制,也就是说是爱欲的受挫。相对而言,在性方面受到严重剥夺的个体更容易对异性持有强烈的敌视和占有欲,饱受贫穷之苦的个体对物质的欲望也往往更加炽热。正是因为深谙于此,茅奖作家李佩甫才口出惊人之语:"贫穷才是万恶之源","贫穷对人的伤害超过了金钱对人的腐蚀"。③因为受过贫穷之苦,因为心中有阴影,个体往往在告别贫穷之后,还会不择手段、不计代价地掠取金钱,把自己变成"贪兽",冯家昌(李佩甫《城的灯》中的主人公)式的人格在现实中比比皆是。

不过,弗洛伊德把攻击性视为人类的一种本能也不无合理之处,因为按照他的说法,文明要组建起来,必须对性施加管制,也就必然会导致个

---

① 弗洛伊德偶尔会把孩子对乳房的撕咬称之为对乳房的攻击,但这并不是在严格谨慎的意义上来使用攻击概念,尤其在谈论攻击本能主题时,并没有引哺乳时这一现象为证。另外,弗洛伊德也谈到,白蚁、蜜蜂、蚂蚁之类的动物,没有人类的攻击性。

② [奥]弗洛伊德:《文明及其缺憾》,车文博主编,九州出版社2014年版,第126页。

③ 王波:《李佩甫:贫困才是万恶之源》,《中国青年报》2012年4月17日。

体的不满,进而滋生他们的攻击性。我们不可能抛弃文明,也就不能摆脱攻击冲动的困扰。但笔者以为,弗洛伊德把这个问题绝对化了,他是基于对父权制文明的观察做出了上述论断。文明的形态是多种多样的,完全可能存在——事实上也的确存在或存在过——某种更人性化的、浑然素朴的、不具攻击性的文明,20 世纪上半期的文化人类学者们通过对土著部落的实地考察给我们呈现了不少这样的个案。我们也有可能组建起更有利于爱欲释放因而也更少具攻击性的新型文明,生态文明就将具有这样的特质。

两种本能理论同弗洛伊德早期的创伤理论是谐和一致的。爱欲的受挫总会造成一定程度的创伤,而创伤又会引发个体精神层面上的动荡和变易。但不是每个人都会因此成为神经症患者,因为不同个体遭受创伤的程度不同,他们承受创伤的能力也不同。当创伤和对创伤的防御通过复杂的运作隐秘地支配了个体的心理和行为方式,致使其偏离"正常状态"时,神经症症状才会出现。所谓"正常状态",只是一种"平均状态",并不是健康状态,只是因为大多数人皆如此才被视为正常状态。也就是说,正常人和神经症患者之间并没绝对清晰的界限,事实上,神经症患者的困扰和痛苦,正常人多多少少也会遭受到。比如,正常人也承受着性压抑导致的种种焦虑,也不时会表现出类似神经症患者的偏执。

弗洛伊德指出,"宗教就是人类普遍的强迫性神经症,和儿童的强迫性神经症一样,它也产生于俄狄浦斯情结,产生于与父亲的关系"①。教徒通常不会罹患神经症,因为他接受了人类普遍的神经症,从而避免了再患上个人神经症的危险。按照这种观点,启蒙运动对基督教的猛烈攻击致使其影响力迅速减弱,在一定程度上可以解释此后神经症的出现和蔓延。基督教不断强化个体的负罪感,以抑制个体的攻击冲动,其影响力的减弱,意味着文明之于攻击冲动的抑制变得松弛,这也可以在一定程度上解释此

---

① [奥]弗洛伊德:《文明及其缺憾》,车文博主编,九州出版社 2014 年版,第 48 页。

后生态问题的出现——人类将解除了抑制的攻击冲动指向了自然。精神问题和生态问题的同步性和相关性由此可见。

尽管弗洛伊德对两种本能的思考存在很大缺陷——将攻击性视为与爱欲平行的本能，以及狭隘地将爱欲等同于性欲——但后继者们还是对这一理论成果给予了高度重视。按照弗洛伊德，生态危机可以解释为人类将死亡本能也即攻击性本能向自然倾泻的结果，如果能从根本上消除人类的攻击性，那么生态问题就会得到彻底解决。

第二节 "宣泄疗法"的失败与"非压抑性文明"的提出

尽管弗洛伊德关于神经症的解释是不断发展和修正的，但大致可以概括为压抑的产物。早期，他把压抑解释为对"创伤"的压抑：出于趋利避害的本能，个体会遗忘让自己感到痛苦和恐惧的创伤。① 不过，被遗忘的创伤并没有被彻底抹掉，它潜伏在无意识中，暗地里对个体的心理、行为施加影响，这种影响显著到一定程度以致影响个体的生活时，便是神经症。后来，弗洛伊德更多地从力比多引发的不同心理态度之间的对抗——即要求宣泄的性欲与对于性欲的防御之间的冲突——来解释神经症，如此，神经症不一定是被压抑的性欲力比多表现自己的结果，也可能是同样处在我们意识之外的用于防御的力比多反复以某种模式工作的结果。比如，某个人对异性并不反感，甚至也希望与异性结合，但一旦有异性对自己表达好感，他总是身不由己地用言语攻击对方，致使双方的关系恶化。这可能就是一种防御，他担心自己坠入性的漩涡从而使自己受到伤害，当然他并不知道自己无意识中的这种担心。追根溯源，他可能曾遭受过性的创伤，这种创伤也许来自一个真实的异性，也许来自儿时父母不合时宜地给予他的严厉警告。

---

① "创伤"不一定是性侵犯、性诱惑等突如其来的伤害，还可以是社会、文化的代理人对个体性欲施加限制和管理而导致的性欲受挫，就此而言，所谓"创伤"在个体成长中是普遍存在的。

既然神经症是压抑的产物,那么治疗之道就是解除压抑,释放出被压抑之物。弗洛伊德开创的"自由联想"疗法,其实就是一种"宣泄疗法":让患者躺在一个舒适的沙发床上,在轻松、随意的氛围中展开自由联想,并将联想的内容告诉分析师。分析师以倾听为主,必要时进行适当引导,旨在让病人在一种绝对放松乃至恍惚的状态下——以便避开防御机制——说出那些被压抑到无意识之中的创伤性记忆。患者说出的,往往是一些支离破碎的意象、场景或叙事片段,分析师要做的是借助专业知识将这些碎片整理成一个完整的叙事,并告诉从自由联想状态中走出来的病人。换言之,分析师的工作是通过帮助患者"退行"至过去某一时刻,回忆起那些他们不堪回首或深以为耻因而选择了强行遗忘的现实或心理事件,从而将被压抑之物从无意识之中召唤入意识。一旦进入了意识,一旦被理解,被压抑的意念和欲望就得到了释放和宣泄,就无需再通过原来的渠道表现自己,神经症症状也就消失了。至于那些由防御性力比多驱动的神经症,宣泄疗法同样有效,因为被压抑之物被释放了,就不再需要防御了,自然也不会再有防御性神经症了。

对于因偶然的创伤性事件引发的神经症,弗洛伊德的这一疗法或许有效。如同因偶然的误会而分道扬镳的两个好朋友,一旦误会澄清了,便会和好如初。然而,如果误会不是偶然发生的,而是有人出于分化他们的目的而特意设计的,那么他们和好的前景便很黯淡,因为一个误会解开后,还会有精心设计的误会不断发生,最终将他们的耐心和友情消耗殆尽。同样,如果神经症的病因不是偶发的创伤性事件,而是个体无法反抗的、持续的压抑,那么,弗洛伊德的疗法便很难奏效——或许可以暂时缓解下症状,但彻底治愈的希望极为渺茫。

文明带来的神经症就是宣泄疗法所无能为力的。既然对性欲力比多的压抑是文明得以构建的前提,且文明的进步要求不断地强化这种压抑,那么,因压抑而产生创伤的几率就会越来越大,神经症是不可避免的。固然,被压抑的力比多可以通过升华的方式得到一定的释放,但这种升华本身也是压抑性的,和神经症并没有本质上的区别,都是旨在宣泄被压抑的

第二节 "宣泄疗法"的失败与"非压抑性文明"的提出

力比多,不同在于升华是个体主动采取某种被文明所认可、赞赏的形式,而神经症是个体被强制接受某种不被理解、不受待见的怪僻形式。升华与神经症的关系很好地体现在"工作狂"这个字眼中:我们的文化赞赏、推崇工作狂,他们身上体现了一种积极、正面的社会价值,但这个命名却也透着些许病态的气息,"××狂"的字眼通常用于神经症,诸如"色情狂""自恋狂""受虐狂"等。我们不能简单地以隐喻为借口将"工作狂"的病态气息否定掉,日常话语中的隐喻不像文学中的隐喻,不纯粹是修辞性的,命名往往能够流露出我们心灵深处的认知和情感。宗教也是文明认可的力比多的升华形式,弗洛伊德干脆称之为人类普遍的强迫性神经症,患上了这种神经症,你就避开了患个体性神经症的风险。① 精神分析致力于疗救个体性神经症,也就是那些偏离了"常态"的心理个案,但对于成为"常态"的普遍性神经症无能为力。在弗洛伊德看来,倒也无需疗治,既然压抑是文明之必需,那么普遍性神经症就是人类为了文明不得不付出的代价。

作为压抑的升华形式,普遍性神经症(比如宗教)是文明的需要甚至是文明的成就,但压抑的另一个结果——攻击性和破坏性,也即"死欲"——却是文明之大敌,它于文明的初衷——构建一种和谐的、道德的、秩序井然的群体生活——背道而驰。过去,文明也曾使用"宣泄疗法"来释放文明的压抑所产生的攻击性,那就是发动战争。周期性的战争不仅向外宣泄了可能会导致一个族群内乱的攻击性能量,还增强了族群内部的凝聚力。不过,这种"疗法"在当下绝不能再用,核武器、生化武器会让整个世界灰飞烟灭。攻击和控制自然是另一种相对"人道"些的宣泄疗法,在捕猎中寻求杀戮的快感,在肆意摆置自然中显示自己的无所不能。相比攻击同类,我们在攻击自然时不仅卸掉了伦理上的负担,而且可以洋洋自得地给自己颁发"进步"奖章。然而,愈演愈烈的生态危机正警示我们:这种"宣泄疗法"同样已日暮途穷。

---

① [奥]弗洛伊德:《文明及其缺憾》,车文博主编,九州出版社2014年版,第48页。

随着文明的发展，人们受到的压抑越来越重，攻击性和破坏性冲动与之偕长，而作为"宣泄疗法"的战争——无论人类之间还是人类与自然之间——又必须摒弃，那么，要防范"死欲"对文明的冲击，就只有坚壁深沟、严防死守这一种方式了。所以，后期弗洛伊德日益倾向于强调社会控制，"从早期卢梭式内隐的政治哲学转向了更加黑暗的霍布斯主义"①。但更严厉的压制又会进一步地强化"死欲"，这显然是一种恶性循环，没有前途。

文明成于压抑，也将毁于压抑，除非能够重建一种非压抑性的文明。这在弗洛伊德那里是不成立的：一旦解除了压抑，快乐原则将全面挤掉现实原则，那样，就不会有力比多被节省下来用于文明建设，也不会有任何伦理秩序和社会秩序，人类将倒退回到动物时代。

但赫伯特·马尔库塞相信，非压抑性文明不仅是可能的，而且是我们唯一的出路。

严格地说，马尔库塞不是一个精神分析学家，他不开诊所，也没有精神分析执业资格，但这个来自哲学圈的跨界者却受到了精神分析学界的认可，《爱欲与文明》一书就是他1950年至1951年在华盛顿精神病学院的讲稿。他对精神分析运动的贡献也远远超出很多优秀的精神分析学家，正是通过马尔库塞，弗洛伊德后期的两种本能学说才广为世人所知。

马尔库塞破除文明与压抑构成的死循环的关键在于，把压抑进一步区分为"基本压抑"和"额外压抑"。

基本压抑是弗洛伊德意义上的、为了构建起文明秩序而必不可少的对于个体本能的控制；额外压抑是特定统治机构为了一己私利而对民众强化的附加控制。马尔库塞认为，基本压抑是必需的、合理的，是文明得以构建的前提，是每个社会成员都有义务接受的，人们做出牺牲的回报是不再遭受自然状态下的种种匮乏和危险。基本压抑所依据的现实原则并不背离

---

① [美]斯蒂芬·A.米切尔、[美]玛格丽特·J.布莱克：《弗洛伊德及其后继者——现代精神分析思想史》，陈祉妍、黄峥、沈东郁译，商务印书馆2007年版，第34页。

快乐原则，它以另一种途径服务于快乐原则——对快乐的克制是为了能够在更长时段享受快乐，虽然这种快乐的强度比较弱。当文明发展到一定阶段，当科技的进步已经使得人们无需再为物质资料的生产而付出太多劳动的时候，再对力比多进行严格的管制就没有意义了。

我们目前已经来到了这一阶段，但压抑并没有减轻，显然，我们在承受着超出基本压抑的额外压抑。额外压抑不同于基本压抑，马尔库塞将其所依据和反映的现实原则称为"操作原则"。"如果我们企图说明现代文明中主要压抑的范围和界限，就必须根据支配这一文明产生和发展的特定的现实原则来进行描述。我们称这种特定的现实原则为操作原则，目的是要强调，在这种原则统治下，社会根据其成员竞争性的经济的操作活动而被分成各个阶层。"①也就是说，操作原则的目标是维护等级制和特权阶层的利益，而不是文明本身的利益。

如此，马尔库塞就解开了弗洛伊德关于文明的悖论：快乐原则的死敌，引发攻击和毁灭冲动的元凶，并不是现实原则，而是操作原则。尽管建基于压抑之上，但文明并不必然是压抑性的，其终极目的应该是废除压抑，回归快乐原则。毁灭也不是文明的宿命，但如果我们不改变现代文明的走向，不废除泯灭爱欲、滋长死欲的操作原则，这一结局就无法避免。

可是，操作原则是如何运作的呢？在标举自由与平等、政治压迫潜形遁迹的现代社会，我们如何会甘心屈从于一种并非必要的额外压抑？马尔库塞指出，一种途径是让人们感受不到压抑，或者说，将压抑合理化、内在化。在漫长的历史中，反抗行为针对的是作为压迫者形象的"父亲"及其化身，诸如上帝、教会和形形色色的世俗统治者。但在后期工业文明时代，"弑父行为"（反抗压迫）是不可能发生的，因为"父亲"形象已不存在，取而代之的是披着公正、合理外衣的制度。"随着生产设施的合理化及其功能的多样化，所有的统治都采取了管理的形式。而在这种统治发展到登

---

① ［美］赫伯特·马尔库塞：《爱欲与文明》，黄勇、薛民译，上海译文出版社2008年版，第25页。

峰造极的时候,集中的经济力量把人完全吞没了。任何人,即使身居高位的人,面对这种设施本身的运动和规律,都显得软弱无力。……个体的痛苦、挫折和无能都导源于某种多产和高效的制度,尽管在这个制度中,他们过着前所未有的富裕生活。负责组织个体生活的是这个整体,是这个'制度',是决定、满足和控制着他的需要的全部机构。攻击性失去了攻击的对象,或者说,仇恨所遇到的都是笑容可掬的同事、忙碌奔波的对手、唯唯诺诺的官吏和乐于助人的工人。他们都在各尽其责,却又都是无辜的牺牲品。"①

可是,工业文明时代的技术和制度既然能够提供前所未有的富足生活,既然能把制造生活资料所耗费的时间和精力降低到了最低限度,那不就意味着可以节省下来大量闲暇以及大量用于快乐目的的力比多吗?又如何会有额外压抑呢?马尔库塞承认,技术可以节约人类用于生产的力比多,是推动人类摆脱压抑、走向自由的重要助力,但不幸的是,技术的这种潜能被文明抑制和转移了,不仅没有兑现解放的承诺,而且进一步强化了压抑。因生产率提高而节约下来的闲暇时间并不归个体自由支配,它被改造用于工作能量的消极释放,或者被收回来重新投入工作。

首先是通过高标准的生活对个体进行全面控制,"个体花钱得到的物品和服务控制了他们的需要,僵化了他们的机能。在交换个体的生活所需要的物品时,个体所付出的不仅仅是他们的劳动,而且还有他们的自由时间。生活条件的改善被对生活的全面控制抵消了。人们住的是公寓群,乘的是限制了其接触范围的私人小汽车,用的是装满冰冻食物的电冰箱,看的是几十种宣传同一理想的出版物,玩的是无数精致品和小玩意,这些东西使他们忙忙碌碌,无暇顾及现实问题,因而也不能萌生既可以少工作又可以确保自己的需要及满足的思想。"②

---

① [美]赫伯特·马尔库塞:《爱欲与文明》,黄勇、薛民译,上海译文出版社2008年版,第61~62页。
② [美]赫伯特·马尔库塞:《爱欲与文明》,黄勇、薛民译,上海译文出版社2008年版,第62页。

第二节 "宣泄疗法"的失败与"非压抑性文明"的提出

除了耗费时间，这种高消费还会通过制造焦虑逼迫人们把闲暇时间还给工作。消费是需要花钱的，为了有足够的钱追赶不断提升的消费水平，人们不得不延长工作时间，或者，将自由时间用于提升自己以便谋取更有利可图的职位。这种行为受到主流意识形态的赞赏，被视为勤奋、进取、自强等正面价值观的表现。但在马尔库塞看来，这就是压抑，一种内化进个体自我的压抑。如此，操作原则的维持者几乎无需再为实施压抑而耗费能量，因为被压抑者感受不到压抑，自然也无从反抗压抑。而且，被压抑者有时会因承受了更多的压抑而感到自豪，因为他比别人更能吃苦也得到了更多的金钱和认可。但与此同时，无尽的压力和焦虑也带来了无意义感、不幸福感，无意识中的"死欲"在潜滋暗长并寻求释放，于是，他以一种更具攻击性的姿态投身于工作之中，成为"工作狂"！"整体的压抑性在很大程度上就在于其功效，因为它扩大了物质文化的范围，加速了获得生活必需品的过程，降低了安逸和豪华生活的代价，扩大了工业生产的领域——但在同时，它却又在维护着苦役和行使着破坏。"①

诚然，工业文明时代对于性的控制的确放松了，不过，这种放松并未带来解放。马尔库塞认为，操作原则及相关社会组织放松性道德的一个前提，是对生殖器性欲的强化。性欲本质上是放荡不羁的，性本能对主客体都没作任何外在的和时空的限制，但操作原则主导的文明将生殖器性欲确立为至高的、唯一的性欲方式，将所有无助于生育的性本能行为都视为性反常而予以禁止，如此，"力比多就集中到了身体的某一个部位，而其余部位则可以自由地用作劳动工具。于是力比多不仅在时间上减少了，而且在空间上也缩小了"②。也就是说，和反常性行为不同，生殖器性欲是被纳入了秩序、为操作原则所允许和推崇的性欲形式，它的放松不会冲击操作原则，反而因泄导了被压抑的性欲而能起到维护既有秩序的作用。

---

① [美]赫伯特·马尔库塞：《爱欲与文明》，黄勇、薛民译，上海译文出版社2008年版，第62~63页。

② [美]赫伯特·马尔库塞：《爱欲与文明》，黄勇、薛民译，上海译文出版社2008年版，第27页。

乔治·弗兰克尔也认为，为社会允许和鼓励的性享乐是不会触动社会秩序的，尤其是在商业化大潮的侵蚀下，性欲已完全失去了解放的力量。"超我的机构现在占有非凡的地位，它对大众说道：'放弃压抑吧，尽可能地享受性的乐趣吧，我们可以卖给你一切你想要的兴奋剂，我们会教给你达到完全的性满足的技巧，我们会提供给你们性规则的一切忠告。你不用再向缺乏性满足的制度屈服了；现在我们进入了物质和性满足极大丰富的时代，商业和科学会提供给你产品，你要继续依赖于这个权力机构，但这是一个物质丰富和纵欲的机构。现在几乎没有什么束缚了，你可以随意行事了，你把我们的产品消费得越多，我们就越高兴'。"①性产业蓬勃发展的当今时代依然会有性挫败，但这种挫败不会引发社会变革和革命，只会导致神经症或神经质式的不满。

性解放浪潮中的纵欲不会冲击既有的社会秩序，也不会真正解除个体的压抑。马尔库塞的论说言简意赅：被操纵的性是不可能带来解放的，操纵本身就意味着压抑。弗兰克尔则通过对于性行为的现象学分析指出，由纯粹的物理刺激获致的性高潮，不过是一阵生理的抽搐而已，并不能达到完全的宣泄状态，"达到生理的性高潮必然会获得健康和幸福的观点是错误的，因为它只能使心理和生理的障碍永远存在，使之继续以攻击或焦虑形式表现出来，未被释放的能量永远存在"②。形形色色的性革命，只是冲击了文明之于性欲的一些表面的压抑，对于深层的压抑并未有丝毫触及。而且，被纳入了消费主义文化场域的性欲，还会进一步巩固操作原则——个体只有通过自我施加额外压抑，挣取更多的金钱，才能满足受色情文化刺激而不断膨胀的性欲。

构建一种非压抑性文明，必须要废除操作原则。同时，废除操作原则，取消额外压抑，也有助于将自然从人类的攻击和破坏中解救出来，既

---

① [英]乔治·弗兰克尔：《性革命的失败》，宏梅译，国际文化出版公司2006年版，第52页。

② [英]乔治·弗兰克尔：《性革命的失败》，宏梅译，国际文化出版公司2006年版，第134页。

然人类的攻击性和破坏性源于所遭受到的(额外)压抑。马尔库塞指出,废除操作原则的第一步,也是最关键的一步,是缩短工作日。"由于工作日的长度本身就是现实原则对快乐原则施加的主要压抑性因素之一,所以自由的第一个先决条件就是缩短工作日,使得纯粹的劳动时间量不再阻止人类的发展。"①缩短工作日,减少用于工作的时间和能量,将改变现实原则和快乐原则之间的权重对比,爱欲将得到前所未有的释放。

缩短工作日,不可避免地会导致生活资料产出的减少和物质生活水平的降低。在马尔库塞看来,这并不妨碍文明的进步。用经济水平作为衡量文明的标准是操作原则的规定,有助于证明额外压抑的合理性,我们应该用新的标准取而代之,诸如人类基本需要的普遍满足,一切内在和外在压抑的解除,个性的自由发展,等等。追求经济的发展没有错,但过犹不及,在人们的基本物质需要得到满足之后,我们就不应该再汲汲于经济的发展,那样无异于在战争结束后仍然佩戴着令人苦不堪言的盔甲,无异于自愿延长毫无意义的苦役状态。马尔库塞对当下我们非常看重的"生产率"进行了犀利的抨击,"生产率表明了控制和改造自然的程度,即有控制的技术环境逐渐替代无控制的自然环境。……生产率这个词本身也带有压抑和对压抑的庸俗赞美的意思,因为它所表达的是对休闲、放纵和享受的愤愤不平的诽谤,是对身心的低级要求的征服,是外倾的理想对本能的制服。因此效率与压抑紧密相连:提高劳动生产率成了资本主义和斯大林主义共有的斯达汉诺夫主义的神圣不可侵犯的理想"②。需要说明的是,马尔库塞并非无条件地反对生产率,他只是反对操作原则控制下的生产率,反对把人作为工具屈从于生产率。一旦摆脱了奴役状况,一旦人成为目的,生产率就会失去压抑的性质和力量,成为促进个体自由发展的手段。

缩短工作日,使得大量力比多不必再通过压抑性升华用于工作,这显

---

① [美]赫伯特·马尔库塞:《爱欲与文明》,黄勇、薛民译,上海译文出版社2008年版,第99页。

② [美]赫伯特·马尔库塞:《爱欲与文明》,黄勇、薛民译,上海译文出版社2008年版,第101页。

然能在一定程度上解除压抑。但按照弗洛伊德，文明就是建立在对于本能的压抑之上的，解除压抑不就意味着文明的倒退吗？这些因为缩短工作日而节省下来的力比多又该如何安放？弗洛伊德反对解除压抑，认为那将导致人类向野蛮状态的回归。在他看来，压抑、升华是力比多不可摆脱的宿命。

弗兰克尔回应了弗洛伊德的担心，他触目惊心地揭示了当代文化退化的种种表现：超现实主义和表现主义等现代绘画赤裸裸地呈现那些血腥、恐怖、黑暗、分裂的意象，让人不寒而栗；摇滚乐、打击乐、重金属等现代流行音乐抛弃清晰的语言和旋律，杂乱无章，歇斯底里，用震裂头骨的噪音制造施虐、谋杀的氛围；年轻的犯法者肆意破坏，挑衅禁忌，他们根本不在乎违反了法律，对受害者也没有任何悔恨之意或同情之心……如此种种，即是向野蛮状态的回归，是力比多向早期阶段的退行——"肆意的表现婴儿般的幼稚，屈服于性欲与攻击、叛逆与破坏的不加控制的反射。"①

与此同时，弗兰克尔也指出，这种可怕的退行发生的背景，是日益冷漠的机械化、标准化的生活，是我们越来越深地被剥夺、被异化。科学、逻辑、制度等取代了父亲、上帝和君王，成为非人格化的新型超我，它们披着合理化的外衣，我们无法与之认同也无法进行反抗，我们的情感、渴求被无视，我们的人性被拒绝。——用马尔库塞的术语，这是一个为操作原则所控制的社会。"就是在上述情况下，退行过程才真正发挥其影响，因为如果自我发现其力比多力量最新的发展和心理的最高级的功能以及其最重要的情绪和认知过程，不为这个世界所认可而无法加以表达的话，那么它就会退回到更为原始的阶段；借用弗洛伊德的军队比喻来说，它会撤退最前面的先锋部队，然后退回到它的根据地。"②简言之，是超我的不可理喻、压抑的难以忍受，导致了力比多的灾难性爆发。

---

① [英]乔治·弗兰克尔：《文明：乌托邦与悲剧》，褚振飞译，国际文化出版公司2006年版，第184页。

② [英]乔治·弗兰克尔：《文明：乌托邦与悲剧》，褚振飞译，国际文化出版公司2006年版，第174~175页。

第二节 "宣泄疗法"的失败与"非压抑性文明"的提出

和弗兰克尔一样,马尔库塞承认当代文化存在着退化的迹象,并进一步指出:不止现代社会,任何时代被压抑的力比多一旦退行,都会以一些文明史上众所周知的可怕形式表现出来,比如在亡命之徒——以及社会名流、好色的雇佣军、监狱与集中营看守兵——的性虐待狂和色情狂的放荡行为中表现出来。但马尔库塞相信,退行的力比多并不必然是狂暴的、反常的,在一个非压抑性的社会中,它有可能趋向于自我升华,以多样而温和的爱欲形式表现出来。换言之,解除压抑会导致文明的"倒退",但马尔库塞肯定这种"倒退",如果它是在文化完成了自己的使命,并创造了自由的人和世界之后才发生的,如果它是一种在新的合理性指导下的、我们理性地选择的"倒退"。语境不同,事物的意义则不同。倒退若是发生操作原则主导下的社会中,是向野蛮状态的回归;若发生在非压抑性的社会中,则有可能通向解放。

马尔库塞求诸康德和席勒,致力于从审美上为退行的力比多寻找出路。众所周知,康德用悖论语言——诸如"无目的的合目的性""不涉利害的快感""不涉概念的普遍性"等——在感性和理性之间构建了一座桥梁,表明二者之间并非必然对立,在审美活动中,在想象的游戏中,主体和客体都获得了解放,都得到了自由。马尔库塞对此做了精神分析式的解读,认为康德美学表明了一种非压抑性的升华是可能的。当然,康德的"感性"乃是指对于客体的纯粹形式的感知,不涉及对象的实存也不涉及主体的欲求,与精神分析的"本能"想去甚远。马尔库塞认为,康德对感性概念的使用本身就体现了文明之于本能的压抑,"从肉欲到感性(感性认识)再到艺术(美学),这种概念发展的实质是什么呢?感性这个中介的概念所知的是作为认识的源泉和器官的感觉,但感觉不仅仅是,甚至主要不是认识器官。它们的认识功能与其欲求功能(肉欲)浑然一体,它们是满足爱欲的,受快乐原则支配的"[①]。

[①] [美]赫伯特·马尔库塞:《爱欲与文明》,黄勇、薛民译,上海译文出版社2008年版,第99页。(着重号为原文所加)

相比康德，席勒恢复了感性一词原有的意义，并清晰地提出了重建文明的设想，这种新的文明将是一种基于审美的、人道的、非压抑性的文明。席勒提出了一对基本概念：感性冲动和形式冲动。在现存文明中，二者是一种对抗关系，"文明不是使感性理性化，使理性感性化，从而调和这两种冲动，而是使感性屈从于理性，从而使感性如果想重新表明自己的权利，只能以破坏性的残酷的形式来表现，而理性的暴戾则使感性变得枯竭和芜杂"①。感性与理性这种关系，很容易让我们想到本我与超我之间的关系，在马尔库塞看来，二者根本就是一回事。席勒对失去了理性约束的感性深感恐惧，一如弗洛伊德对失去了超我约束的本我的态度，"解除了约束的社会，不是向上驰入有组织的生活，而是向后堕入自然威力的王国"②。但席勒对理性之于感性的约束同样不信任，认为它会伤害人的完整性，使人的想象力和情感变得荒芜，而且即便付出这么大的代价，也不会达到自己的目的，"由于受到迂腐的监护而陷入绝望，人们就会逃向自然状态的野蛮的无拘无束之中"③。这也同弗洛伊德对于压抑的看法如出一辙，并准确预言了弗兰克尔所描绘的文化退化。不同的是，弗洛伊德对于本我与超我的永恒对抗无能为力，而席勒则找到了超越对抗、通向自由之路——构建一种审美文化，把人从非人的生存状态中、从理性和感性的双重钳制下解放出来。

"审美文化既不受自然法则约束，又不受理性法则约束，而受人的任性支配的一切东西，都服从于美的法则。"④美是辉煌灿烂的感性，但这种感性是对于对象形式的感知，它摆脱了质料内容，因而与人的粗俗的欲望无涉；美的事物之中存在着一种理想的秩序，或者说美就是一种理想的秩序，但这种秩序对人的心灵又不会产生任何压迫感。在审美活动中，人摆

---

① ［美］赫伯特·马尔库塞：《爱欲与文明》，黄勇、薛民译，上海译文出版社2008年版，第122页。
② ［德］席勒：《审美教育书简》，张玉能译，译林出版社2009年版，第11页。
③ ［德］席勒：《审美教育书简》，张玉能译，译林出版社2009年版，第20页。
④ ［德］席勒：《审美教育书简》，张玉能译，译林出版社2009年版，第74页。

脱了内外、身心的一切压制，无忧无虑，自由自在。席勒指出，道德状态只能从审美状态发展而来，不能从自然状态发展而来，为感性、本能所驱使的人，是不可能真正服化于道德和理性的，"要使感性的人成为理性的人，除了首先使他成为审美的人以外，没有其他途径"①。

提升人们的审美能力和艺术品位，增加用于审美活动的时间，对于审美文化的建设是必要的，但并非全部。一种文化可以被称之为审美文化的标志，不是艺术和审美领域的繁荣兴盛，而是文化引领人们用审美的态度面对现实，将整个生存都转化为审美场域。这殊为不易。无论在康德还是在席勒那里，无功利都是审美发生的标志，而人类生存是要建立在一定的物质基础之上的，也就是说，是不可能脱离功利性的。只要人类还忧心于物质匮乏，生存领域就不可能真正转化为审美场域，审美文化就无法成为现实。所以，马尔库塞指出，"这样的革命所以可能，也只有当文明在物质和思想方面达到了最大限度的成熟的时候。仅当'对需要的压制'被'对过剩(丰富)的压制'取代时，人类生存才会进入'其本身即是目的又是手段的自由运动'"②。在席勒的时代，审美文化还只能是一个设想，但在生产力高度发达的21世纪，审美文化完全有实现的可能。如果我们不再出于为稻粱谋而工作，那我们就可以自由选择工作并享受工作，工作之于我们也就成了一种游戏、一种消遣。"消遣和表演作为文明的原则，并不表示劳动的转变，而表示劳动完全服从于人和自然的自由发展的潜能。"③在马尔库塞看来，这样的文明就是建基于审美之上的、非压抑性的文明。

然而，仍有一个非常重要的问题尚待澄清。审美可以将感性中的粗野的、肉欲的成分摒除在外，那么，这种审美的"升华"难道不也是一种压抑吗？按照弗洛伊德，性欲力比多是粗野、危险和狂暴的，任何文明都不可

---

① [德]席勒：《审美教育书简》，张玉能译，译林出版社2009年版，第71页。
② [美]赫伯特·马尔库塞：《爱欲与文明》，黄勇、薛民译，上海译文出版社2008年版，第124页。
③ [美]赫伯特·马尔库塞：《爱欲与文明》，黄勇、薛民译，上海译文出版社2008年版，第128页。

能容忍其以那些反常的、色情的原始形式进行宣泄和表演，建基于审美之上的文明也不能，对其进行升华是不可避免的，而升华的本质即是压抑，如此，非压抑性的文明怎么可能？对此，马尔库塞用"性欲的自我升华"予以回答。

首先，他扩展了性欲概念。弗洛伊德在早期的"幼儿性欲"理论中就对性欲做了超出两性关系的解释，后期著作中又进一步引入了爱欲概念。马尔库塞认为，爱欲是性欲本身的意义的扩大，"爱欲作为生命本能，指的是一种较大的生物本能，而不是一个较大的性欲范围"①。"作为爱欲的性欲"并不必然与"生殖意义上的性欲"有关，将性欲与生殖捆绑在一起本身是压抑的结果。除了升华成为生殖器性欲，性欲还有其他的"追求"和"潜能"，如果压抑被解除，它就有可能实现这些潜能，而且，这些潜能的实现不仅不必然与文化相冲突，而且有可能促进文化。"力比多作为一种未被压抑的力量，只有在一定的条件下才能促进文化的形成。……如果有机体不再作为异化劳动的工具而是作为自我实现的主体，换言之，如果于社会有利的工作同时也就是某种个体需要的明显满足，那么多形态性欲和那喀索斯性欲的恢复就不再对文化构成威胁了，它本身将有助于文化。"②

这样，马尔库塞就修订了弗洛伊德的力比多理论，认为力比多的目标和文明的目标并非背道而驰：在文明的初级阶段，这种对立或许存在，文明要靠改变力比多的目标来实现自己的目标；但在文明成熟阶段，这种对立将趋于消失。追根究底，弗洛伊德关于爱欲的定义——"将有机体结合到较大的统一体中去的努力"③，其实也是文明的目标。也正是在这个意义上，马尔库塞认为爱欲本身就具有工作倾向，当然，是倾向于非异化的工

---

① ［美］赫伯特·马尔库塞：《爱欲与文明》，黄勇、薛民译，上海译文出版社2008年版，第134页。
② ［美］赫伯特·马尔库塞：《爱欲与文明》，黄勇、薛民译，上海译文出版社2008年版，第138页。
③ ［德］弗洛伊德：《弗洛伊德后期著作选》，林尘、张唤民、陈伟奇译，上海译文出版社1986年版，第46页。

作，而不是异化的工作。在我们眼中，工作是一个严肃、庄重的字眼，散发着一股压抑的气息，与之相反的字眼是消遣（游戏），透着轻佻、愉悦之感。通常，我们区分工作和消遣（游戏）的标准是目的而非内容，如果某种活动以功利性为目的，它就具有工作的性质，反之则是消遣。比如，为赚钱养家而培植花木是工作，为修心养性而养花种草则是消遣，尽管二者内容并无不同。这意味着，如果目标改变了，工作也可以变成消遣；与此同时，本能结构也会随之改变，力比多的压抑性升华将变成非压抑性升华。"本能结构发生的某种变化（如从前生殖器阶段到生殖器阶段的变化）将与人类活动的本能价值的某种变化有关，而不管其内容如何。例如，如果工作伴有一种前生殖器的多形态爱欲的恢复，那么工作就可能自在地具有满足作用，同时却又不失其工作内容。"①如果工作是一件快乐的事——快乐不是因为工作带来的利益，而是快乐就来自工作本身，来自工作着的肉体感官和肉体本身——那么，这种快乐也必定是力比多的快乐，是力比多的释放，或者说是性欲的自我升华。

　　废除操作原则，建设审美的、非压抑性的文明，我们的文化观念也要随之作根本性的变革。马尔库塞把普罗米修斯作为迄今为止的人类文化英雄，"他以持久的痛苦为代价创造了文化。他象征着生产这种不懈地支配生命的努力。但在他的生产中，幸事和灾祸、进步和苦役被不可分割地结合在一起。普罗米修斯便是操作原则的英雄原型"②。一种崭新的非压抑性文明要求新的文化英雄，马尔库塞找到的是俄耳甫斯和那喀索斯。这两位神话人物的口碑均不太好，他们不慕功业，不通世情，性情乖僻，一个是自恋者，一个有同性恋的嫌疑。但马尔库塞把他们阐释、塑造成了抵抗的英雄，宣称他们拒绝生殖秩序以及一切普罗米修斯代表的文化秩序。"俄耳甫斯和那喀索斯揭示了一种有其自身秩序、为不同原则支配的新的现

---

①　[美]赫伯特·马尔库塞：《爱欲与文明》，黄勇、薛民译，上海译文出版社2008年版，第141页。（着重号为原文所加）

②　[美]赫伯特·马尔库塞：《爱欲与文明》，黄勇、薛民译，上海译文出版社2008年版，第104页。

实。俄耳甫斯的爱欲改变了存在，他通过解放控制了残酷和死亡。他的语言是歌声，他的工作是消遣。那喀索斯的生命是美，他的存在是沉思。"①

按照这样的文化观念，我们就要换一种目光来看待那些玩物丧志、不思进取的各色"玩家"——他们耽于某种癖好，放弃了世俗目标，诸如财富、社会地位、体面的工作等。过去，我们出于"现实原则"指责他们不务正业是有道理的，人的确不能为了个人兴趣而忽略自己和家人生计方面的考虑。但在温饱已不是问题的智能化工业时代，我们就不应该再指责他们了，相反，我们的生活态度和生活方式，应该由他们来引领。事实上，类似高级白领辞职开一家手工作坊或一间茶舍的报道，近年来屡屡现身媒体，并越来越为我们所认可乃至歆羡。当然，你可以说，这种做法不可效仿，因为我们没有他们那样的经济基础，我们是普通人，有生计之忧。的确如此，而这恰恰是要废除操作原则的原因——以当下的生产力水平，我们不应再有生计之忧，生计之忧是操作原则对我们施加额外压抑、维持自身的手段，是分配不公的结果。另外，也不一定非要效仿他们的做法，如果工作时间缩短了，我们可以利用大量闲暇"玩"出自己的精彩，工作也将不再是一种负担。

马尔库塞对非压抑性文明的形态和可能性做了较为充分的论证，但就如何建设这样一种文明言之甚少，缩短工作日几乎是其在具体操作层面提出的唯一方案。笔者以为，这并不是因为马尔库塞短于设计，或者缺乏信心，恰恰相反，马尔库塞对非压抑性文明的前景充满信心，以至于在他看来，只要缩短工作日这关键的一步迈出去，一切都会顺理成章。在马尔库塞描绘的力比多的历史发展脉络中，我们看到了辩证法的逻辑：不同于弗洛伊德认为文明的发展必然带来压抑的不断强化，任何试图改变方向的做法都是逆势而行，马尔库塞认为对力比多的压抑性利用只是文明发展初级阶段的做法，及至文明发展到成熟阶段，这种压抑就失去了意义，解放就

---

① ［美］赫伯特·马尔库塞：《爱欲与文明》，黄勇、薛民译，上海译文出版社2008年版，第112页。（着重号为原文所加）

势在必行。换言之，力比多是在利用文明实现自己的目标，它可以出于现实原则接受文明的压制，也可以在适当的时候摆脱压制实现自我升华，没有什么能够阻挡力比多的历史发展。建设非压抑性文明，是顺应力比多的发展要求，具有历史必然性，自然前景是光明的。至于现实的种种阻力，只是横亘在前行路上的障碍，阻挡不了长河入海的大势。

第三节　人的解放与自然的解放

建设"非压抑性文明"的目标是人的解放，而人的解放也将带来自然的解放。只有把人从操作原则要求的额外压抑中解放出来，因压抑而导致的攻击和毁灭冲动才能被消除，自然才能免于人的残害。就此而言，"生态文明"也必然是"非压抑性文明"。

上一节我们谈到，建设非压抑性文明要求缩短工作日，反对把人作为工具屈从于生产量和生产率。并非巧合的是，无限的增长和高消费也是生态思想极力抵制的。1972年，由丹尼斯·米都斯领衔撰写的"罗马俱乐部"第一份报告《增长的极限》就指出：由于地球的有限性，增长是有极限的，按照现在的人口和资本的增长模式，在不远的未来，经济、环境、社会将全面崩溃。避免崩溃的唯一途径是——"自觉控制增长，促使增长结束。"①美国著名学者丹尼尔·贝尔做出了同样的论断，他在《后工业社会的来临》一书中写到，完全自动化的经济社会曾是人类梦想中的乌托邦，但当下这种乌托邦的看法已被世界末日的幽灵所取代，"60年代初期的那种无限富足的主题消失了，现在出现的70年代末的图景却是一个脆弱的地球，它的有限资源储藏正在很快消耗，高速发展的工业生产造成的废料正在污染空气和水。现在拯救世界的唯一办法是零增长"②。

---

① ［美］丹尼斯·米都斯等：《增长的极限》，李宝恒译，吉林人民出版社1997年版，第131页。
② ［美］丹尼尔·贝尔：《后工业社会的来临》，高铦等译，新华出版社1997年版，第509页。

"零增长"不是反对进步，无视某些地区依然存在的贫穷，丹尼斯·米都斯团队呼吁通过世界范围内的共同努力，谋求一种全球资源分配和经济水平的均衡；而且，除了人口和资本，其他诸如教育、艺术、音乐、体育等不会给自然生态带来压力的事业依然可以繁荣增长。如此，"很可能带来普及的和不受限制的教育，创造发明的闲暇，最重要的是今天世界人民的一小部分所享有的免除饥饿和贫困"①。丹尼尔·贝尔也认为，零增长不是限制人们的需要，而是限制人们的欲求，"欲求超出了生理本能，进入心理层次，它因而是无限的要求……现代社会里，欲求的推动力是增长的生活标准和导致生活丰富多彩的广泛产品种类。但这种炫耀习惯也造成不顾后果的浪费"②。

同样反对无限的增长和高消费，生态思想家们和马尔库塞的区别在于，前者主要着眼于外部压力，要求人类为了未来牺牲一定的自由，③而马尔库塞则着眼于人的内在生命，将增长和高消费视作我们为奔向自由而愉快地加以抛弃的东西。进而言之，顽固的人类中心主义者会反驳生态思想，抵制对人类的自由设限；但他们很难反驳马尔库塞，因为后者的出发点恰恰是人的解放和自由。

非压抑性文明是建基于审美之上的，而审美本身意味着主体和客体的双重解放。康德有一个辉煌的命题——"美是德性-善的象征"。④ 在审美中，尤其是在作为纯粹美的自然美的鉴赏中，人不关注自然的用途和功利价值，只单纯地从自然的形式中获得快感，欣赏造物之完善与神奇。显

---

① ［美］丹尼斯·米都斯等：《增长的极限》，李宝恒译，吉林人民出版社1997年版，第139页。
② ［美］丹尼尔·贝尔：《资本主义文化矛盾》，赵一凡等译，三联书店1989年版，第68页。
③ "均衡社会不会摆脱压力，因为没有社会可以摆脱压力。均衡需要用一定的人类自由，例如，生孩子的数量不受限制，或者消耗资源的数量不加控制等，来换取其他自由如解除污染、拥挤，以及这个世界系统崩溃的威胁等。"——［美］丹尼斯·米都斯等：《增长的极限》，李宝恒译，吉林人民出版社1997年版，第139页。
④ ［德］康德：《判断力批判》，邓晓芒译，人民出版社2002年版，第200页。

然，在审美关系中，自然是完整且自由的，可以暂时免于人类的觊觎和摧残。当然，康德的自然美学观在20世纪也备受指责，卡尔松、柏林特等美学家们从不同角度抨击这种自然美学过于单薄，无法兼容自然的生态意义和文化意义，他们纷纷构建起可以更好地解释和欣赏自然的美学理论。①这一美学争议我们搁置不论，因其对我们的议题没有太大影响——无论如何，审美总是会通向一种自然伦理，有助于生态维护，如托马斯·海德所说，自然审美体验"不仅是为了获得审美愉悦，而且在某种程度上也可以激发出一种意识，促使我们去保护当前世界上尚存的相对来说未被触动的自然"②。

进一步说，建设非压抑性文明也要求解放自然。马尔库塞指出，"在现存的社会中，尽管自然界本身越来越有效地被控制着，但它反而变成了用来控制人的另一个层面，成为社会延伸出来的手臂及其对人的抗力。商业化了的自然界、污染了的自然界、军事化了的自然界，不仅在生态学的意义上，而且在实存本身的意义上，切断了人的生命氛围。这样的自然界阻挠了人从环境中得到爱欲的宣泄(以及变革他的环境)，剥夺了人与自然的合一，使他感到他在自然界之外或成为自然界的异化体"③。唯有自然解放了，人才能获得解放，二者是同一过程，非压抑性文明必然是生态的。

如此，生态思想中的"现代人类中心主义"与"非人类中心主义"之争就可以烟消云散了。人与自然之间并不存在此消彼长、不可调和的冲突，恰恰相反，在现阶段，二者是唇齿相依、荣枯与共的。解放人类就是解放自然，反之亦然，那么以人类为中心还是以自然为中心就没有什么区别了。

---

① 参见拙著：《环境美学与美学重构——当代西方环境美学探究》，北京大学出版社2019年版，第1~59页。

② Thomas Heyd. Encountering Nature: Toward an Environmental Culture. Burlington: Ashgate, 2007: 92.

③ [德]马尔库塞：《审美之维》，李小兵译，三联书店1989年版，第131~132页。

既然以攻击性为表现形态的死欲是爱欲受挫的产物，那么，以解除压抑、释放爱欲为旨归的非压抑性文明就是一种不具攻击性的文明，一切战争——无论是人与人的战争还是人与自然的战争——在这种文明到来时都将雪释冰消。如此，对于生态问题来说，建设非压抑性文明可谓一种"釜底抽薪"的解决办法，也是一种根本性的解决方法。不废除操作原则，不改变文明形态，无论付出怎样的努力，生态问题都不可能彻底解决，这就如同一个因暴饮暴食导致胃部不适的人，不去节制饮食，想单凭服药解决问题，结果只会让胃部更加紊乱。非压抑性文明不仅解放人类，也解放自然，"俄耳浦斯和那喀索斯对世界的经验否定了那种维系着操作原则世界的东西。人与自然，主体与客体之间的对立被克服了。存在被看作是满足，它把人与自然统一了起来，人的实现同时也直接是自然的实现……自然物能够自由地成为它们所是的东西"①。这种人与自然的和谐共生，正是生态文明的目标和特征。

让人欣慰的是，现实生活的发展印证了马尔库塞的学说，解放的迹象开始出现。除了前文我们谈论过的那些作为先行者的"不务正业的玩家"②，对于"操作原则"的厌恶和抵制也开始在大众之中蔓延，与之相随的是一种对"审美化生活"的思慕。需要特别指出的是，这不是指20世纪末由沃尔夫冈·韦尔施和迈克·费瑟斯通等人提出、21世纪初在我国美学界引发旷日持久的讨论的"日常生活审美化"。作为商业资本和消费主义的产物，只有少数人才能享受到的、不断升级的"日常生活审美化"会无止境地刺激人们的物欲，从而给占人口多数的中下层民众带来巨大的压力和焦虑，并驱使他们为追逐这种奢侈生活而不断强化自我压抑。从本质上说，所谓"日常生活审美化"也是"操作原则"的诡计，它借美学包装堂而皇之地炫弄等级制，借此对人们施加"额外压抑"。我们所说的那种为人们所思慕

---

① ［美］赫伯特·马尔库塞：《爱欲与文明》，黄勇、薛民译，上海译文出版社2008年版，第108页。

② 他们在经济上和观念上都摆脱了"操作原则"的控制，特立独行、随心所欲地设计和享用自己的"小众"生活。

的"审美化生活",是真正的、席勒意义上的审美化生活,是清心节欲、怡然自乐,是李子柒式的劳作和栖居。① 荷尔德林诗云:哪里有危险,哪里就有拯救。从一些社交平台上我们可以看到这样一种迹象:长久为物欲所累、为焦虑所困的民众,已在悄悄酝酿抵抗的力量,表达对现实失望、对事功怠倦的文字俯拾皆是。尽管这些情绪大多因失望而起,且大概率不会导向行动,人们并没有真正改变对事功的狂热,但至少这是一个开端。我们期待,顶层设计者们能够听到这种声音,并在进行制度建设时考虑这种声音,那将有助于我们走向生态文明——也可以说,那就是生态文明建设的一部分。

本 章 小 结

弗洛伊德认为,文明的组建是以对性施加管制为前提的,唯此我们才能把原本用于释放的性能量("力比多")节省下来,经升华机制用于文明建设。文明的发展要求不断强化对性的管制,而这必将引发个体的不满,进而滋生他们的攻击和毁灭冲动。按照弗洛伊德,生态危机可以解释为人类的攻击和毁灭冲动向自然倾泻所导致的恶果。如果能从根本上消除人类的攻击性,那么生态问题就会得到彻底解决。

按照弗洛伊德的理论逻辑,攻击和毁灭冲动作为文明的代价,是不可能被消除的,其越来越强烈的态势也难以抑制。对于文明的未来,弗洛伊德很是悲观。但马尔库塞通过区分"基本压抑"和"额外压抑"破除了文明与压抑构成的死循环,进而提出构建一种"非压抑性文明"的设想。

---

① 因制作的田园生活视频而在网络上广受追捧,2019年12月14日,李子柒获得由《中国新闻周刊》主办的"年度影响力人物"荣誉盛典"年度文化传播人物奖",2020年1月1日,她入选《中国妇女报》"2019十大女性人物"。《中国新闻周刊》评价:李子柒是一位现实中的造梦者,也是一位让梦想成真的普通人。在乡野山涧之间,在春风秋凉的轮替之中,她把中国人传统而本真的生活方式呈现出来,让现代都市人找到一种心灵的归属感,也让世界理解了一种生活着的中国文化。她用一餐一饭让四季流转与时节更迭重新具备美学意义,她让人看到"劳作"所带给人的生机。

建设"非压抑性文明"的目标是人的解放：解除压抑，释放爱欲，彻底消除因压抑而引发的攻击性。人类的攻击性消除了，自然就会免遭屠戮，因而，"非压抑性文明"将会通向"生态文明"，人的解放将会带来自然的解放。

第三章 关于"构建生态共同体"的精神分析：前提与路径

生态思想是一种共同体思想，最早系统对此进行阐发的是被誉为"生态伦理之父"的奥尔多·利奥波德，他在出版于1949年的《沙乡年鉴》中写道："只有当人们在一个土壤、水、植物和动物都同为一员的共同体中，承担起一个公民角色的时候，保护主义才会成为可能；在这个共同体中，每个成员都相互依赖，每个成员都有资格占据阳光下的一个位置。"①时至今日，"生态共同体"已经成为一个我们耳熟能详的概念。细分的话，我们通常在两个层面上使用这个概念：一个是事实层面，人类与自然同处一个生态系统之中，一荣俱荣、一损俱损，人类破坏共同体的行为必将殃及自身；另一个是伦理层面，意指人类应该基于生态意识和生态伦理构建起与自然和谐共处的命运共同体——如利奥波德所说，只有构建起这种共同体，保护主义才会成为可能。

作为生态共同体的一员，人必须承担相应的责任和义务，必须爱护并促进共同体的繁荣昌盛，我国古代典籍谓之为"赞天地之化育"（《中庸》）。然而，正如"赞天地之化育"从而"与天地参"乃圣贤仁者处世之道，并非凡夫俗子所能，承担生态责任和义务也不只是一个立场观念的问题，不是人们觉得应该承担就有能力去承担的。这里所说的"能力"不是经营事务的能力，而是健全的理性和情感能力。弗洛姆在《爱的艺术》中指出，爱不只是

---

① ［美］奥尔多·利奥波德：《沙乡年鉴》，侯文蕙译，吉林人民出版社1997年版，第216页。

一种意愿，也是一种能力，一个身家千万的富翁，不一定拥有爱的能力。我们要构建"生态共同体"亦是如此，仅仅靠普及生态伦理意识是不够的，我们还要具备相应的心理能力。正是弗洛姆，率先从精神分析的角度直面生态问题，提出"人心理上的深刻变革也不失为避免经济和生态灾难的一种方法"①。建设生态共同体，也要以"人心理上的深刻变革"为前提条件。

第一节 虚假的共同体与生态问题的形成

弗洛姆告诉我们，融入某个共同体是深植于人类无意识的渴望和追求。人类会因执溺于某些虚假的共同体而堕入泥沼，也会因构建起一种理性的共同体而获得救赎。我们要建设的生态共同体，就是一种会给予我们救赎的理性的共同体。

作为社会文化学派的代表人物，弗洛姆的学说就像这一命名所标示的，重心在社会文化维度，而不在人的本能维度——无论弗洛伊德的生理本能还是荣格的心理本能。不过，弗洛姆也很清楚，如果人可以像面团一样在不同社会文化的模具中被任意塑形，那么精神是否健康就将取决于社会文化提供的标准：适应社会文化环境的个体是健康的、正常的，反之就是病态的、异常的。如此，精神分析就将失去批判性，成为维护现实秩序的工具。所以，尽管他排斥本能这个概念，但也认为人类具有某些不变的特质，"人并不是一张白纸，可以任凭文化的浸染；他是独立的个体，具有能力而且具有特殊结构……假如人能够适应一切环境而无须和违反他本性的环境斗争，人类也不会有历史。人类的发展植根于人的适应性和某些不灭的人类特质，而使其永不终止地追求更适合其内在需要的环境"②。

之所以用"本性""不灭的人类特质"这样的表述，而拒绝使用本能概

---

① ［美］埃里希·弗洛姆：《占有还是存在》，李穆等译，世界图书出版公司2014年版，第9页。
② ［美］埃里希·弗洛姆：《自我的追寻》，孙石译，上海译文出版社2013年版，第19页。

念,是因为在我们的观念中,本能的近义词是动物性,彰显出人与动物的连续性和同质性,弗洛姆恰恰对此并不看重,他将精神分析的起点设定在对人与动物之间的断裂性和异质性的透视之中。弗洛姆指出,动物的生命存在与自然是和谐统一的,它们无知无识,依照自然赋予的本能生活,如果性欲、饥渴等本能欲求得到满足,它们就会满足。然而,人类不同,因为拥有自我意识,他们知道时空无限而生命有限,知道死亡不可避免,一种悲剧性的体验挥之不去。"在人具有了理性和想象力时,他也意识到了自己的孤独、隔离、无能和渺小,他的生与死的偶然。他一刻也不能面对这种现实,如果他不能找到与同类的新的联系纽带以代替由本能控制的旧的关系的话。即使所有的生理需要都已得到满足,他也会觉得自己像被关在孤独与自我的监狱中,他必须冲出这个监狱才能保留理智的健全。"①个体意识使人类独立于自然,获得了精神自由,但同时也带给了人类难以承受的虚无之感,弗洛姆称之为"存在的二律背反",是人类特有的存在境况。于是,渴望融入某个共同体之中,以逃避个体意识的重压,就成了人类根植于其存在境况的渴望,成了人类的一种本源的无意识。

弗洛姆认为,只要存在的二律背反没有圆满解决,只要人类还在个体意识的重压下被动地逃避自由,人类就还没有真正地诞生,就只能被锁闭在某种虚假的共同体的牢笼之中。在对人类的精神状况作了全面的诊断之后,他得出的结论是:尽管不乏一些卓越的个案,但总的来说,人类还没有真正地诞生,我们的社会和人性都算不上健全。

在1941年发表的生平首部著作《逃避自由》中,弗洛姆系统地阐述了"逃避机制"这一概念:为了逃避个体意识带来的孤独和虚无,为了获得安全感和归属感,个体倾向于"放弃个人自我的独立倾向,欲使自我与自身之外的某人和某物合为一体,以便获得个人自我所缺乏的力量。或者换句话说,欲寻找一个新的'继发纽带',以代替已失去的始发纽带。……这种

---

① [美]埃里希·弗洛姆:《健全的社会》,王大庆等译,国际文化出版公司2007年版,第34页。

机制的更明确的形式在于渴望臣服或主宰，即我们所说的施虐-受虐冲动，它们不同程度地存在于常人即神经症患者身上"①。臣服和受虐是将自己交付给他者，主宰和施虐是将他者纳入自身，都是为了形成共同体以克服各自存在的隔离性。在人类经历经过的所有专制社会中，稳固的统治关系之所以能建立起来并得到维系，一个非常重要的心理基础就是民众无意识中的"逃避机制"。统治者使用的政治、经济、思想等各种统治手段当然也很重要，但这些手段之所以能够产生效用，有赖于民众们的"配合"。与被统治者相比，统治者显然是人数少、力量弱的一方，如果后者不愿意被奴役，那么没有任何统治者能骑在他们头上。至于统治者散布的旨在蛊惑人心的意识形态说辞，其实并不怎么高明，民众们甘于相信那一套套谎言，可能不是因为没有能力识破，而是他们不愿动用自己的理性，他们蒙住了自己的眼睛。弗洛姆指出，当时正威胁整个世界的纳粹政治之所以能够大行其道，正是因为受到了民众无意识中的"逃避机制"的支持。

在产生过康德、席勒、费希特、黑格尔、马克思等顶级理性主义思想大师的德国，人们居然会去追随希特勒这样一个演技并不高明的骗子，让人匪夷所思！弗洛姆的解释是，人们并非识不破他的真面目，但在纳粹取缔了其他政党进而将自身等同于德意志之后，反对它就等于反对德意志，而对于普通人来说，疏离于国家之外是无法忍受的。"无论一位德国公民是多么反对纳粹主义原则，如果他必须在独自一人与归属于德国的感觉之间做出选择的话，多数人会选择后者。……有些人本不是纳粹分子，但当外国人批评纳粹的时候，他们却为它辩护，因为他们觉得攻击纳粹主义就是攻击德国。任何政党一旦夺取了国家的权力，都可利用人们害怕孤立和相对薄弱的道德原则的帮助，赢得大部分人民的忠诚。"②换句话说，被统治者依赖于统治者，他们渴望被代表集体的权力所接纳；反过来，统治者

---

① ［美］埃里希·弗洛姆：《逃避自由》，刘林海译，上海译文出版社2015年版，第93~94页。
② ［美］埃里希·弗洛姆：《逃避自由》，刘林海译，上海译文出版社2015年版，第139页。

同样依赖被统治者,这种依赖不只是经济上的供养关系,同时也是心理上的,在对他人的绝对权力中,统治者的自我得以无限膨胀,从而摆脱了个体的软弱与孤独。①对于统治和臣服、施虐和受虐,世人的评判通常有云泥之别,施虐者为千夫所指,受虐者则招人同情,甚至,某些受虐行为被美德化,誉之为"忠诚"。弗洛姆的言论颇有振聋发聩之效,"施虐和受虐倾向的原因都在于个人无法忍受孤立,需要借共生关系克服这种孤独"②。二者并非水火不容,施虐和受虐可以共生,可以转化,施虐狂有时会表现受虐狂的行为特征,反之亦然。对于希特勒来说,德国群众是受虐者,但在犹太人和其他弱小的民族和国家面前,德国群众又成了施虐者。

弗洛姆进一步指出,纳粹政治只是"逃避机制"促成的恶果之一,它对人们的摆置由来已久,直到今天我们也仍未将其摆脱。

中世纪以前,严格意义上的"个人"尚不存在,个人仍借"始发纽带"——家族、行会、教会、不可变更的社会等级和社会身份等——与世界相连,他既不孤单,也不孤独。直到文艺复兴时期,传统生活模式解体,行会的约束力、教会的凝聚力、阶级成员之间的认同感都受到极大削弱,个体得以从出生之际就为他设置好的种种社会和文化共同体之中脱缰而出,充分意识到自己是一个独立自由的个体,现代个人主义开始兴起。然而,人们在获得自由的同时,孤独感和不安全感也随之而生,所以,那个时代人们疯狂追逐"名声"。拥有"名声",意味着为自己构建了一个由认可自己的人组成的、无形的共同体,它可以取代昔日已经解体的种种共同体,带给自己安全感。"如果生命的意义有了疑问,如果与他人及自己的关系不再提供安全,那么名声便是消除疑问的一种方式。它与埃及人的金字塔及基督徒的永生信仰有相同的功能:它把个人的生命从受束缚和不稳

---

① 弗洛姆在戈培尔的书中为自己的理论找到了最好的注脚:有时人会陷入深深的压抑,只有在群众面前,才能克服它,群众是我们权力的源泉。——[美]埃里希·弗洛姆:《逃避自由》,刘林海译,上海译文出版社2015年版,第148页。

② [美]埃里希·弗洛姆:《逃避自由》,刘林海译,上海译文出版社2015年版,第146~147页。

定的状态提升到坚不可摧的状态。"①但名声永远都是稀缺品，中产阶级和无产阶级没有利用这种奢侈方式消除不安全感的可能性，于是，路德教派和加尔文教派应运而生，并迅速赢得大批民众的追随。

路德当然值得赞美，他剥夺了教会的权威，赋予人在宗教事务中的独立性，认为人的信仰和救赎由人自己负责，对于个人主义的形成进而对于欧洲社会的现代性转型都意义重大。相比天主教，新教放松了对人们的思想控制，不过，对自由的恐惧也随之出现。路德教谕人们，个人是微不足道的，要最大限度地贬抑自己，完全放弃个人意志，才有希望被上帝接纳。中世纪末期天主教教义推崇的"善功"在路德看来并不重要，前者强调的个人意志和努力对于救赎也毫无意义。弗洛姆把路德的逻辑解释为"逃避机制"的一种新形式："如果你彻底抹煞了个人自我连同其所有的缺点及怀疑，那么，你便摆脱了自己的那种微不足道感，便获得了自由，便能同享上帝的荣耀。因此，路德在将人从教会的权威中解放出来的同时，又使他们臣服于一个更加暴虐的权威——上帝，他要求人彻底臣服并消灭个人自我，以此作为人得救的根本条件。路德的'信仰'就是坚信投降是被爱的先决条件，它与个人完全臣服于国家和'领袖'的原则有很多相同之处。"②在通过自我贬抑和完全臣服以获得安全感方面，加尔文和路德完全一致。二人的不同之处在于，加尔文更强调努力工作和圣洁生活的重要性，这一教义因马克斯·韦伯的《新教伦理与资本主义精神》而广为人知。在弗洛姆看来，这也是一种逃避形式，"这种意义上的活动具有强迫性质：个人必须积极活动，以克服他的怀疑感和无能为力感。这种努力和活动并非内在力量和自信的结果，而是绝望地逃避焦虑"③。

---

① ［美］埃里希·弗洛姆：《逃避自由》，刘林海译，上海译文出版社 2015 年版，第 32 页。
② ［美］埃里希·弗洛姆：《逃避自由》，刘林海译，上海译文出版社 2015 年版，第 54 页。
③ ［美］埃里希·弗洛姆：《逃避自由》，刘林海译，上海译文出版社 2015 年版，第 61 页。

自我贬抑进而把自己无条件交付给上帝，为臣服于世俗权威铺平了道路。弗洛姆认为，新教运动之于集体性的权威性格的形成，乃至纳粹政治的兴起，都难以逃脱干系。不过，也不能把一切罪责都推给新教运动，它也只是"流"，"逃避机制"才是"源"。在不受新教运动影响的欧洲以外的地区，同样存在着国家主义和种族主义，纳粹政治不过是它们的消解方面恶性膨胀的结果。

今天，"逃避机制"一如既往地强势左右着人们的心理和行为。一些腼腆胆小的孩子，为了获得其意欲追随的不良团体的接纳和认可，有时会做出一些让人惊骇不已的恶行，尽管他们自己也非常厌恶和恐惧。那些性格孤僻阴郁的青少年，则往往有被其曾加入的团体排挤、抛弃的经历。青少年如此，成年人也一样。我们谈论"圈子文化"的种种弊端，但同时我们也在寻求加入某个有形无形的圈子。加入圈子有时是出于功利的考量，但不尽然，有的圈子会虚耗时间和精力，让人不胜其烦，可一旦失去这个圈子，人又会有惶惶不可终日之感。

相对于个人与群体的关系，我们更常追随弗洛伊德，把施虐、受虐的概念用在个体与个体的关系上。弗洛伊德把这组概念解释为死亡本能滋生的行为，并赋予其浓重的性的意味。可是，这样的变态性行为并没有在动物身上发现，它们为人类所特有，如此，他偏于生物学的解释就很难让人信服。弗洛姆认为，性并不只是人类的一种生理行为，也是个体克服孤独的一种手段。在性活动中，理性自我处于休眠状态，人与性对象合为一体，孤独感暂时消失。不过，这种手段效果有限，性行为一结束，孤独便会卷土重来，于是人们只能频繁地重复性行为。"纵欲"很多时候是出于心理原因而非生理原因，一些纵欲者在身体亏损严重的情况下欲望依旧可怕地强烈。这也可以解释，何以施虐和受虐往往伴随着性行为。

除了通过统治与臣服、施虐与受虐构建共同体，以及加尔文发明的强迫性努力工作，旨在摆脱孤独和焦虑的"逃避机制"还有多种形式。比如，毁灭倾向。施虐冲动中也有破坏欲，但由于施虐者依赖施虐对象，因而其破坏性必须以不能毁灭施虐对象为限，否则二者的共生关系就被破坏了。

毁灭倾向则不同，目的在于消灭对象，"与自身之外的世界相比，我感到自己无能为力，为了避免这种感情，我可以摧毁世界。……毁坏世界几乎是挽救自己不被击碎的绝望的最后一招"①。一个人不被一座城市或一个群体接纳时，便不择手段地报复，将其推至绝境，这是电影中常见的剧情。现实没有这么戏剧化，但在遭逢类似境遇时，人们恨恨地祈祷灾难降临将对方毁灭，或者在灾难真的降临时心有快意，却并不罕见，这也是毁灭倾向的体现。上一章我们在评论弗洛伊德的两种本能理论时，曾指出死欲和爱欲并非像弗洛伊德所说的那样是两种各自独立的本能，死欲其实是爱欲受挫的结果。弗洛姆持同样的观点：不能融入，故毁灭之。"生命欲与破坏欲并非各自独立的，相反，二者是相互依存、相互转化的。生命欲受阻越严重，破坏欲就越强烈；生命越得到实现，破坏欲就越小。破坏欲是生命未能得到实现的后果。"②

　　毁灭冲动不仅指向外部对象，也可以转向自身，通过自我戕害、自我作践，来强化自己的微不足道感，进而达到消除自我的目的。有的人沉迷于生病，并不是想罹受病痛的折磨，他们恐慌、沮丧并到处求医问药，但同时也很兴奋（相比之下，健康时反而显得无精打采的），他们不停地将自己的不幸告诉别人也告诉自己，以此来赢得别人同情，也让自己获得解脱——我不用去思考存在的意义、自我的价值等，也不必为一事无成、不受认可而焦虑，因为我的时间和精力都用在与疾病做永无休止的周旋上了。在这种无意识渴望的作用下，他们在肌体健康的时候也会出现身体不适的幻觉，然后在抑郁和药物的双重作用下，肌体运行出现紊乱，于是他们就真的如愿患病了。自我毁灭倾向的极致形式是自杀。在现代社会，为生活情势所迫而自杀的只是少数，更多的自杀者是因为难以忍受存在的虚无。

　　比如，冷漠。人们渴望与他人建立一种共生关系以逃避孤独和不安全

---

①　[美]埃里希·弗洛姆：《逃避自由》，刘林海译，上海译文出版社2015年版，第119页。

②　[美]埃里希·弗洛姆：《逃避自由》，刘林海译，上海译文出版社2015年版，第121页。

感,但这种渴望往往被拒绝从而使人陷入焦虑,于是,有些个体会就此进行防御,对人和事冷漠以待,放弃建立亲密关系的机会,规避一切被拒绝的可能,如此就不会受到伤害。这种有意识地用冷漠来进行防御的个体往往以智者自居,并一厢情愿地相信自己是强大的,无需依赖于他人或集体。恰恰相反,他是因为缺乏力量和自信,才害怕被拒绝,才用冷漠来进行防御,以寻求弗洛姆所说的"连带有自负的补偿感"。其实,他非常敏感于别人对他的评价,愤恨于因自己的冷漠而造成的别人对自己的无视,也羡慕别人结成的亲密关系,但他就是不能往前一步,在渴望和退缩的撕扯中饱受煎熬。选择冷漠,不仅没有帮他避开伤害,反而让他变得更敏感,更容易受伤,他像刺猬一样把自己保护起来,但不安全感、孤独感依然如影随形。有时候,冷漠也会伪装上相反的色彩,表现为对他者过度的、泛滥的热情和关切,"在我们的文化里,退缩和冷漠多半被表面的关切和社交活动所遮蔽"①。无差别地为一切人和事奉上自己的赞美,其实是对一切都漠不关心。

　　再比如,自恋。对于自恋的人来说,世界是为他存在的,或者说,他就是世界,别人微不足道,各方面都无法与其相比。如此,就没有什么能对自恋者造成威胁,他也就有了安全感。不过,他的这种安全感是建立在对他人的贬低、对现实的歪曲之上的,因而不会得到回应。自恋者受到挫败后,或者愤怒地向这个他眼中的不公正的世界展开报复,变成一个歇斯底里的破坏狂;或者闭目塞听,屏蔽掉客观现实,成为精神病患者。"自恋是一切严重精神疾病的实质……精神错乱的人失去了和世界的联系,他完全陷入了自我;他不能体验现实,无论身体上的还是真正意义上的人的实在,只能体验由他自己内心活动所形成和决定的'现实'。"②

　　"逃避机制"从来都不能真正达到目的,冷漠、自恋、毁灭和沉溺性欲

---

① [美]埃里希·弗洛姆:《自我的追寻》,孙石译,上海译文出版社2013年版,第93页。

② [美]埃里希·弗洛姆:《健全的社会》,王大庆等译,国际文化出版公司2007年版,第38页。

不能,统治(施虐)与臣服(受虐)也不能。统治者和臣服者之所以需要建立共生关系,心理上的原因是他们缺乏独立性,以及作为独立性之前提的自我认同,但另一方并不能真正给予他们自我确定和认同感,于是,他们各自追求统治和臣服的趋向就越发强烈:统治者总是疑心被统治者背离自己,于是不断强化统治手段;而臣服者则担心统治者抛弃自己,于是不断做出牺牲以表明自己的忠诚。双方都不会取得成功。体现在个人关系中的施虐和受虐也是如此,施虐者总是需索无度,而受虐者则一再退让。他们不愿打破这种畸形关系,表明他们需要这种关系,但他们并不真的幸福,且结局总是悲剧性的。其他诸如酗酒、吸毒等形式更不必说,或许暂时可以缓解下孤独感,但之后会更加孤独和空虚,只能变本加厉地沉溺其中。

人类拥有了自我意识,脱离了自然,永远不可能返回,所有试图通过抹掉自我、抹掉自我与世界的界限来回避自我意识、克服孤独和不安全感的做法都是徒劳无益的尝试,是不成熟的表现。唯一的方向,只能是向前,让自我变得更加独立、完整和成熟。弗洛姆认为,没有现成的意义供我们安顿生命,我们必须自己创造意义,"除非人能借发挥他的力量和过着有创造性的生活而赋予他生命以意义,除此之外生命是没有别的意义的"①。唯有创造性,可以使人摆脱对种种他者——权威、金钱、名望、集体等——的依赖,让人变得独立且强大。这并不是说,这样的人可以遗世独立、与人无涉,相反,创造性本身要通过与他者的关系来体现。当然,不是那种借以抹掉自我的畸形关系,而是一种分享和交流的关系,一种通过"给"与"爱"建立的关系。

弗洛姆说,有创造性的人必然乐于"给","'给'是力量的最高表现,恰恰是通过'给',我才能体验我的力量,我的'富裕',我的'活力'"②。"给"不是物质范畴,而是精神范畴,一个富有的人可能在精神上极其贫乏;

---

① [美]埃里希·弗洛姆:《自我的追寻》,孙石译,上海译文出版社2013年版,第38页。
② [美]埃里希·弗洛姆:《爱的艺术》,李健鸣译,上海译文出版社2011年版,第28页。

第一节　虚假的共同体与生态问题的形成

"给"也绝不是自我牺牲和削减,"他应该把他内心有生命力的东西给予别人。他应该同别人分享他的欢乐、兴趣、理解力、知识、幽默和悲伤——简而言之一切在他身上有生命力的东西。通过他的给,他丰富了他人,同时在他提高自己生命感的同时,他也提高了对方的生命感"①。通过"给"建立的关系,是一种分享与交流的关系,它把我们团结为一个共同体,同时又不会损害各自的完整性和独立性。弗洛姆也把这种关系称之为"爱","爱就是在保持自身完整性和独立性的前提下,与外在的某人某物的结合"②。

这样一种理想人格是现实存在的,并非弗洛姆的虚构。那些让我们高山仰止的哲学家、文学家、艺术家,都是自成方圆、创造力丰富、拥有悲天悯人情怀的卓越个体;普通民众中也有自信、笃定、乐观且敬人爱物者。不过,就整体而言,人类迄今仍没有从"逃避机制"中挣脱出来——"尚未完全诞生"。

20世纪中期以来,出于对极权主义的恐惧,以及各种旨在打破偶像、颠覆权威的思想运动的影响,人们不再迷信和屈从于外在的人格化权威,但这并不意味着人们就有了独立的自我,因为,取而代之的是内在化的权威,这种权威运作的方式是"求同"。我们通常把"个性"作为一个褒义词来用,但我们的言行却支持"反个性"的群体性倾向,稍加反思就能发现这一点。比如,如果孩子入学后很快和其他孩子打成一片,我们会非常欣慰;而如果老师告诉我们他大部分时间一个人呆着,我们则会感到忧心,即便他在别的方面表现都好,情绪也不错。为什么要担忧?或许我们应该为孩子感到高兴才对,喜欢独处可能表明他是个真正有个性的孩子,"异化的人几乎不可能独处,因为他被空虚的惊慌所包围"③。对孩子的态度,流露

---

①　[美]埃里希·弗洛姆:《爱的艺术》,李健鸣译,上海译文出版社2011年版第30页。
②　[美]埃里希·弗洛姆:《健全的社会》,王大庆等译,国际文化出版公司2007年版,第34页。
③　[美]埃里希·弗洛姆:《健全的社会》,王大庆等译,国际文化出版公司2007年版,第134页。

了我们自己的群体性倾向，我们也正在把这种倾向传递给孩子。"求同"也是"逃避机制"的一种形式，当我把自己变得与其他人一样时，就没有了自我，我的担忧、苦恼不仅仅属于我，也属于与我相像的无数个他人，我自然也可以采用社会提供的药方加以应对，如此，我就不会感到孤独了，我与世界的鸿沟消失了。"求同"不仅是个人的选择，也是社会文化的选择。日益风靡的各类形象和气质的培训课程告诉我们，想要成功就必须丢掉自我接受改造，迎合社会规则和社会趣味；追风逐潮在时尚界、娱乐界乃至学术界，都是成功的捷径；大众传媒同化我们的思想和情感；消费主义同化我们的生活方式；文化产业同化我们的娱乐休闲方式……我们正在被全方位地"同化""异化"，变成马尔库塞所说的"单面人"。

除了"求同"，"占有"也是我们当下一种很重要的逃避形式。想必没人会反对，今天比历史上任何一个时代都更契合"物欲横流"的字眼。除了商业资本的推动，那种无节制的、永不餍足的物质欲望还有心理上的动因：神和领袖相继失去了人们的信任之后，人们转而寄望于从物质占有中获得安全感。"停滞不前、固步自封和倒退，简而言之，依赖于自己所拥有的一切，这是一种很大的诱惑。因为一个人清楚自己有什么，因此他感到安全，他可以紧紧抓住这些东西不放。"①一个年轻人，即便才高艺博且活得非常精彩，如果没有房子、车子、存款和收入稳定的职业，我们也不会放心地把女儿嫁给她，因为我们从他的状况中得不到安全感。如果他四十岁时仍然过着这样的生活，我们大抵会把他评定为一个失败者。换句话说，我们评价一个人的依据是他占有什么，评价自己也是如此。当个体与其占有之物合二为一时，他得到了安全感，但也面临着被异化为物的危险，"在'占有'这一生存方式中，我与我所拥有的物之间不存在有生命的关系。它和我都成了物，我拥有它，因为我具备占有它的力量。但是，这种关系也可以倒过来讲：它拥有我，因为我对自身的认识，即对心智健全的认识

---

① ［美］埃里希·弗洛姆：《占有还是存在》，李穆等译，世界图书出版公司2014年版，第95页。

是建立在我占有它(以及尽可能多的东西)的基础之上"①。这个问题还可以表述为：我占有物，就是为了将我等同于物，从而取消自我意识，逃避对于存在的"畏"(海德格尔)。

我们曾谈到，任何逃避形式都无法达到真正目的。"求同"和"占有"也是如此。求同压抑了真实的生命感觉，很多人们自认为的自由选择，其实是屈从于外界意见和压力的结果，他们终会为自己没有真正活过而感到虚无和悒郁。并且，求同带来的安全感是暂时的，由于在求同中失去了自己的思想、情感和信念，人们必须持续地寻求别人的赞同和认可，否则便会陷入被遗弃的恐慌，这反而加剧了他们的不安全感。占有则总是受到丧失的威胁：财产可能会贬值，权力可能会被夺走，荣誉称号会过期……既然我与我的占有物是同一的，我就无法承受这一切的发生，而这一切发生的概率又非常大，于是，我不得不整日里忧心忡忡。防止丧失的办法只有一种，那就是占有更多，用更多的金钱对抗贬值，用更大的权力巩固权力……如此循环往复，无休无止。

弗洛姆不否认也非常乐意看到，有一些打破坚冰的迹象出现：一些年轻人开始选择和父辈们不同的生活方式，他们做自己想做的事，拜访自己喜欢的人，玩自己喜欢的音乐，去自己喜欢的地方……至于这些行为是否有利可图，他们并不太关注。他们不会为了提高自己的市场身价而改变、修饰自己，比年长的一代要真诚得多。不过，弗洛姆犀利地指出，不能对他们太乐观，他们"并没有从摆脱束缚的自由前进到创造的自由；他们只是为争取摆脱限制和依赖进行了反抗，并没有试图去寻找前进的目标。他们与自己的资产阶级父母一样，坚持'新的东西好'的口号，而且他们对一切传统，包括最伟大的思想家所提出的种种理论，表现出一种近乎恐惧的冷漠态度。由于一种天真的自我陶醉的心理，他们相信自己能够发现值得发现的一切。从根本上说，他们的理想是重新回到儿童时代……他们没有

---

① [美]埃里希·弗洛姆：《占有还是存在》，李穆等译，世界图书出版公司2014年版，第65页。

获得坚实的信念,没能在内心确定一个中心。到头来,这些人往往成为一个失望的、冷漠的人——或者,成为一个对毁灭产生盲目幻想的不幸之人"①。

弗洛姆清楚地让我们看到了生态问题的精神动因:因为没有发展出独立、完整、成熟的自我,因为缺乏内在的力量和自信,人们借助种种畸形的生存方式来逃避自我意识,以便消除存在的孤独、绝望和不安全感,而这些生存方式直接或间接地导致了生态问题的发生。

对生态问题负直接和首要责任的是"占有",永无止境的物质欲望和摆置自然的科学技术密切合作、相促相长,最终把自然踩躏得千疮百孔;"毁灭""施虐"在指向自然时也导致了对自然的破坏;"冷漠""求同"则助长了那些不利于自然的观念和行为的肆虐;"臣服"于好战的极左主义、极端民族主义和军国主义,不仅给自己戴上了锁链,也让自然被毁灭得阴云笼罩……

弗洛姆同时也让我们明白了:对于生态问题的解决,"生态意识"是必要条件,但非充分条件。不少学者认为,只要在全社会普及了生态知识,培植起生态意识和生态伦理,人们就会自觉约束自己的行为,生态问题就能得到彻底解决。事实证明,并非如此。参加世界气候大会的各国代表与他们背后的政府毫无疑问是有生态意识的,否则他们就不会参会,也不会就生态问题的严峻性达成共识,然而,他们并没有为生态问题作出实质性的贡献。高尔夫球场对生态的压力是难以置辩的,但那些漫步其上的精英们并非就没有生态意识,相反,因为有能力自由地选择居住地,他们比普通人更关注水、空气、植被等生态环境指数。弗洛姆是对的,只要我们还未发展出成熟的自我,还在接受非理性的"逃避机制"的控制,我们就不可能真正戒除对物的占有欲,生态意识也就只能停留在意识层面而无法转化为实际有力的行动。

---

① [美]埃里希·弗洛姆:《占有还是存在》,李穆等译,世界图书出版公司2014年版,第63页。

第二节 "自我分析疗法"与"仁者爱物"

作为早期法兰克福学派的一员,弗洛姆是一个典范的理性主义者,也是一个道德主义者、一个理想主义者。在他看来,一切神经症都源于人类还没有在心理上完全切断与自然的血缘关系,源于人类对虚假共同体的追求和屈从,是人类"尚未完全诞生"的征象。换言之,神经症乃缺乏强大、独立、理性的人格所致。如此,治愈之道便不言而喻了,那就是去构建这样一种人格。我们"克己修身""仁爱万物"进而"赞天地之化育",承担起照料和维护生态共同体的使命,同样需要拥有这样一种人格。

弗洛姆告诉我们,作威作福、予取予求并不是个体强大的表现,因为无论是谁,一旦手握权势,都可如此作为。相反,这样的个体恰恰是虚弱的,因为他要追逐和依赖外在于自身的权势。真正的强大是不假外求、自洽自足,是拥有爱与创造的能力,"精神健康的特征是有能力去爱和创造,从与部族与土地的乱伦关系中解脱出来,基于自我体验的身份感,自我成为其力量的主体和源泉,能够理解自身内部和外部的现实性,即发展出客观性和理性"[①]。弗洛姆推崇的这种人格并不稀奇,它为古今中外的一切圣贤所共有,也为他们所提倡,"埃赫那吞、摩西、孔子、老子、佛陀、弥赛亚、苏格拉底、耶稣等人制定出了几乎相同的人类生活的准则,这些准则只存在一些细小而无关宏旨的不同之处"[②]。爱、理性、创造、关心、责任心……弗洛姆毫不讳言自己是在旧调重弹,但由于是从精神分析的琴键上弹出来的,我们依然有振聋发聩之感。

---

① [美]埃里希·弗洛姆:《健全的社会》,王大庆等译,国际文化出版公司2007年版,第64~65页。
② [美]埃里希·弗洛姆:《健全的社会》,王大庆等译,国际文化出版公司2007年版,第65页。

弗洛姆说："心理学的最终结论就是爱。"①拥有爱的能力，才谈得上独立和强大的人格。爱是我们使用频率最高的字眼之一，但很多我们名之为爱的情感并不是真正的爱。作为一种能力，爱并非人皆有之。

比如，不是每一个母亲都有爱孩子的能力。有的母亲太疼爱孩子了，在孩子需要独立的时候，她们也紧紧抓住孩子不愿放手。在弗洛姆看来，这种爱不是真正的母爱，而是权力欲和占有欲的体现，她们把孩子当成了属于自己的东西。真正的母爱应该允许、希望并促成孩子与自己的分离，因为母爱的本质是关心孩子成长，而与母亲的分离是成长的一部分。

比如，那些彼此相爱但对他人漠不关心的男女，其实没有真正的爱情。"他们的这种爱实际上是一种共同的自私，这些人往往把自己与所爱之人等同起来，并通过把一个人分成两个人的办法来克服人与人之间的隔绝。他们以为这样做就能克服孤独。但正因为他们远远脱离同时代的人，所以他们之间实际上也是隔绝和互为陌生的，结合对他们来说只是一种幻觉。"②

比如，"忘我的爱"不是一种真正的爱。只有爱自己，只有了解、尊重、肯定自己，才能培养自己的活力和创造力，才能把活力和创造力传递给别人。爱自己是爱别人的基础，不懂得爱自己的人也不可能给予别人真正的爱。一个"忘我"的母亲养育出来的孩子往往并不幸福，他们会受到负罪感的困扰并努力压抑自己，担心受母亲的责备并想方设法满足母亲的愿望。爱自己与爱别人是统一的，不爱别人的人同样不会爱自己。利己者看上去非常关心自己，其实不过是通过各种各样的满足来填充自己空虚的、缺乏创造力的内心，换言之，他对自己其实是缺乏信心的、失望的。

再比如，对神的顶礼膜拜也不是真正的爱。"如果一个人不能超越他同母亲、部族、民族的乱伦的联系，如果他继续停留在依赖一个惩罚他或

---

① ［美］埃里希·弗洛姆：《爱的艺术》，李健鸣译，上海译文出版社2011年版，第40页。
② ［美］埃里希·弗洛姆：《爱的艺术》，李健鸣译，上海译文出版社2011年版，第68页。

者赞赏他的父亲的阶段，或者依赖别人的权威的阶段，那他也不可能发展对神的成熟的爱；他的信仰只可能是宗教的早期阶段的信神形式，也就是他体验到的神不是一个能保护他的母亲，就是一个赏罚分明的父亲。"①对神的真正的爱在于努力达到爱的全部能力，努力在我们内心实现神，努力在自己身上体现爱与正义的原则从而与神合二为一。总而言之，"爱首先不是同某一个人的关系，而是一种态度，性格上的一种倾向。这种态度决定一个人同整个世界，而不是同爱的唯一'对象'的关系……如果我确实爱一个人，那么我也爱其他人，我就会爱世界，爱生活"②。真正的爱，即是博爱。以此论世，缺乏爱的能力的人触目皆是。而构建生态共同体的精神前提，恰恰正是博爱万物。

培养爱的能力，是构建独立、强大的人格的关键，也是治疗神经症的关键。弗洛姆发展了一种独特的"自我分析"疗法——所有精神分析疗法之中最具理性色彩的疗法。这种疗法和弗洛伊德的"自由联想"不同，后者旨在绕开患者意识层面的防御，以便发掘无意识的内容。"自我分析"疗法不仅不回避患者的意识，反而要求患者尽最大可能调动自己的理性能力参与其中，以暴露其"逃避机制"。治疗以分析师向患者提问的形式展开，提出的问题颇为尖锐，旨在曝光患者不愿面对的心灵弱点，诸如空虚、软弱、自私等。如果患者找借口掩饰，那么分析师会展开追问，绝不宽容退让。莱内·芬克对此评论说，"当人们面对提问和追究真相时，尽管会觉得自己受到了挑衅和被击中要害了，但如果感受到提出这些问题是为了认识事实真相的话，就不会认为自己受到了谴责和感到羞辱"③。正如弗洛伊德相信一旦"情结"被曝光在患者的意识之中就会涣然冰释一样，弗洛姆相信一

---

① ［美］埃里希·弗洛姆：《爱的艺术》，李健鸣译，上海译文出版社2011年版，第99页。
② ［美］埃里希·弗洛姆：《爱的艺术》，李健鸣译，上海译文出版社2011年版，第56~57页。
③ 转引自［美］埃里希·弗洛姆：《爱的艺术》，李健鸣译，上海译文出版社2011年版，第169页。

旦患者理性地认识到自己受到逃避机制的控制并决心摆脱这种控制,他就能够逐渐培养起爱的能力,构建起独立、强大的人格。

归根结底,弗洛姆对于人的主体性和理性怀有坚不可摧的信念,认为唯有发展理性能力,人类才能彻底从自然中独立出来,才能破除对于各种"始发纽带"和"继发纽带"的依赖和迷恋,从而摆脱逃避机制和神经症的纠缠。而荣格恰恰与之相反,认为神经症的起因正是人类试图彻底斩断与自然之间的精神血脉。在他看来,集体无意识本质上是人心灵中的自然部分,意识对集体无意识的压制本质上是文化之于自然的压制。荣格主张要在意识和无意识之间维持一种平衡,是自然与文化应保持平衡的理念在精神分析领域的体现。弗洛姆则和弗洛伊德一样,相信自然和文化之间存在着基本的对抗,在他看来自然始终是文化的威胁,就像对母亲的固恋之于孩子的成长是一种威胁一样。

但有意思的是,荣格和弗洛姆都表达了对自我的重视,都向世人发出警示:丧失了自我,我们将无从抵御外部力量的控制。荣格认为构成自我的内核因素是"内心的先验体验",也即集体无意识,它可以避免个体被群体所淹没。[①] 这种观念我们并不陌生,卢梭开启的浪漫主义思想传统中,自然人性一直被视为文化的解毒剂,荣格关于自我的言论可以看作这种观念的精神分析式表达。那么,弗洛姆的理性的"自我"源自何处?既然他推崇的理性本身就来自文化,来自外部,他如何区分"内"与"外"?

大卫·英格莱比认为,弗洛姆关于人的言论不是描述性的,而是规范性的,理性的人的概念来自启蒙思想,是他关于人的一种理想,是一种纯形而上学的概念,"人的实际性格与社会环境是有关的,而在理想中他的本质却是不变的和普遍的"[②]。英格莱比的判断非常准确,弗洛姆断言"只要一个人不是精神上或道德上的低能儿,那么他生来就具有一种为精神健

---

① [瑞士]卡尔·古斯塔夫·荣格:《文明的变迁》,周朗、石小竹译,国际文化出版公司2011年版,第191页。
② [美]埃里希·弗洛姆:《健全的社会》,王大庆等译,国际文化出版公司2007年版,第317页。

康、为幸福、为和谐、为爱情及创造进行努力的能力"①。他不仅从未对此进行过真正有说服力的论证，而且从未说明这种能力来自何处，按照他的逻辑，显然不是来自自然，相反，人只有彻底脱离自然才能利用和发展这种能力，那么，人拥有这种能力的观念就只能是纯形而上学的。如此，无怪乎马尔库塞批评他清洗掉了弗洛伊德的本能概念，把精神分析变成了"灵魂哲学"，是"哲学唯心主义不合时宜的复辟"。②

弗洛姆关于自然与文化的关系的认识是有问题的，也招来了很多批评。但他关于现代社会和现代人性格的诊断还是非常精辟的，其自我分析疗法也并非没有效果。这一疗法包括两部分，其一是诊疗室里的谈话治疗，其二则是一套可以由患者自行操作的疗法。后者又大致包含两个步骤：培养集中能力和培养信念。"集中"意指对待任何事情都持有专注态度，弗洛姆认为这是现代人非常缺乏的一种品质或者说是能力。培养集中的最重要环节就是学会一个人静静地单独待着，不看书、不听广播、不抽烟也不喝酒。这并不容易做到，练习者很快会发现有各种念头冒出来困扰自己，并找出种种借口放弃，诸如浪费时间、没有意义、愚蠢等。"做一些简单的练习就能帮助他集中，譬如：轻轻地坐着（既不要懒散也不要紧张），把眼睛闭上，努力使自己的眼前出现一片白色，并排除一切干扰自己的画面和念头。然后试着观察自己的呼吸——不要去想它，也不要去影响它，而只是要注意到自己在呼吸。另外还要试着得到一种'自我'的感受；我=我的自己+我的力量的中心+我的世界的创造者。至少每天早晨要做二十分钟这样的练习（如果有可能还要延长）和每晚睡觉前坚持练习。"③除了练习一个人静处，集中还要求专心做一切事，比如专心听别人说话及

---

① ［美］埃里希·弗洛姆：《健全的社会》，王大庆等译，国际文化出版公司2007年版，第221页。
② ［美］赫伯特·马尔库塞：《爱欲与文明》，黄勇、薛民译，上海译文出版社2008年版，第158页。
③ ［美］埃里希·弗洛姆：《爱的艺术》，李健鸣译，上海译文出版社2011年版，第137~138页。

与人交谈，专心欣赏音乐或图画，等等。我们很容易想到禅宗，弗洛姆的静处练习类似于禅宗的"禅定"，专心做一切事的要求也与禅宗的"平常心即道"遥相呼应。

静处的时候，人是自由的，不受任何外部力量的缠缚；专心做事的时候，人的心灵是充实而平静的，屏蔽掉了诸如孤独、焦虑、欲望等诱发"逃避机制"的不良情感。无论是静处还是专心做事，都旨在让个体保持一种清醒、开放的状态，以便与世界建立一种本真的关系，从随波逐流、麻木不仁的"沉沦"状态中摆脱出来。"沉沦"状态在弗洛姆看来就是一种神经症状态，是逃避机制的产物——海德格尔也说"沉沦"是一种逃避，之于存在之思的逃避。弗洛姆指出，从逃避机制的控制下摆脱出来，"集中"只是第一步，我们要拥有爱的能力，成为一个心理健全的人，还必须在培养信念上下功夫。

信念既是对于自己的信念，也是对于他人和人类的信念。具体而言，就是我们要相信自己拥有创造性的力量和面对各种生活境遇的勇气，相信自己的观察和判断，相信自己的善良和爱能够开花结果，同时，我们也相信他人拥有发展的可能性，相信人类有能力建立一个由平等、正义和爱主导的未来。有了这些信念，我们就会自信且谦逊，就会理智且乐观，就会不受某种外在力量的蛊惑和控制。"务实"的现代人会质疑说，那只是浮语虚辞，根本就没有现实土壤。弗洛姆则会反驳说，你的质疑只是你的借口，是你拒绝成长的托辞，"即使我们承认资本主义的原则同爱的原则不能一致，但我们也还不得不承认资本主义就其本身来说具有一个充满如此矛盾和不断变化的结构，从而使得人有一定的可能保持个性不被同化，以及个人活动的余地。把社会状态看作是决定命运的唯一因素，因此就回避'此时此地'自己的生存问题，这是'激进'的思想和普通人使用的危险借口"①。退一步说，即便社会与爱的原则完全抵触，我们也必须怀有信念，

---

① ［美］埃里希·弗洛姆：《爱的艺术》，李健鸣译，上海译文出版社2011年版，第160~161页。

除此别无选择,因为若我们以现实为由放弃信念,那我们就永无可能改变现实之于人的异化,就只能沉陷在神经症中,任由"历史的必然"把我们带向灾难和毁灭。弗洛姆也知道,在一个与爱的原则不相容的社会中保有信念决不容易,他教谕我们,可以就日常生活中的点滴展开自我分析,从而逐渐培养起自己的信念和勇气。"要认识到在什么时候和什么地方会失去信仰,要看穿用来辩护失去信仰的各种借口和要认识到什么地方胆怯了并找了哪些辩解的借口;另外还要认识到每一个的自我欺骗只会削弱自己,而越来越软弱又会导致新的自我欺骗,如此恶性循环,一直到人没有信仰为止。"①这其实就是分析师向患者提问的策略,如果你能够进行这样的自我审视和追问,你就无需进诊疗室。

这种自我审视和追问,我们并不陌生。曾子曰:"吾日三省吾身:为人谋而不忠乎?与朋友交而不信乎?传不习乎?"(《论语·学而》)儒家主张的自省修身,就是要拷问出人格中的种种弱点,用理性之光照彻心灵中的每个角落。自省的目的也是塑造理想人格,成为仁者乃至圣人,朱熹曰:"反之又反,以至于尽己,直至贤圣之域。"(《朱子语类》)

在理想人格及其养成上,弗洛姆和儒家的观念都非常接近。弗洛姆把拥有"爱的能力"视为人格健全的标志,儒家则宣扬"仁者爱人"。弗洛姆认为,爱不是付出和牺牲,不会削减自己,爱是精神层面的感化和分享,爱与被爱的双方都会因爱而成就自身。儒家的仁者无索求于人,也不屈己从人:

> 宪问:……"克,伐,怨,欲,不行焉,可以为仁矣?"子曰:"可以为难矣,仁则吾不知也。"(《论语·宪问》第十四)

绝己之欲、苦心洁身,虽难能可贵,但不能算是仁者。也就是说,"仁者爱人",并不就意味着牺牲和付出,如果因此而导致自身的匮乏,那是孔

---

① [美]埃里希·弗洛姆:《爱的艺术》,李健鸣译,上海译文出版社2011年版,第155页。

子所不能赞同的。对于"仁者","爱人"不是苦役,也不会对其有任何损耗,相反,其人格力量会在"爱人"中变得更加强健,其精神境界也会得到进一步的升华,此谓"己欲立而立人,己欲达而达人"(《论语·雍也》)。弗洛姆认为爱是一种能力,前提是自己首先要有强大的生命力和创造性,不然就没有什么可以分享给别人,此外个体还需要有对他人的关心、责任、尊重和认识,如此才能和接受者建立良好关系,使得交流和分享行为成为可能。所有这些主体条件,"仁者"也都完全具备:

> 子曰:"刚、毅、木、讷近仁。"(《论语·子路》)
> ……曰:"恭、宽、信、敏、惠。恭则不侮,宽则得众,信则人任焉,敏则有功,惠则足以使人。"(《论语·阳货》)

"刚、毅、木、讷"的内质,"恭、宽、信、敏、惠"的处世之道,合在一起,才能成为人们追随和效仿的楷模,成为仁者,门槛绝然不低。弗洛姆讲博爱,儒家也讲"亲亲而仁民,仁民而爱物"。

不同的是,在学理上,弗洛姆认为真正的爱只有在完全独立的个体身上才会出现。完全独立意味着个体必须切断与他者和世界的血缘关系,"超越他同母亲、部族、民族的乱伦的联系"[①],否则,他的所谓的爱就只是一种固恋,基本句式是"我爱你,因为我依赖你",而不是"我爱你,因为我的人格内在地要求我爱你"。换言之,弗洛姆推举的"爱"是一种不折不扣的"理性之爱"。而儒家的仁者之爱是建立在"亲亲"的基础之上的,是对血亲之爱的扩而广之,"老吾老,以及人之老;幼吾幼,以及人之幼"(《孟子·梁惠王上》)。自然情感始终是仁者之爱的基础和内核。弗洛姆宣扬,爱即博爱,爱家人与爱人类是统一的,他回避了爱的先后和程度问题。儒家也讲"泛爱众",但同时又明确指出"爱有等差",血亲之爱是有优

---

① [美]埃里希·弗洛姆:《爱的艺术》,李健鸣译,上海译文出版社2011年版,第99页。

先性的。

在爱的问题上，弗洛姆和儒家表现了两种不同的思维方式。弗洛姆是断裂式的，主张人与他者、自然先要彻底分离，然后再通过"爱的艺术"重新结合成为一种新型的理性共同体。儒家是连续式的，主张对人的自然情感——亲亲、良知、恻隐之心等——进行利用、拓展和升华，从而构建起一种道德共同体。哪一种更合理，也许我们不必做出选择。按照法国思想家埃德加·莫兰提出的"两重性逻辑"的原则，我们应当与那种在一个关键概念、一个主导原则中寻求解释的思想彻底决裂。① 因为，一个真理的对立面不一定是谬误，而可能是另一个相反的真理。我们需要做的，是采取开放的姿态和灵活的策略，重建我们的精神世界。弗洛姆的理性之爱与儒家的仁者之爱，都可以成为我们倚重的理论资源，且二者并非没有共存的可能——如莫兰所说，两重性逻辑的原则应该与全息（即整体）的原则联系起来，只有这样我们才能制定出最好的行动策略。

最后值得一提的是，儒家"仁者之爱"的对象不限于人类，除了"仁民"还要"爱物"，"赞天地之化育"。北宋时期张载提出"民胞物与"，程颢提出"仁者，以天地万物为一体"，明代王阳明提出"大人者，与天地万物为一体"，都将整个自然界纳入了儒家的道德共同体之中。这种"仁者之爱"较之弗洛姆的"真正的爱"显然气象更为阔大，与生态思想也更为合契。当然，如前所论，弗洛姆的学说也会通向生态问题的解决——当人们可以全面发展理性与爱从而结为一体时，当人们可以在创造性地运用自身力量中得到满足时，就不会再汲汲于物质的占有，更不会为了物欲而置全人类的未来于不顾。我们相信，如果弗洛姆的设想得到实现，那时人们会重新接通与自然的血脉，向儒家的"天地境界"挺进。反过来说，在个体意识和私有意识畸形发展、人与自然之间横亘着深深沟壑的今天，我们要培植儒家那种高贵超拔的仁者之心，也需要精神分析对心灵的疏导净化。

---

① ［法］埃德加·莫兰：《复杂思想：自觉的科学》，陈一壮译，北京大学出版社2001年版，第260页。

第三节　从"理性共同体"到"生态共同体"

无论精神问题还是环境问题的解决，都需要社会各个领域的共同努力。生态问题自不待言，所有观念层面上的变革最终都要落实到行动上，落实到经济模式、生活方式的变革和保护生态的行动上。精神问题亦是如此，社会如果不健全，个体的努力将事倍功半。在对19世纪以来众多思想家关于现代社会的诊断进行了充分探讨之后，弗洛姆得出结论："只有当工业和政治的体制、精神和哲学的倾向、性格结构以及文化活动同时发生变化，社会才能达到健全和精神健康。只注重一个领域的变化而排除或忽视其他领域的变化，是不会产生整个变化的。"①相应地，弗洛姆提出了一系列变革社会的方案，所有方案都贯穿了一个核心理念：为公众参与社会事务提供条件，培养他们的参与意识，激发他们的创造性，从而构建一个由独立、理性的个体们组成的命运共同体。如果这些变革方案得到实现，对于生态问题的解决也将大有助益，尽管它们的提出并不以生态为直接目标。

经济领域中，弗洛姆坚信：在资本主义所有制下，工人只是资本的工具，劳动的异化性质无法避免，而与异化劳动相伴随的对于劳动的怠懒、敌视态度，将严重伤害人的精神健康。人无法从劳动中获得满足，会转而从金钱、权力、名望的追逐和占有中寻求补偿，如此自然不可能遵照理性原则行事，不可能与他人和世界建立一种爱的关系，相反，他会产生对工作以及与工作有关的一切人和事的潜意识的仇恨。社会主义是唯一的出路。不过，公有制并不是消除异化的充分条件，在官僚主义的管理下，工人的处境和资本主义企业中并无不同，都是被操纵的对象。关键在于共同管理，公有制的最大意义就在于为工人参与管理提供了可能。唯有参与管理，人们对企业才能有责任心，才能发挥主动性和创造性，才能从工作中

---

① ［美］埃里希·弗洛姆：《健全的社会》，王大庆等译，国际文化出版公司2007年版，第218页。

获得满足。相比之下，强制只会导致人们的憎恨和敷衍态度。至于金钱刺激，可能会在效率上有一定帮助，但不会改变工作的异化性质。

有人会担忧，实行共同管理、取消强制性工作分配之后，如果大家都不愿从事那些没有吸引力的工作怎么办？弗洛姆声称，这种情况是不会出现的。人们热衷当经理，不一定是出于兴趣，很多时候是因为收入、名望等因素。如果收入和名望没有差别，人们可能更喜欢当餐馆服务员，后者的快乐在于它是和人打交道，可以向顾客提供饮食方面的建议，使他们吃得愉快，而不像经理那样，待在办公室里与枯燥无趣的数字打交道。"如果任何工作消除它的种种社会上和经济上的消极方面，那么，人的个性不同，引不起人的兴趣的工作几乎是不存在的。"①退一步说，即便有的工作的确无趣，但劳动的性质和境遇可能会带来人满足。家务劳动对女仆来说完全乏味，她从事这项工作只是因为需要钱；而对家庭主妇来说，同样的工作就不那么乏味，因为这项工作把她与丈夫和孩子联系在了一起。工人参加管理的意义就在于此，它带来了劳动性质的改变。

在系统化、标准化、统筹化管理大行其道，职业经理人呼风唤雨的今天，让工人参与管理有点不可思议。事实上，当下企业人力资源部门的做法恰恰与弗洛姆的设想背道而驰，致力于把工人打造成企业这台高效运转的机器所需要的螺丝钉：他们只需熟练掌握某项技能，把心思用在本职工作上，其外的事情无需操心。弗洛姆则主张，应该让工人了解自己工作的全过程，熟悉整个企业的运作，而且还应该让他们了解企业与整个社会需要之间的关系，了解企业在国家和世界经济之中的作用。如此，他们就能积极地、负责任地参与管理，就能消除工作的异化性质进而享受工作并创造性地工作。当然，工人参与管理并不是说大家可以轮流坐在经理的位置上，而是指工人的意见可以影响企业决策。比如，可以将工人划分为若干小组，就企业的规划、决策等问题展开讨论，然后将讨论结果转达给管理

---

① ［美］埃里希·弗洛姆：《健全的社会》，王大庆等译，国际文化出版公司2007年版，第241页。

部门。弗洛姆相信，虽然找到工人参与管理的合适形式并不容易，但只要接受了共同管理的原则，这个问题就总能克服。至于当下企业最关心的赢利问题，弗洛姆不愿谈论，在他看来，企业——以及任何社会组织、任何工作——最主要的目的都是服务于人，而不是为了谋取利润。而且，共同管理也未必会对赢利产生影响，既然这一原则能够激发工人主动地、创造性地开展工作。

在收入分配问题上，弗洛姆认为绝对平等是不合实际、不可追求的。可以有差距，但不能过大，以不影响人们的基本生活感受、不伤害人们的尊严、不造成阶层分化为限。值得关注的是，弗洛姆主张彻底的社会保障制度，哪怕一个人在没有生病、年老、失业的情况下，不从事任何工作，社会也应该为其提供基本生活费用。对于会鼓励懒惰的质疑，弗洛姆反驳说，除了因精神失常而懒惰的人之外，几乎没有人不愿意去挣比基本生活费用更多的钱，也没有人宁愿闲着而不去劳动。这确非浮夸之语，我们经常听闻有人在退休后产生了抑郁情绪，这显然不是因为退休金比工资少那么一点，而是因为无所事事。克服抑郁的唯一途径就是找到事做，有没有收入对他并不重要。懒惰绝非人的本性，而是一种病态，是对无意义的异化工作的消极抗议。如果工作本身是有意义的，能够带给人满足，那就没有谁会拒绝工作，即便不用工作也可以衣食无忧。

在政治领域，弗洛姆提出了同样的原则。尽管现行的资本主义政治体制号称自己是民主的，每个人都可以通过拥有的选举权表达政治意愿，但弗洛姆认为，这种民主不过促进了异化的发展，因为现代人受到了强大的宣传机器的操纵，他们了解到的信息和据此做出的判断都存在偏误。而且，现行制度下公民几乎无法参与政策的制定，他们一旦投了票，就将自己的政治意愿让给了他的代表，若代表不能表达他的政治意愿，他除了等到下次投票外无能为力。弗洛姆主张将市民议会的原则重新引进工业化社会，因为只有在市民议会这样比较小的团体中，人与人进行充分的接触和交流，才不会被宣传左右思想，才能制定出真正的决策，然后将决策传达到上一层级，如此，国家决策制定的不合理性和抽象性就都消失了，政治问题会真正关系着每个公民,而公民们也将主动承担起政治生活参与者的角色。和经济领域中的共同管理一样,这种全民参与的政治体制会在一定程度上导致决策的拖沓迟缓,但弗洛姆认为这点代价是值得付出的,归根结底,人才是目的,不能为了效率而牺牲人,尤其在生产力高度发达的现代社会。弗洛姆强调,彻底的社会保障制度在政治转型中的意义至关重要。在生存没有保障的情况下,人们很难义无反顾地维护正义,很难对抗官僚主义的压迫和物质利益的腐蚀,独立、强大的人格也很难培养起来。当下的生产力水平已经足以为人们的基本生存提供保障,也就是说,当下我们比历史上任何时候都更有条件建立起真正的民主政治,更有条件让人们通过负责任地参与社会公共事务培养起健全的人格。

在文化领域,弗洛姆首先表达了变革教育理念的设想。他认为当下教育的主要内容是向学生传授工作所需要的知识,很少让学生获得批判思考能力,其对学生性格的培养也是为了与竞争型社会相适应——诸如野心、竞争、尊重权威、有限制的合作、意在获得回报的关心与付出等——而非与我们所宣扬的文明理想相适应。中国学者易中天旗帜鲜明地提出,反对励志、培优和成功学,[1] 也是出于同样的旨趣。重知识轻思想,把人当成工具而非目的,这种教育之于当下普遍的人格不健全难辞其咎。弗洛姆进一步指出,一个健全的社会必须保证成人教育的可能,"对于很多人来说,30岁或40岁比中学或大学的学生年龄更适合于学习——就理解而言,而不是就记忆而言,很多情况下,人的一般兴趣在年龄较大的时候比他在血气方刚的年青时代要大。大约是在30岁和40岁的时候,一个人就完全应该自由地改变他的职业,就应该有机会进行重新的学习,可我们今天把这样的机会只给予了我们青少年"[2]。如果能够自由改变职业,那么,我们就不用像现在这样为了保住工作忍受形形色色的官僚主义的压迫,我们就能

---

[1] 《易中天:我反对励志,反对培优,反对成功学》,http://www.360doc.com/content/18/0922/16/34333446_788768568.shtml.

[2] [美]埃里希·弗洛姆:《健全的社会》,王大庆等译,国际文化出版公司2007年版,第279页。

选择自己乐于从事的工作，倾注热情并从中获得满足，异化问题将不复存在。自由选择职业并非天方夜谭，其成为现实只需要一个条件，那就是我们反复提到的彻底的社会保障制度。没有生存的压力，就没有什么能阻挡我们遵照自己的兴趣生活，也没有什么能阻挡我们听从良知的声音对社会事务发表自己的看法。这里我们很容易想到马尔库塞，后者也认为，当代发达的生产力为建设一种非压抑性文明提供了可能，我们需要做的，是摆正生产力与人的关系，让发达的生产力服务于人的解放，而非继续让人为生产力的发展做出牺牲。

艺术与生活分离的现状也必须变革。和实用主义美学家杜威一样，弗洛姆认为艺术应该是每个人生活的一部分，应该走出精英主义的小圈子。他提出了"集体艺术"的概念，"现代意义的艺术，在创作和消费上都是个人主义的。'集体艺术'是共享的；他以一种有意义的、丰富的和创作性的方式使一个人感到与其他的人联系起来"①。宗教仪式和传统的节庆仪式曾经满足过人与他者联系起来的心灵需要，可惜它们已经式微。我们有官方设立的现代仪式，但它们无法达到宗教仪式所具有的重要意义。弗洛姆指出，艺术变革必须与经济和政治的变革同步进行，异化的社会状况是不利于集体艺术和仪式的创造的。但同时他也相信，我们还是有可能创造出新形式的集体艺术的，因为集体艺术源自人的基本需要。②

---

① ［美］埃里希·弗洛姆：《健全的社会》，王大庆等译，国际文化出版公司2007年版，第281页。
② 荣格也说："我们几乎可以提出这样的设想，如果全世界的传统被一举毁灭，整个神话以及整个宗教历史将在下一代来临时重新开始。"（［瑞士］卡尔·古斯塔夫·荣格：《转化的象征——精神分裂症的前兆分析》，孙明丽、石小竹译，国际文化出版公司2011年版，第27页。）理由如出一辙，作为集体无意识的产物，神话、宗教是人的基本需要。事实上，尽管弗洛姆高扬理性，对荣格的神秘主义敬而远之，但他的理论在精神上同荣格是有契合的，二人用不同的概念表达了人的生命存在必须与更大的生命共同体相联结的思想：荣格的集体无意识概念本质上是人类与自然无法切断的血缘关系在心理上的体现，而弗洛姆则直言融入一个共同体的渴望是人类本能的、无法抹除的渴望，因为人与自然曾是一体，人类将永远向前走在重返过去的路上，寻找、构建新的共同体以代替逝去了的乐园。

第三节 从"理性共同体"到"生态共同体"

和现代艺术不同，集体艺术不是一个对象，而是借活动展开的一个场域、一个家园，人们借以建立一种本真的生命关系。山东菏泽的某些地方依然活跃着的斗羊习俗就是弗洛姆意义上的"集体艺术"，参与斗羊的都是十里八乡的养殖户，每逢节日或集市，大家牵来平日精心侍弄和训练的斗羊在空地上展开角逐，场面紧张喧嚷，笑声不断。既然是"斗"，就要分个输赢，赢家会很有面子，但这种面子不是一种无形的资产，它仅限于赢得了斗羊这件事本身。也就是说，斗羊对于农户来说，是一场无功利的游戏，在讲究规模养殖、科学养殖的年代，谁养出一头常胜不败的斗羊，并不会提高他家的羊的价格，不会增加经济收益。斗羊活动的真正意义在于为大家聚在一块交流感情、宣泄生命激情提供一个契机，而养殖户耗费不少心血和热情投身于这项不卖门票、不赢奖金的活动，也是为了满足这种与他人联系在一起的、具有存在论意义的生命需要。有些地方政府为了保护辖区内的这项民俗活动，或是出于鼓励和宣传地方养殖业的目的，出面组织更大规模的"斗羊大会"，设置奖金，邀请外地参赛者，组织媒体进行报导，不能不说是勤政有为，然而，斗羊作为"集体艺术"的性质却被这种善意的发扬光大给蚀掉了。农户可能会为了赢得奖金更用心地驯养斗羊，但变得患得患失，少了原来的快活与豁达；斗羊场面可能会更精彩，但参赛者和观者之间流淌的浓浓乡情消失了，斗羊沦为了纯粹的争强斗狠。我们都有体会，约几个同事打篮球与打官方组织的篮球赛是不同的体验，虽然都有攻守输赢，但前一种情境中输赢毫不重要，借打球开展的情感交流——相互打趣、捉弄、耍宝、分享饮料等——才是我们最看重的。类似斗羊这样的民间习俗之所以能够延续到今天，不是保护的结果，而是因为其所处地域尚未完全被极端功利主义所玷污。毋庸讳言，对于这样的民间习俗，"发扬光大"可能并不合适。我们出于发展旅游的目的，把很多民间习俗"发扬光大"成商业表演，完全丧失了集体艺术的属性。我们意识到了大量民间习俗面临或已经绝迹，于是设立了各种文化遗产保护项目，但仍难以阻止它们淡出我们的生活。在弗洛姆看来，这正是社会需要变革的征兆。如果我们着手改变经济、政治等各个领域之于人的异化，使得个体可以有效地、广泛地参与社会生活,那么,我们就能够创造出类似传统习俗、节庆仪式的集体艺术。

弗洛姆在社会各个领域提出的变革设想,都没有离开他所谈论的那种人类的本源无意识——融入某个共同体的渴望。无论是参与企业管理、政府决策还是创造集体艺术,都旨在与他者建立联系,构建一个可以安身立命的共同体。这样的共同体是独立的个体们以理性的、负责任的态度建立起来的,不是逃避机制的产物,不会导致人的异化。在这样的共同体之中,人将成长为健全的、完整的人,彻底摆脱神经症的困扰。

弗洛姆的共同体尽管不是按照生态原则构建起来的,但却有益于生态问题的解决。按照弗洛姆,现代人狂热的物质欲望,本质上是逃避机制的产物,因为无法与他者——无论是失去了人们信任的神和领袖,还是作为竞争对手的他人——形成一个可以安放情感的共同体,人们转而把自己与物捆绑在一起,试图通过对物的占有获得安全感。但这并不能达到目的,相反,越是依赖于物,自我就越匮乏,不安全感就越强烈,人们就会冀图于占有更多的物,于是,物欲横流,自然生态每况愈下。而在弗洛姆构想的共同体中,人们可以在参与各种社会事务中实现自身的价值,对于物质不再有心理、情感上的依赖,物质之于人只是纯粹的生活资料,且在建立了彻底的社会保障制度之后,它就丧失了任何重要性。荡灭了不断膨胀的物欲,生态问题的解决就指日可待了。

我们把构建一种生态共同体作为拥有一个长远未来的保证。但关于这个生态共同体,我们目前多从人与自然和谐共存的理念上加以谈论,具体设计尚不够完善,而弗洛姆的理性共同体为我们提供了不少思路,他的具体设想几乎都可以被吸纳到生态共同体的建设之中。

比如,生态共同体关怀自然,也要关怀人自身。在人自身尚且要承受重压和管制的社会中,自然是不可能优先于人得到解放的。我们怎么能去苛求那些为保住饭碗和家人生计而如履薄冰的百姓们去关注自然的权利并为之斗争呢?退一步讲,即便他们有这种意识,也没有相应的能力,我们不能责备一个官僚机构中的小公务员没有抗议领导做出的反生态的决策,我们也不能责备那些在重污染企业打工糊口的生产线操作工。弗洛姆提出的经济上的共同管理和政治上的民主改革，不仅给予了广大民众去了解生态问题（及其他一切公共事务）的动力，也保证了他们的立场可以有效作用于企业和政府的决策。生态政治学和生态经济学领域的学者们认为，普通民众较之权贵阶层，维护自然生态的意愿更为强烈，因为居住地的生态环境若被破坏，权贵阶层可以移居他处，普通民众却无法做到。广大民众如果有机会广泛地参与公共事务，我们将有更大机会展开有力的生态行动。另外，对于民众来说，参与公共事务，实现自身价值，也是摆脱物欲的有效途径。"补偿性消费"是当下的一个热词，意指人们出于心理平衡而购买非必需的商品。这种消费对生态无疑是不利的，它大多发生在工薪阶层，人们用购物来消除工作带来的疲惫，这种疲惫部分来自高强度的工作，但更多的是心理疲惫引发的生理疲惫。也就是说，所谓补偿性消费，是对不得不从事无法实现自身价值的工作的一种补偿，是对工作中被当作物来对待的一种补偿。事实上，那些以兴趣为职业的从业者，往往废寝忘食地持续工作，强度、效率和产出都很高，但他们并不像企事业单位的小职员下班后那样身心俱疲，他们也不需要补偿性消费。

比如，变革与竞争型社会相适应的重知识轻思想的教育理念和教育模式。人类中心主义体现的是一种竞争思维，中心是竞争的战利品。与之相反，生态共同体强调合作而不是竞争，不仅人与自然之间需要合作而非竞争，人与人之间也需要合作而非竞争，因为人与人的竞争最终要由自然来买单。只要国与国之间、地区和地区之间还在为经济霸权和实力排名展开着激烈的角逐，只要作为经济主体的企业还在把利益作为首要的甚至唯一考虑的问题，只要人们还在乐此不疲地相互攀比并把物质占有作为衡量你高我低的标尺，生态问题就不可能得到解决。教育是国家的未来，也是人类的未来。如果孩子们从小就被教导"不能输在起跑线上"，被灌输要时时赢、事事赢，建设生态共同体就是一句空话。

再比如，弗洛姆提倡的集体艺术，也是生态共同体所需要的。集体艺术不供收藏，不是一种财产，表达的是人的自然情感，而非个人主义情感,像我们介绍过的斗羊习俗,人们投入激情和智慧,收获情谊和欢乐。这种艺术的主题虽然不是自然意识,但却增进了个体与族类、人类与自然的生命联结。欧内斯特·卡伦巴赫那部对生态运动影响深远的《生态乌托邦》中,就有类似斗羊这样的文体活动形式。我们建设的生态共同体,除了制度和观念,还应该包含情感维度,与私有观念无涉的集体艺术,无疑是值得提倡和发展的。

本 章 小 结

生态思想是一种共同体思想,构建人与自然和谐共生的生态共同体,是我国生态文明建设的重要目标,也是一种全球性的生态共识。人类并不排斥共同体,相反,在弗洛姆看来,融入某个共同体是深植于人类无意识的渴望和追求。但悖论的是,恰恰是这种渴望和追求,促成了生态问题的产生。构建生态共同体,要以"人心理上的深刻变革"为前提。

弗洛姆指出,因为人类"尚未真正诞生",尚未发展出独立、完整、成熟的自我,在"逃避机制"的驱动下,个体倾向于把自己交付给某种"虚假的共同体"以逃避自我意识,消除存在的孤独、绝望和不安全感,从而发展出种种畸形的生活方式,而这些畸形的生存方式直接或间接地导致了生态问题的发生。

弗洛姆呼吁人类培养爱的能力,以构建起独立、强大的理想人格,为此他发展了一套具有操作性的"自我分析疗法"。在理想人格的养成上,弗洛姆与中国儒家的观念非常接近:提倡自我审视和追问,"日三省吾身";提倡博爱,"民胞物与"。这种理想人格的培养,显然有助于生态问题的解决。

弗洛姆清醒地认识到,精神问题是无法在诊疗室中彻底治愈的。如果社会不健全,个体的努力将事倍功半。他提出了一系列变革社会的方案,旨在构建一个由独立、成熟的个体组成的"理性共同体"。虽然不以生态为直接目标,但这些方案会间接推动生态问题的解决,值得我们重视和思考。

第四章　抱持疗法与家园意识

家园意识是生态思想的一个重要范畴。著名环境哲学家霍尔姆斯·罗尔斯顿指出，现代人倾向于用冷漠、病态的眼光看待世界，往好处说世界是一个加油站，往坏处说就是一座监狱或者一片虚无。"但用生态眼光看世界的人完全不是这样的：他们带着一种尊崇来面对一个其价值为自己所认同的共同体，从而再一次找到了自己的家园。"①把自然看作哺育和庇护我们的家园，无疑会引领我们去关心她的健康、完整和美丽。我国著名生态美学家曾繁仁也把"家园意识"作为当代生态审美观的基本范畴，指出这一范畴的提出"首先是因为在现代社会中由于环境的破坏与精神的紧张人们普遍产生一种失去家园的茫然之感"②。这一论断把环境问题和精神问题连接在了一起。

按照罗尔斯顿和曾繁仁，对自然的价值认同和审美体验，能够缓解精神的紧张，把现代人从失去家园的虚无中拯救出来。反过来，那些精神健全、人格完整的个体，也更容易与他人、自然和谐相处，更容易接受生态思想的家园意识。精神分析学家们认为，焦虑是神经症的重要成因，为了对抗焦虑，人们会构筑起防御的堤坝，这些防御会直接或间接地对自然生态产生不利后果；而缓解和消除焦虑的关键在于，构建可以给人以安全感和归属感的人际和社会环境，换言之，构建具有"家园"属性的生存环境。培育"家园意识"，精神分析是可以作出贡献的。

---

① ［美］霍尔姆斯·罗尔斯顿：《哲学走向荒野》，刘耳、叶平译，吉林人民出版社2000年版，第473、32~33页。
② 曾繁仁：《生态存在论美学论稿》，吉林人民出版社2009年版，第120页。

第四章　抱持疗法与家园意识

第一节　焦虑、神经症与生态问题

美国精神分析学家卡伦·荷妮指出,焦虑是我们所具有的最折磨人的情感,是我们这个时代所有的病态人格的源头。"与正常人相反,神经症患者遭受着比一般人多得多的痛苦,他始终得为他的防御付出额外的代价,因此在生机和扩展性上受到阻碍,或者更为具体地讲,在建功立业、享受生活方面受到阻碍……事实上,神经症患者始终在遭受着痛苦。"[①]现代主义文学中的主人公,大多是焦虑症患者,在他们眼中,世界如地狱般黑暗恐怖,散发着荒诞邪恶的气息,死神四处徘徊,危险无处不在,为此他们忧心忡忡、战战兢兢,以致神经持续地衰弱、麻木直到崩溃。你无法想象他们还能再去为生态忧心,家园之于他们只是一个空洞的字眼。

在弗洛伊德的学说中,焦虑只是众多术语之一,尚不令人瞩目。从他的女儿安娜·弗洛伊德开始,焦虑就逐渐成了主流精神分析学家们最关注的课题。安娜是自我心理学派的代表人物,她最杰出的贡献是对父亲提出的"防御"范畴做了深入的阐发。

弗洛伊德认为深藏于无意识之中的冲动和情结的压迫是神经症的成因,其精神分析疗法的精髓在于通过自由联想,将那些被深深压抑之物释放到意识之中进行宣泄和净化,从而达到治疗的效果。但在安娜看来,由于患者的防御结构极其复杂和牢固,自由联想的效果有时候并不乐观,他们可能容许某些想法出现并发布出来,但隐藏了这些想法之后的动因。比如,他们会谈论对某个异性的不合道德的欲望以及这些欲望未能实现带给自己的创伤,而隐藏对她(他)的仇恨和攻击冲动。因为相对于欲望,仇恨更让自己难以启齿,也更让自己恐惧。而且,由于防御是持续地起作用的,甚至内化进了人格之中,一次或几次"释放"的效果只能是暂时的。

[①]　[美]卡伦·荷妮:《我们时代的病态人格》,陈收译,国际文化出版公司2001年版,第11页。

"如果这些无意识的防御过程没有被毅然公开,将严重影响精神分析的治疗效果。仅仅把本我冲动带入意识,就像冷战仅仅营救了少数东柏林市民,而没有解决柏林墙继续存在的问题一样,错综复杂的安全系统依然存在。让一部分人获得自由,对于另外一些同样接近边界的人的命运几乎没有什么影响;必须影响看守者本人,以便拆除防御机制。"①

安娜对个体防御机制的精妙阐说,成为日后精神分析的理论基石之一,无论我们给予怎样的赞誉也不过分。——我们上一章讨论了弗洛姆的学说,其核心概念"逃避机制"其实就是一种"防御机制"。那么,防御的内容是什么?安娜的答案是:焦虑。我们若进一步追问,焦虑从何而起?安娜没有给出自己的解释,她大致沿用了弗洛伊德的观点,认为焦虑来自性驱力的不能满足、对自身攻击冲动的恐惧、面对超我的负罪感,等等。自我心理学与其他思想路线的一个区别就在于,精心地保存了弗洛伊德的驱力理论。换句话说,安娜没有触动弗洛伊德的根本理念,她是在尽力完善和修补父亲的理论。

人际关系心理学派的代表人物哈里·沙利文和安娜一样重视焦虑在神经症形成中的作用,但他对于焦虑源起的解释和安娜迥然不同。沙利文区分了对生命构成挑战的两种焦虑。一种是因"需要的紧张"引发的焦虑,驱力未能满足、缺乏食物和睡眠,都会带来紧张进而引发焦虑,这样的焦虑不足为患,一旦需要得到满足,焦虑和紧张便会一同化解;另一种焦虑是神经症的致病因,那是一种莫名的焦虑,缺乏某种特定的东西,因而难以控制也难以化解。焦虑性的神经症患者会认为他们的焦虑是由现实事务引发的,但那些事务在我们看来根本就微不足道,而且,即便困扰他们的事务顺利完结,焦虑也不会随之消除。那么,这种焦虑从何而来?

和弗洛伊德一样,沙利文特别重视儿童期经验对于人格形成的作用。他提出了一条非常重要的定理:"当照料者身上出现焦虑的紧张(tension of

---

① [美]斯蒂芬·A. 米切尔、[美]玛格丽特·J. 布莱克:《弗洛伊德及其后继者——现代精神分析思想史》,陈祉妍、黄峥、沈东郁译,商务印书馆2007年版,第41~42页。

anxiety)时，它会在婴儿身上引发焦虑。"①因生活压力而整日忧心忡忡的父母，若带着焦虑进入喂养关系，就会将焦虑传递给婴儿；母亲对婴儿的过度担心也会产生同样的结果，比如看到孩子脸上长几个疹子便惊惶不已；还有就是某些文化观念对于喂养的不利影响，比如看到婴儿抚摸生殖器之类的行为变得异常激动，用极端的方式予以制止。诸如此类的种种焦虑，对于婴儿来说是"非我"的，因其无法理解，"非我可解释为遭受此种强烈焦虑之重要他人的经验组织，而且这种焦虑是突然降临的，以至这个当时尚处于相对原始的个体不可能弄懂导致这种强烈焦虑经验的特定环境，也不可能对其有真正的理解"②。无法理解，自然无法排解，这种焦虑因而会严重扰乱婴儿的生理和心理发育，致使他们形成敌视、怨恨世界的态度，并进而构筑起种种复杂的"安全操作机制"（即安娜所说的"防御机制"），最终悲剧性地走向神经症乃至精神分裂。

沙利文把焦虑在母亲和孩子之间的传递称为"共联情结"（empathy）。在他看来，因共联情结而形成于孩子心中的那种没有特定内容的焦虑不是源于生理需要，而是源于对人际关系的错误想象。他说的这种"错误想象"，不是指父母没有对孩子表达爱意导致了孩子的误解③，而是指父母表达了爱意但孩子无法接收到。

在事业上有追求的父母，往往要承受更大的压力和更多的焦虑。他们或许真的深爱孩子，但因为他们把焦虑传递给了孩子——即便在表达爱意

---

① ［美］哈里·沙利文：《精神病学的人际关系理论》，方红、郭本禹译，中国人民大学出版社 2015 年版，第 34 页。
② ［美］哈里·沙利文：《精神病学的人际关系理论》，方红、郭本禹译，中国人民大学出版社 2015 年版，第 242 页。
③ 文学和影视作品中我们经常会看到这样的剧情：性情孤僻的子女对事业成功的父母满怀怨恨，认为他们不爱自己，后者则努力寻求与孩子和解并最终如愿，其实，他们一直深爱着孩子，只是因为过于忙碌而无意冷落了孩子。这一剧情不能作为沙利文理论的例证，它并不合理，如果父母真的深爱孩子，就不可能如故事中讲述的那样，为孩子的未来忙碌而忽略了对孩子表达爱意——表达爱意不同于陪伴，陪伴有时间要求，而表达爱意并不一定要占用多少时间——但凡做过父母的人都会同意这一点。

的时候——致使孩子产生不安全感，从而无法接收他们的爱意，难以与他们建立起真正亲密的关系。沙利文相信，如果青少年时期能够与同龄他者建立稳定良好的亲密关系，"交到好朋友"，从而树立起对人际关系的信心，那么儿时形成的焦虑症状是可以痊愈的。若错过了这个时机，个体就可能会为应对焦虑而建立、强化种种"安全操作机制"，诸如对现实的选择性忽视、过度猜疑和提防他人、自我孤立、自我贬低等，从而成为神经症患者。

客体关系学派的梅兰妮·克莱因也把焦虑视为各种精神疾患的起因，把如何处理焦虑视为精神分析技术的关键。作为儿童精神分析研究的先驱，她比沙利文更强调婴儿期之于人格形成的重要性。沙利文认为"需要的紧张"带来的焦虑不具有重要性，因为一旦需要获得满足焦虑就消失了，对婴儿构成威胁的焦虑是外来的，是父母的焦虑通过"共联情结"传递给他的，他无法理解也无法处理。换句话说，那种致病的焦虑也是可以避免的，如果父母没有焦虑困扰或有能力做到将焦虑摒除在喂养情境之外。而克莱因反对这种区分，在她看来，需要的紧张带来的焦虑并不会随着需要的满足而完全消失，这一过程中婴儿心灵承受的惊恐和分裂远远超出我们的想象。

克莱因指出，在生命最初的两到三个月，"儿童的客体-世界可以说是由敌意的、迫害的或是满足的片段即部分的真实世界所组成"①。作为最初的客体，母亲的乳房既是爱的对象也是恨的对象。当营养需要被及时满足时，乳房是"好乳房"；反之，若满足被延宕，乳房就成了"坏乳房"。在这一阶段，婴儿尚没有整合客体和自我的能力，他(她)用分裂的、极端的态度面对世界，沉溺在自己偏执的幻想中，克莱因将这一心理阶段称为"偏执-分裂心理位置"。对应于好客体(好乳房)与坏客体(坏乳房)，婴儿会通

---

① [英]梅兰妮·克莱因：《爱、罪疚与修复》，吕煦宗等译，九州出版社2017年版，第302页。

过"内射"机制构建起"好我"与"坏我"。① 对坏客体、坏我的恐惧，以及对好我、好客体被破坏的恐惧，使得婴儿深受"迫害焦虑"的困扰。所以，克莱因也用"被害期"来描述婴儿的这一心理阶段。

由此，克莱因继承和发展了弗洛伊德后期提出的"两种本能"学说。处于偏执-分裂位置的婴儿，受迫害焦虑的驱动，会对坏客体（坏乳房）产生极其强烈的攻击、施虐冲动，"在婴儿时期最初的几个月里，其施虐冲动不仅朝向母亲的乳房，也指向她身体内部：掏挖、吞噬内容物、摧毁，极尽施虐之能事"②。对于好客体（好乳房），婴儿也产生吞噬、吸收的冲动，以便将其保存在自己体内，建立起"好我"，"在发展的这个阶段里，爱一个客体与将它吞噬是非常紧密相连的"③。用弗洛伊德的术语说，主导偏执-分裂心理位置是死亡本能（也被称为攻击本能）而非爱欲本能。

大致在四五个月的时候，婴儿的整合能力显著增强，开始意识到自己的爱和恨指向的是同一客体。如果被害焦虑不是过于强烈的话，他会对其攻击的客体产生强烈的罪疚感，并进而产生将其修复的冲动。他会幻想自己的施虐行为已经毁坏了客体，"一个幼儿在母亲不见的时候，会相信自己已经将她吃掉而且摧毁（不论来自爱或恨的动机），他被焦虑折磨着，既是为她，也是为了他已经吸收进入自己内部的好母亲"④。这种担心会失去好客体的焦虑，克莱因称之为"抑郁焦虑"，并将心理发展的这一阶段名之为"抑郁心理位置"。

从偏执-分裂心理位置到抑郁心理位置，是孩子心理健康发展的必经之途。"对客体的完全认同，和对客体的焦虑、罪疚与懊悔，想要保存它、

---

① 所谓"内射"机制，即婴儿的想象机制："好乳房"的乳汁被吸收后，就变成了"好我"；而"坏乳房"的乳汁被吸收后，就变成了"坏我"。
② ［英］梅兰妮·克莱因：《爱、罪疚与修复》，吕煦宗等译，九州出版社2017年版，第278页。
③ ［英］梅兰妮·克莱因：《爱、罪疚与修复》，吕煦宗等译，九州出版社2017年版，第282页。
④ ［英］梅兰妮·克莱因：《爱、罪疚与修复》，吕煦宗等译，九州出版社2017年版，第282页。

让它完整而免于迫害者与本我的伤害,以及关于预期将要失去它的哀伤是同时发生的。这些情绪,不论是意识的或潜意识的,在我看来都是属于我们称为爱的感觉的基本元素。"①用弗洛伊德的术语说,爱欲本能对死亡本能的克制在抑郁心理位置上发生了,对于客体的爱与恨在婴儿的心灵中发生剧烈的冲突,如果抑郁心理位置被成功"修通",也就是说爱欲本能最终战胜了死亡本能,孩子就能够与母亲建立起良好关系,对母亲抱以感恩和信赖,并在心里建立起"内在的好母亲",即便以后遭受挫折——比如断奶——也能安然承受,不再受迫害焦虑困扰。

"这种内化的母亲将会证实是终其一生最有帮助的影响,虽然这种影响会自然地随着心智的发展而在特质上有所改变,它相当于真实母亲对于幼儿生存所拥有的绝对重要地位。我并非意指'内化的'好父母会在意识层面如此被感觉到(即使是幼儿,在心中拥有他们的感觉也是在深度潜意识中),甚或是存在的,而是存在于人格中某个带有仁慈与智慧的部分,这带来了信心与对自己的信任,有助于对抗与克服内在拥有坏人物及被无法控制的恨意宰制的恐惧感,此外,这些也带来了对家庭外的外在世界之他人的信任。"②一旦抑郁心理位置顺利修通,个体就离开了歧路丛生、荆棘密布的幽暗小径,走上了精神健康成长的康庄大道。

无论是偏执-分裂心理位置还是抑郁心理位置,若不能顺利修通,都会使婴儿沉陷在巨大的焦虑中,强化他们对于焦虑的防御机制,最终发展成为神经症患者。典型症状可能要到成年以后才会出现,但婴儿期也会出现一些征兆。

偏执-分裂心理位置若不能修通,引发的主要是精神分裂症。首先,坏乳房与好乳房的分裂会导致自我中好我与坏我的分裂。对坏乳房的施虐欲望,会使婴儿幻想自己已将其撕成碎片,而这也会连累好乳房的完整性,

---

① [英]梅兰妮·克莱因:《爱、罪疚与修复》,吕煦宗等译,九州出版社2017年版,第287页。

② [英]梅兰妮·克莱因:《爱、罪疚与修复》,吕煦宗等译,九州出版社2017年版,第311页。

"婴儿对于内部有一个好乳房的感觉，可能因挫折与焦虑而动摇，结果是好乳房与坏乳房的分离可能难以维持，于是婴儿可能感觉到好乳房也支离破碎"①。客体越是被感觉为支离破碎，内射了客体的自我也就越容易陷入分裂的危险。除此之外，各种防御机制也会导致精神分裂。比如，婴儿可能会通过全能地否认坏客体的存在或创造理想客体来回避被害焦虑，导致客体与自我的分裂，从而患上各种形式的妄想症。又如，婴儿会通过将坏我投射到客体上，以便通过客体来控制它，结果不仅会导致强迫性的控制客体的冲动，还会导致自我的匮乏。

抑郁心理位置若不能修通，引发的主要是躁郁症。躁郁症源自对失去完整好客体的恐惧所引发的防御机制，也有各种各样的症状。比如，为了防止好客体被伤害，试图控制和驾驭所有客体而导致的强迫症；比如，为回避外在好客体丧失带来的焦虑，而脆弱地向内在好客体寻求庇护以致无视现实存在的精神官能症；再比如，某些无法用现实原因加以解释的自杀，"在自杀时，自我试图谋杀它的坏客体，在我看来，它总是以保存其所爱的内在或外在的客体为目标"②。

按照克莱因，焦虑是无可避免的，出生本身就是一个伴随着"分离焦虑"的创伤性事件，而无论喂养者如何细心，也不可能给婴儿提供和子宫一样完满的哺育情境，这意味着婴儿必然会受到被害焦虑的困扰。和沙利文不同，克莱因不认为需求受挫引发的焦虑会随着需求的满足而消失，因为婴儿会"记仇"，会幻想出一个超越具体情境的"坏客体"，而且，"即使这些客体被感觉为外在的，但通过内射机制，他们便成为内在的被害者，并因而加强了对于内在破坏冲动的恐惧"③。在对焦虑的作用的认识上，克

---

① [英]梅兰妮·克莱因：《嫉羡与感恩》，段文静等译，九州出版社2017年版，第7页。
② [英]梅兰妮·克莱因：《爱、罪疚与修复》，吕煦宗等译，九州出版社2017年版，第292页。
③ [英]梅兰妮·克莱因：《嫉羡与感恩》，段文静等译，九州出版社2017年版，第5~6页。

莱因也不同于沙利文,后者认为焦虑之于个体心理成长的作用纯粹是负面的,而克莱因则认为焦虑还是个体心理成长的动力。如果没有抑郁焦虑,个体就无法克服被害焦虑引发的恨与攻击冲动,无法产生我们视为人之根本的良心和道德感。进而言之,即便被害焦虑也有它的价值,因为我们只能想象出一种可以完全避开这种焦虑的情境,那就是不与母体分离,但那样的话,独立、健全的个体就不可能产生。

尽管焦虑不可避免且有一定的价值,但过于强烈的焦虑却为害甚巨,是一切精神疾病的终极致病因。"如果被害恐惧与相关的分裂机制过于强烈,自我将无法修通抑郁位置,迫使自我退行到偏执-分裂位置,而且进一步增强了较早期的被害恐惧与分裂现象,埋下日后各种形式的精神分裂症的基础。"①儿童心理健康发展的关键在于避免遭受过量焦虑的侵扰,而这取决于其能否得到良好的、恰如其分的喂养。在这方面,唐纳德·温尼科特提出了很多有价值的观点。

温尼科特的精神分析疗法与克莱因有很大差异,但其关于个体精神成长的基本理论观念都来自克莱因。他最有影响的作品当属《孩子、家庭和大千世界》,这本书是他应 BBC 邀请,为英国母亲做的广播内容,在英国家喻户晓,给他带来了超出精神分析圈子的赫赫声名。如果了解克莱因的学说,这本书就会特别容易理解,因为它基本是克莱因的学说在喂养领域的具体运用。

温尼科特指出,一种理想的母婴关系是"抱持"关系。抱持这个概念内容很丰富,首先,它要求母亲必须提供足以满足婴儿生理和心理需要的照料。婴儿并不天生温顺,相反,他专横且贪婪,妈妈必须了解婴儿想要什么。比如:"我认为宝宝希望得到一种想要吃奶时乳房就会出现、不想要时乳房就会消失的体验。"②"如果在这件事上你令他失望了,他的感觉恐

---

① [英]梅兰妮·克莱因:《嫉羡与感恩》,段文静等译,九州出版社 2017 年版,第 17 页。

② [英]唐纳德·温尼科特:《妈妈的心灵课——孩子、家庭和大千世界》,魏晨曦译,中国轻工业出版社 2016 年版,第 11 页。

怕与被野兽撕咬吃掉没什么两样。"①显然，这一说法来自克莱因——后者认为婴儿具有强烈的"被害焦虑"，任何不满足或违背其意愿的做法都会激发这种焦虑。和克莱因一样，温尼科特认同弗洛伊德的攻击本能，"即使在生命之初，宝宝也有幻想附着在吃奶的兴奋和各种体验之上的。宝宝幻想的内容就是对乳房无情的攻击，随着小婴儿逐渐变得能察觉到被攻击的乳房其实是属于妈妈的时候，幻想最终变成了婴儿对妈妈的无情攻击"②。对此，妈妈不能用激烈的禁止作为回应，那样会吓到婴儿，强化它的焦虑，从而扭曲整个抱持过程。妈妈完全没必要为婴儿的攻击性感到焦虑，因为很快婴儿就会结束这段带有攻击性幻想的历程，"一旦小婴儿开始能把两人关系放到一块考虑时，并且发现被攻击和吸干的乳房原来是妈妈的一部分时，婴儿就在相当大的程度上，发展出了为自己所具有的攻击念头而担心和忧虑的能力，这个时候婴儿参与关系的任务已经展开了"③。用克莱因的术语，就是婴儿成功地从偏执-分裂心理位置过渡到了抑郁心理位置。

不过，"抱持"并不要求妈妈做到完美无缺，"足够好的妈妈""普通的好妈妈"就可以了。有的研究者生动地指出，温尼科特的"足够好的妈妈"并不是"一百分妈妈"，而是"六十分妈妈"，笔者深以为然。温尼科特一再申明：要相信孩子发展的潜能，相信他会自己长大，你只要提供适合他成长的环境就好，不要对孩子过度关注和紧张，也不要试图去塑造一个健康完美的孩子，那会让自己被本不属于自己的责任压得喘不过气来，结果只会适得其反。比如，当孩子悲伤的时候，妈妈不要紧张，不要试图去逗他或让他分神忘记悲伤，"孩子正处于一种哀悼悲伤的状态中，并且需

---

① ［英］唐纳德·温尼科特：《妈妈的心灵课——孩子、家庭和大千世界》，魏晨曦译，中国轻工业出版社2016年版，第12页。
② ［英］唐纳德·温尼科特：《妈妈的心灵课——孩子、家庭和大千世界》，魏晨曦译，中国轻工业出版社2016年版，第46页。
③ ［英］唐纳德·温尼科特：《妈妈的心灵课——孩子、家庭和大千世界》，魏晨曦译，中国轻工业出版社2016年版，第46页。

要一段时间从中恢复过来。他只需要知道你还继续爱着他就好了,甚至有时候,最好能让他自己哭一会。记住,在婴儿期和童年期,没有什么其他感受能比真实自发地从悲伤和内疚感中复原更美妙了。确实如此,有时你会发现,孩子故意调皮捣蛋是为了招来一些惩罚,一次来感受内疚并悲伤地哭泣,然后去体会被父母原谅的感觉,这时,孩子迫切想要重温那种曾经从悲伤中真正恢复的美妙体验,这种体验是情绪发展必不可少的"①。

要言之,温尼科特坚信,孩子的心理发展遵循一个自然序列——"无情的爱、侵犯性的攻击、罪疚感、关心与担忧、悲伤,以及修复、建立给予的愿望。"②妈妈应该从容地等待,任孩子自然而然地成长。比如,当两岁的孩子攻击自己,或攻击新生的弟弟(妹妹)的时候,她可以主动给孩子讲承载着相应攻击或摧毁性主题的故事或童话书,但不能阻止孩子拥有这些摧毁性的想法,"这样一来,她就能让孩子与生俱来的感受罪疚的能力自然而然地发展出来。我们希望这种天生的罪疚感随着宝宝的成长而出现,为此我们也愿意等待而不是主动用道德教育让孩子感到罪疚;父母强加给孩子的道德感实在是令人厌烦得很"③。没有责任心或责任心过于强烈的喂养都会影响孩子心理的健康发展。没有责任心的喂养,无法和孩子建立情感联结,无法消除孩子的"被害恐惧",无法修通"偏执-分裂心理位置";而责任心过于强烈的喂养,则可能会导致孩子的"适应不良"。"孩子的适应不良,恰恰是因为在他一出生和早年的成长中,他的环境、家庭或这个世界首先没有成功地适应他所造成的。由此导致婴儿的服从和听话是一件非常可怕的事情,这意味着,父母用高昂的代价换取了孩子一时的听话和顺从的方便,而以后的日子里,他们将不得不一遍又一遍地偿还这份

---

① [英]唐纳德·温尼科特:《妈妈的心灵课——孩子、家庭和大千世界》,魏晨曦译,中国轻工业出版社2016年版,第63页。
② [英]唐纳德·温尼科特:《妈妈的心灵课——孩子、家庭和大千世界》,魏晨曦译,中国轻工业出版社2016年版,第112页。
③ [英]唐纳德·温尼科特:《妈妈的心灵课——孩子、家庭和大千世界》,魏晨曦译,中国轻工业出版社2016年版,第113页。

代价，一旦他们负担不起了，就要由社会继续偿还了。"①

自体心理学的创始人海因茨·科胡特同样认为良好的喂养对于个体的心理健康至关重要，较之温尼科特，他强调了父母情感的投入，即"神入"。在他看来，父母喂养孩子时有无"神入"决定了孩子能否建立完整的"自体"，而有无完整的自体又决定了个体的心理是否健康。"自体"对我们来说是一个很生涩的词汇，也是一个不易清晰描述的概念，它和"自我"有交合之处但又不尽相同，徐钧将其解释为"我们当下所感受到的自己主体感受的种种，以及在过去到现在时间连续感中的自我感"②。"自我"通常等同于"自我观念"，意指个体拥有且能够标示出自身存在的种种观念、性格和禀赋，个体可以言说"自我"；而"自体"则近乎一个结构主义的概念，意指一种稳固的、平衡的心理构造，即徐钧所说的"时间连续感中的自我感"，它可以带给个体从容应对环境挑战的信心和能力，个体可以感受但无法对"自体"进行言说。进而言之，"自我"有各种类型，不同的个体各有其"自我"；而"自体"只有破碎的和完整的两种，并无类型之别。一个健全的个体在成长的不同阶段会发展出不同"自我"；而他"自体"则无此变化，始终是连续的、统一的。

"神入"和"自体"的关系，有点类似于拉康"镜像理论"中的镜像和自我的关系。在拉康看来，儿童对身体的感受是不连续的、破碎的，镜子中的完整形象使他第一次产生了认同感，从此有了关于自我的完整想象。科胡特则指出，父母是孩子的镜像，自体的建立有赖于父母喂养中的"神入"。他反对弗洛伊德和克莱因对本能驱力的强调，认为对孩子的心理成长来说，最重要的不是驱力的满足，而是父母对于孩子发出的各种需求的"神入回应"——即情感上的回应。

比如，孩子的粪便在科胡特看来不只是"肛门驱力"或"肛门性欲"的

---

① [英]唐纳德·温尼科特：《妈妈的心灵课——孩子、家庭和大千世界》，魏晨曦译，中国轻工业出版社2016年版，第110~111页。
② [美]海因茨·科胡特：《自体的重建》，许豪冲译，世界图书出版公司2013年版，"推荐者序"第2页。

客体，还是送给妈妈的礼物，"假如一个母亲骄傲地接受粪便礼物——或是假如她拒绝或不感兴趣——她不是只对驱力作回应，也是对小孩形成中的自体作回应。换句话说，她的态度影响一整组的内在体验，而这些体验在一个小孩进一步的发展上扮演关键的角色。她以接纳、拒绝、忽视来回应小孩的自体；而小孩的自体在给予及提供之中，寻求着来自镜像的自体-客体的肯定。小孩因而体验到双亲欢乐的、骄傲的态度或是双亲的兴趣缺乏，这不仅是对驱力的接纳或拒绝，也是——双亲与小孩在这个面相上的互动，经常具有决定性——对于小孩暂时建立的、仍然脆弱的、创造-生产-主动的自体的接纳或拒绝"①。如果被接纳，孩子会成功建立起完整的自体，为心理健康打下坚实的基础；如果被拒绝，会影响孩子安稳地建立起肯定的自体，脆弱而倾向碎裂的自体就会防御性地通过刺激身体-自体的碎片以寻求安慰，这种行为延续到成年就成了"性变态"。

再比如，孩子对食物的欲望，在科胡特看来很多时候也不是纯粹的生理需求，他并非单纯需要食物，但是需要"神入地调节的食物给予"，也就是说，需要父母在给予食物时表达的爱意。"如果这个需求持续未被满足（达到创伤的程度），那么更广阔的心理构造——作为一个整体的、被适当回应的自体，所拥有的喜悦体验——就会崩溃，而孩子会退缩到较大单位的体验碎片，也就是寻求享乐的口腔刺激（转到性欲区），或是临床上表现为抑郁性进食。"②

科胡特进一步指出，孩子的心理健康与其所在家庭的经济条件并没有必然关系，"即便是严重的现实剥夺〔一般可能归类为'驱力'（或需求）的挫折〕，也不会在心理上造成创伤，如果心理环境回应给孩子的是完全范

---

① ［美］海因茨·科胡特：《自体的重建》，许豪冲译，世界图书出版公司2013年版，第54页。
② ［美］海因茨·科胡特：《自体的重建》，许豪冲译，世界图书出版公司2013年版，第57页。

围的、非扭曲的神入回应。人类不是只靠面包生存"①。换言之，爱——而非物质或其他——才是对于个体成长最重要的东西。因为，"神入"不是意识的选择，不是通过学习和训练能够达成的，获致它的唯一途径是对孩子的深沉的爱，"核心自体的形成，不是透过意识的鼓励或称赞，也不是透过意识的阻碍或非难；而是透过自体-客体深度根植的回应性"②。我们很容易想到温尼科特的对妈妈们的劝导：无需因缺乏技巧和经验而焦虑，只要全身心地投入其中，把孩子当作一个人与其互动，响应孩子的需要，就能够自然养育出一个健康的孩子。"假如你是全凭直觉在做的，那大概就是最好的方式了。"③看似轻松而简单，但悲哀的是，在当下的喧嚣声中，在欲望、焦虑的重重纷扰下，母亲很难做一个简单、纯粹的母亲。育儿本应是一段美妙的历程，但当下越来越被视为一个疲于应对的负担，这样一种心态下，母亲的"直觉"往往会隐没不见，很难做到对孩子的"神入回应"。一个堪称触目惊心的现象是：只顾盯着手机而对孩子敷衍了事的父母比比皆是，很难想象他们照料孩子时能够做到"神入"。

未能得到自体-客体的神入回应而导致自体发展不完整，是神经症的重要成因。科胡特把病人的焦虑区分为两种：其一是对特定的危险情境的焦虑，他用弗洛伊德的"阉割焦虑"来指代这种焦虑；其二是对于正在崩溃中的自体的焦虑，他称之为"崩溃焦虑"。如果病人的自体还算整合，只是受到"阉割焦虑"的困扰，那么不足为惧，其康健之路是很乐观的。最可怕的是，病人的"阉割焦虑"只是"崩溃焦虑"的防御手段——借助焦虑于可言说的危险，掩盖更深的、无可名状的恐惧，即对于自体濒于崩溃的恐惧。这样的病人会找出各种"莫须有"的危险并为之焦虑，诸如患上癌症、遭遇车

---

① ［美］海因茨·科胡特：《自体的重建》，许豪冲译，世界图书出版公司2013年版，第62页。
② ［美］海因茨·科胡特：《自体的重建》，许豪冲译，世界图书出版公司2013年版，第71页。
③ ［英］唐纳德·温尼科特：《妈妈的心灵课——孩子、家庭和大千世界》，魏晨曦译，中国轻工业出版社2016年版，第6页。

祸、窃贼入室、因一点过错受到报复等，借此，他得以掩盖（防御）对自己的绝望，掩盖对自体崩溃的焦虑。这种"崩溃焦虑"才是神经症的可怕致病因。

后期的弗洛伊德是一个悲观主义者，他深感于人类攻击性和破坏性的肆虐无度，提出了"死本能"这样一个令人不安的概念。科胡特对人类显然乐观得多，他基于自体心理学否定了"死本能"概念，认为攻击性和破坏性并非人的原发本能，而是自体崩溃的产物。"我相信人的破坏性作为一种心里现象是次发的；它起源于自体-客体环境在满足儿童对恰到好处的——要强调的是，并不是指最大的——神入回应的需求失败的结果。"[1]对于儿童而言，当发出的信号得不到父母的神入回应时，就会表现出暴怒和攻击性，"儿童的暴怒和破坏性不应被概念化为原发的本能，挣扎着朝向其目标或需求出口的表达。它们应被定义为退化的产物，是更宽广的心理构造的碎片；它们应该被概念化为组成核心自体的更宽广的心理构造的碎裂物"[2]。

科胡特很谨慎地区分了两种攻击性：非破坏性的攻击和破坏性的攻击。他承认前者是生命的原发构造的一部分，是原初自体渴望其需求获得回应的一种表达方式，并非孤立的驱力，"一旦当努力的目标被达成，正常的、原发的、非破坏性的攻击，不管以原始的形式或发展完成的形式，就平息了下来"[3]。但如果儿童期的这种攻击屡屡无法达成目标，"被慢性且创伤性地挫折"，那么，就可能会转化成为孤立的、破坏性的攻击。婴儿对妈妈的撕咬，便是一种非破坏性的攻击，很大程度上是渴求关注和抚慰的一种表达，妈妈做出了神入回应后，这种攻击便会停止；但若这种非

---

[1] ［美］海因茨·科胡特：《自体的重建》，许豪冲译，世界图书出版公司2013年版，第82页。
[2] ［美］海因茨·科胡特：《自体的重建》，许豪冲译，世界图书出版公司2013年版，第83页。
[3] ［美］海因茨·科胡特：《自体的重建》，许豪冲译，世界图书出版公司2013年版，第85页。

破坏性的攻击每每换来的是母亲焦虑而粗暴的制止、惩罚，便有可能转化为"慢性的自恋暴怒"，从而有很大几率形成一种敌意的、攻击性的人格。弗洛伊德的"死本能"，克莱因的"被害妄想"，在科胡特看来都是因为神入缺失而导致的自体崩溃的产物。

科胡特也将自己的思考从精神病学领域延伸到了社会生活领域。要有效解决贫困区青少年的犯罪问题，不能着眼于所谓攻击驱力（即攻击性力比多）的升华或驯服，而应该尝试借着提高自尊与提供可理想化的自体-客体，来采取治疗的行动。引进制度化的运动是一种解决问题的有效方案，不是因为青少年们的攻击驱力在参与运动中得到升华，而是因为他们感受到了自尊，因为感受到了作为自体-客体的政府机关的重视和关怀，因为他们通过有技巧地使用身体而增加了自体的完善性。"所有这些社会改革之所以有效，是因为造成了这些青少年自体的稳固，并次发地减少了广泛的暴怒，而这些暴怒产生于之前碎裂的基质。"①的确，爱与尊重，是医治心灵的灵药。一个得不到父母情感浇灌的孩子，会认为自己是一个不受欢迎的孩子，相对来说更容易成为一个自暴自弃的、具有攻击性的孩子。一个努力工作却始终得不到作为自体-客体的共同体（单位、协会、政府组织等等）认可的成人，也会感受到自体的空虚和匮乏，会变得充满敌意和攻击性。这种敌意和攻击性可能表现为冷漠和愤世嫉俗，也可能表现为专注于获取和占有金钱，后者恰恰是生态问题形成的重要原因。我们曾谈到，生态危机可以解释为人类攻击本能（死亡本能）向自然倾泻导致的恶果。弗洛伊德毫不掩饰对于人类日渐强大的攻击本能的悲观和束手无策，科胡特则让我们感到宽慰——既然人类的攻击性是一种次发现象，我们就可以通过努力将其消除，这也意味着生态问题是可以解决的。

通过以上粗线条的勾勒，我们可以看到，在弗洛伊德之后的主流精神分析思想中，神经症的产生和个体的成长环境尤其是儿童期的喂养有很大

---

① ［美］海因茨·科胡特：《自体的重建》，许豪冲译，世界图书出版公司2013年版，第92页。

干系。沙利文将罪魁祸首归因于通过"共联情结"从父母那里接收到的焦虑，由于无法理解也无法处理，这种外来的、非我的焦虑严重扰乱了孩子的心理成长，迫使其构建起防御机制，为日后的神经症埋下祸患；克莱因和温尼科特认为神经症本质上是对于焦虑的防御，虽然他们和沙利文不同，认为焦虑是原发的而非外来的，但也认为家长恰到好处的喂养是克服这种焦虑的关键；科胡特则认为，神经症是自体崩溃的结果，而自体之所以会崩溃，是因为缺乏自体-客体的神入回应，尤其是在儿童阶段缺乏父母的神入回应。

父母在喂养上的失败，很大程度上和社会历史环境有关。现代社会是一个焦虑型社会，焦虑无处不在、如影随形，能幸运地隔离于焦虑之外的父母数量极少。而对于孩子的成长来说，父母的焦虑绝对是不祥之物，它会通过"共联情结"传递给孩子，会影响喂养中之于孩子的"神入"，这些不利于孩子心理的健康发展。焦虑并不专属于现代人，每个时代的人都有自己的焦虑，但相对而言，现代人的焦虑程度要远远高于前人，理由众所周知——现代社会是竞争型社会，竞争必然带来焦虑。当然，竞争也不是现代社会的专属，人类社会自诞生之日起就存在着竞争，人与自然的竞争，民族之间的竞争，不同政治、经济、宗教和文化力量之间的竞争……然而，哪一个时代的人也不像现代人这样受到竞争的残酷折磨。前现代社会中，人们的身体和心灵被束缚在一个相对逼仄的空间中，地域、文化、宗教、阶层、宗族等都对个体重重设限，但这些束缚从另一个角度看也是一种保护，个体得以——或者说是只能——在既定的生存空间中按照设定好的生存方式踏实笃定地生活，既很难超越也不会轻易失去既有的一切。而在现代社会，人打破了围筑在身心周围的种种壁垒，挣脱了它们的限制也失去了它们的保护，拥有了更大生存空间也要面对更大的生存竞争。市场化、信息化、全球化，这些我们趋之若鹜的社会进程都在推动着竞争的不断升级。今天赫赫巍巍的商业帝国，明天就可能土崩瓦解，一切都是不稳固的，一切都转瞬即逝。无论是群体还是个体，想要在残酷的竞争中存活下来，都不得不近忧远虑、战战兢兢。

毫不夸张地说，焦虑是现代人普遍的精神状态，想要如沙利文所要求的那样将焦虑屏蔽在育儿过程之外几无可能。众所周知，对于一名现代女性，怀孕、生子、产休、照料孩子，很可能会重创其职场生涯，不少人在这一过程中被取而代之，在承受如此大的压力的同时，想要自如地切换到"好妈妈"模式——恬静和悦、心无旁骛地面对孩子，何其难也！除了父母自己既有的种种焦虑，孩子本身也是一个焦虑的源头。无论我们是否认同"不能让孩子输在起跑线上"，我们都在为孩子如何在未来的生存竞争中胜出而忧心忡忡。温尼科特要我们卸下心理负担，"任孩子自然而然地成长"，在当下的语境中似乎是不可企及的。"双减"政策一定程度上减轻了学生的课业负担，但并没有减轻父母的焦虑，因为无法用优质培训来弥补学校教学水平的差距，有些地方的学区房甚至比之前更加火爆。

科胡特从一个独到的角度指出了现代社会生活的变迁之于孩子自体形成的不利影响。"今天的孩子越来越没有机会，不管是观察工作中的双亲，或至少透过僵化的、可理解的想象来带有情感地参与双亲在工作情境中的能力与骄傲；此情境中的双亲自体有最深的投入，而且他们的人格核心对于神入的观察者来说是最可接近的。今天的孩子所能做的，最多就是观察双亲在休闲时的活动。"[①]科胡特认为全情投入的工作状态能够最好地展现一个人的技巧、能力、信心和人格魅力，因而"工作中的双亲"是孩子最好的榜样，对于孩子的自体形成非常重要。但现代社会的一个重要特征是工作场所和生活场所的分离，孩子没有机会了解和吸收父母身上的优秀品质和精神力量，而在前现代社会的手工作坊中，情形则截然不同。科胡特也承认，一些休闲活动，比如游戏、野营，需要家人的互动合作，对孩子自体形成也有帮助，但相对于工作，其提供的养分要少得多。其实，科胡特的这一观点正获得越来越多的回应，我们经常会看到这样的报导：某个优秀个体离开年薪不菲的机关或公司，寻一个既是居所也是工作室的去处，

[①] [美]海因茨·科胡特：《自体的重建》，许豪冲译，世界图书出版公司2013年版，第191页。

从事某种手工创作。他们这样做的其中一个原因便是，为了和孩子一起成长。较之整天忧心忡忡的世人，他们不仅有更卓越的才华，也有更强大的自体，他们的孩子，也必将因耳濡目染和参与到他们的工作之中而深受其益。

不过，通常情况下，让今天的孩子观察到工作中的双亲，对于他们的成长没有太大意义。因为大多数人从事的工作并不具有科胡特所认为的工作应有的属性，它们不是展示人的才华和自信的舞台，而是一种扼杀人的尊严和创造性的苦役。席勒那段著名的关于工作的谈论现在依然有效——"享受与劳动，手段与目的，努力与报酬都分离了。人永远被束缚在整体的一个孤零零的小碎片上，人自己也就把自己培养成了碎片……他不是把他的人性印压在他的自然本性上，而是仅仅把人性变成了他的职业和他的知识的一种印迹。"①因为专业化、机械化、自动化的趋势越来越强，人们也越来越无法在工作中感受到自己的力量和价值。这样的工作，只会伤害人们对自体的信心，让孩子来观摩当然也毫无益处。

按照克莱因，处于"偏执-分裂心理位置"的婴儿，受被害焦虑的驱动，会对母亲产生强烈的施虐冲动；因"偏执-分裂心理位置"未能修通而导致的神经症患者，则会相应地发展出强烈的控制和攻击客体世界的态度。科胡特也指出，得不到父母的"神入回应"以致无法形成"完整的自体"的孩子，会在"崩溃焦虑"的驱动下，表现出暴怒和攻击性，日后发展成为自体人格障碍型神经症患者后，他也会延续这样的性格和行为。被害焦虑、崩溃焦虑、施虐冲动、攻击性，这些精神分析的常用术语，也是生态问题的心理动因。因为焦虑，我们才汲汲于物质占有，以便获取安全感，对抗和缓解焦虑。我们的施虐冲动和攻击性，更是直接把自然摧残得伤痕累累。科胡特还说，如果孩子无法拥有"完整的自体"带来的喜悦体验，就会退缩到身体的碎片中寻求刺激和满足，比如旨在寻求口腔刺激的抑郁性进食。②环顾周围，举目皆是除了永无餍足的占有外再也无从感受生活乐趣的芸芸

---

① [德]席勒：《审美教育书简》，张玉能译，译林出版社2009年版，第14页。
② [美]海因茨·科胡特：《自体的重建》，许豪冲译，世界图书出版公司2013年版，第57页。

众生，他们与那些可怜的孩子何其相似！

这并非牵强附会。在《涂鸦与梦境——儿童精神病学中的治疗性咨询》一书中，温尼科特也用大量的临床案例证明，儿童的反社会倾向和爱的缺失有着密切关系。缺失不一定是事实上的，也可能是想象中的，断奶或弟弟妹妹的出生都有可能让孩子产生被父母冷落、抛弃的感觉。缺失会带来焦虑，焦虑又会引发防御机制，反社会行为便是一种防御机制，主要表现为盗窃。有盗窃行为的孩子知道自己的行为是不对的，他们也并不需要或喜欢盗窃的那些东西，他们是为了"找寻安全感而发展出以作为一种解离性强迫而出现的盗窃行为"。盗窃物是失去的母爱的象征，其本身对孩子并无意义。在艾达的案例总结中，温尼科特写道："她表现出她现在不需要偷东西了，因为她已经找到了失去的东西——在她自己的内在心理现实中，或是心理表征、内在客体中和妈妈乳房的联系……它已突然间变为了一种不会再被需要的防御。"[1]人类对于自然的疯狂掠夺和占有，很大程度上和这些孩子的盗窃行为一样，是对于安全感缺失的一种防御。仅仅为了满足需要，是不会导致生态问题的。有的官员聚敛了巨额财富，仍不愿收手，直至锒铛入狱，显然不是为了满足生活需要，而是心理病态所致。我们鄙视他们，但其实我们和他们很像，丰衣足食却依然忧心忡忡，依然为更多的钱和物而劳身伤神。疏导、解除困扰人们的焦虑，并改变促生焦虑的社会文化，对于生态问题的解决无疑是有助益的。

现代社会残酷的生存竞争，不仅导致父母焦虑从而直接或间接影响孩子心理健康，也是生态问题的重要成因。影响孩子自体形成的工作与生活相分离的现代社会生存模式，同样与生态问题有着复杂的纽结，它是社会化大生产的产物，而社会化大生产导致了人与自然的不断疏远。事实上，精神分析努力的方向和生态思想努力的方向是一致的，都主张对个体和文化进行改造。出于各自的目标、角度和视野的限制，提出的方案不尽相

---

[1] ［英］唐纳德·W. 温尼科特：《涂鸦与梦境——儿童精神病学中的治疗性咨询》，李真、苏瑞锐译，北京师范大学出版社2016年版，第191页。

同，但既然方向一致，二者就可以相互启发、相互借鉴。温尼科特的抱持理念，对于我们重建家园——无论是生态意义上还是精神意义上——就有着重要的启发意义。

第二节　抱持疗法及其在家园营建中的运用

在精神分析运动的早期，精神分析治疗基本上遵循了弗洛伊德确立的原则：分析师必须保持中立，避免回应病人的移情。① 随着精神分析的发

---

① 所谓移情，是指分析过程中病人在病态心理机制的驱动下对分析师产生的非理性情感，"当通往病人无意识之路开始展开时，他的过往（在其意识与无意识的层面）逐渐被重新唤起，因此他想要转移其早期经验、客体关系与情绪的迫切感再次得到增强，并且聚焦在精神分析师身上"（[英]梅兰妮·克莱因：《嫉羡与感恩》，段文静等译，九州出版社2017年版，第54页）。一个具有受虐倾向的病人，会积极认同分析师的分析，主动提供心理素材证明分析师是正确的、高明的，有时甚至不惜为此自我欺骗，以期让分析师认为自己是个通情达理、善于沟通的人；而一个具有攻击倾向的病人，则会挑衅分析师，致力于证明对方的分析是错的，或者表明对方的分析与自己的分析完全一致，无甚高明，对自己没有任何帮助，他们通常会用主动终止分析的方式来表达对分析师的羞辱。在弗洛伊德看来，既然病人对分析师的情感是神经症的产物，那么，任何对这种情感的迎合，都是对神经症的"纵容"，都会导致症状的进一步强化，对治疗有害无益。分析师若表达对那个逢迎自己的病人的赞许，后者会受到鼓励，进一步强化自己的受虐倾向；若经受不住病人挑衅和羞辱，愤然还击，病人就会将攻击性投射到分析师身上，为自己没有信任对方、识破了对方的"真面目"感到庆幸和自得，此后他会进一步强化自己的攻击性，同时却觉得自己不过是在防御有攻击性的他者。迎合病人的移情，不仅不利于治疗，有时还违反道德——个别分析师利用病人的移情达成卑鄙的目的，比如和异性病人建立性关系，损害整个精神分析行业的声誉。当然，也有一些分析师并非是别有用心地与病人产生情感纠葛，而是被病人的移情击中了自己的心理创伤，形成了"反移情"——精神分析师在获得执业资格之前要先接受分析，其考虑之一就是为了避免日后出现这种"反移情"。面对病人的移情，分析师不仅要予以拒绝，还应该对驱动病人移情的心理机制了然于胸，以便有针对性地制订分析方案。如此，无论分析师帮助病人的意愿有多么强烈，无论他性格如何温和，在病人眼中他都必须是不可接近的、冷峻的，是科学和理性的化身。归根结底，弗洛伊德的治疗理念是，帮助病人将理性的目光投射进无意识的深壑之中，疏通心理淤塞，拆除防御机制。分析师通过分析传达给病人的，是对自身的理性认知，而能够治愈神经症的，也唯有理性。

第四章 抱持疗法与家园意识

展,相反的理念逐渐出现,病人的移情不再被视为分析治疗的妨碍,而是被视为治愈病人的一个契机和途径,像温尼科特的抱持疗法,对移情的利用甚至是关键性的。

克莱因相信,移情是生命早期阶段形成的个体与客体关系的延续。"偏执-分裂心理位置"没有修通的婴儿会对母亲产生强烈的施虐冲动;"抑郁心理位置"没有修通的婴儿则会建立起之于罪疚感的防御机制,延续"偏执-分裂心理位置"的敌对、攻击态度。精神分析师所处的就是这些可怜的母亲的位置。病人将修通失败从而固化为神经症的早期心理经验——对于客体的爱与恨的互动、攻击性的恶性循环、罪疚-焦虑及其引发的进一步的攻击性等——移情到分析师身上,决定了其与分析师之间绝不会是某种融洽、谐和的关系,相反,病人会流露出对于分析师的不信任、敌视和攻击。克莱因声称病人总是试图杀死、吃掉分析师,她注意到病人在接受分析的时候,常常会感到口渴,"口渴"在她看来就是攻击、吞噬冲动的象征性表达,分析如果顺利进行,病人的口渴现象会显著减少。

分析的意义在于容纳,容纳病人投射过来的攻击性。如果分析师在受到攻击后变得恐慌甚至愤怒,就会坐实病人关于分析师是"坏客体"的妄想,作为防御,病人会进一步强化自己的攻击性。分析师只有容纳病人的攻击,既不焦虑也不退却,才能挫败病人的妄想,同时他还要告诉病人这一移情心理过程,从而修通病人早年没有修通的"偏执-分裂心理位置"。在一则临床材料的结案词中克莱因写道"通过与分析师的关系,使她逐渐把自己分裂的部分集合到一起,让她认识到她现在有多么嫉羡和怀疑我,以及最初对自己的母亲有多么嫉羡和怀疑,这样快乐的喂食经验就出现了。这和感恩的感觉有密切关系。在分析过程中,嫉羡减少了,感恩的感觉变得更加频繁和持久"[1]。当然,这一描述是简化的结果,意识到自己的嫉羡,并不一定会马上改变对分析师的攻击态度,相反,"只要一感觉到

---

[1] [英]梅兰妮·克莱因:《嫉羡与感恩》,段文静等译,九州出版社2017年版,第229页。

罪疚感，分析师就会变成害人者，由于很多理由而遭到控诉。在这种情况下，我们发现他们像婴儿一样，在经验罪疚感的同时，被导向迫害焦虑及其相对应的防御，这些防御后来成为对分析师的投射和彻头彻尾的否认"①。从修通病人的"偏执-分裂心理位置"到修通"抑郁心理位置"，需要分析师非同寻常的容纳能力。

尽管克莱因宣称自己在理念上忠实于弗洛伊德，但她已不再严格遵循中立原则。在她看来，个体的心理发展停滞在"偏执-分裂心理位置"或"抑郁心理位置"，未必是真的缺少爱他的双亲所致，也可能因为一些偶然因素——诸如哺乳期妈妈身体不好、家庭遭遇变故，等等——让婴儿产生了误解，分析治疗的目的在于帮助病人发展出对于早期挫折的不同态度，即将无意识中的"坏妈妈""坏客体"重建为"好妈妈""好客体"。如果是这种情况，分析并让病人知晓和理解自己的敌意、怨恨、嫉羡、罪疚及其防御，就能带来无意识的修通和重建。然而，如果婴儿确实暴露于非常不利的状况下，那就无法实现重建，如此，分析师只能改弦易辙，将着力点从过去移到当下，通过在当下建立起"好客体"来修复过去无法建立"好客体"导致的创伤。

"将分析师内射为一个好客体，如果不是基于理想化，那么就在某种程度上具有提供内在好客体的效果，而且内在好客体是病人之前非常缺乏的。同样，投射的弱化和因此达到的更大宽容，势必与较少的愤恨有关，即使早期情境非常不利，这也使病人能够发现某些特征，并复苏过去的快乐经验。……以另一种方式表达，被害焦虑与分裂机制降低了，病人就可以修通抑郁心理位置。他最初无法建立一个好客体，当这种无能在某种程度上被克服时，嫉羡便随之降低，享受和感恩的能力就逐步增加。"②简言之，是通过分析让病人感受到，世界并非始终密布着敌意的阴霾，更多的

---

① [英]梅兰妮·克莱因：《嫉羡与感恩》，段文静等译，九州出版社2017年版，第216页。
② [英]梅兰妮·克莱因：《嫉羡与感恩》，段文静等译，九州出版社2017年版，第259页。

第四章 抱持疗法与家园意识

时候是沐浴在爱的阳光之下,像分析师这样的好客体是存在的,他不是世界的弃儿,他是被爱者。让病人内射为"好客体",意味着分析师不能只是理性的化身,不能凛若冰霜,他还必须让病人感受到关切、宽容与爱。理性的分析与爱的感化,应该双管齐下。如果说弗洛伊德要求分析师以父亲的形象——理性、严肃、渊深、睿智——出现,那么,克莱因则在分析师形象中融入了母性气质——容纳、温暖与爱。

科胡特旗帜鲜明地驳斥分析中对移情的拒绝。这个世界上没有人能生活在情感的真空中,没有人能仅靠呼吸理性的空气存活,缺乏父母情感回应("神入")是神经症重要成因,分析师对病人的移情不作回应,显然不是合宜之策。在科胡特看来,分析师在心理、情感层面上的持续参与,是分析得以维持的必要条件。"人类在缺乏神入回应的心理环境,不能有心理上的存活,就像在不包含氧气的大气中无法物理地存活。缺乏情绪的回应、沉默、假装作为非人性的电脑机器一样地收集资料并传递诠释,提供如此的心理环境,而想要对一个人的心理组成的正常与不正常的特征有最小扭曲的厘清,就好像提供的物理环境是在没有氧气的大气中接近零点的温度,却还想要更准确地测量他的心理反应。"①分析师不能像个程序设计良好的电脑,无视病人对回应的渴望,那样的话分析可能进行不下去,病人潜意识的材料也无法充分地浮现出来。②

---

① [英]梅兰妮·克莱因:《嫉羡与感恩》,段文静等译,九州出版社2017年版,第178页。

② 弗洛伊德担心接受病人的移情会导致病情的强化,而科胡特认为,回应病人的移情,并不意味着不能拒绝病人对分析师发出的情感要求,分析师首先应该做出回应,而后再指出自己不能也不应该满足病人,这就不会对病人神入回应的需求造成人为的拒绝。而且,病人对分析师的情感需求,未必全都是神经症的产物,对于"自恋型人格障碍"的分析来说,"这些似乎是来自婴儿化驱力的衍生物,被当作是性欲的好奇的展现,其实它们仅仅是为深藏的渴求自体-客体的回应的挣扎所找到的表达管道"。([美]海因茨·科胡特:《自体的重建》,许豪冲译,世界图书出版公司2013年版,第178页。)也就是说,病人对分析师的性欲是一种假象,是病人疗救自身的渴求的一种曲折表达。儿时渴求父母的"神入回应"而不得导致了自体的破碎,但这种渴求始终存在,破碎的自体也始终在等待着被修复。分析师若拒绝这种回应的渴求,无异(转下页)

第二节　抱持疗法及其在家园营建中的运用

相比克莱因和科胡特，温尼科特对移情更为重视。科胡特把精神分析案例分为结构型官能症和自体人格障碍两种，弗洛伊德代表的古典精神分析适用于前一种，而他的自体心理学处理的是后一种。温尼科特则把案例分为三种，①前两种与科胡特的划分大致重合：第一类个案能以完整的人来运作，他们的问题可归结到人际关系方面——我们很容易想到因俄狄浦斯情节处理不当导致的性变态案例，即结构性官能症；第二类个案的人格不完整，分析工作取决于分析师的"关切"，"分析师能够存活下来"——即能够容纳病人的攻击——是治疗这类病人的动力性因素。温尼科特这里显

（接上页）于把像抓住救命稻草一样抓住自己的溺水者重新推入水中，"被分析者会觉得其自体的刚开始展现的表现癖，或是其小心提出的理想化的幼苗遭到了拒绝；这些纤细地构成的结构，才几乎刚开始被再度动员，就将再一次崩溃。被分析者的行为特征将会是失望的倦怠（自体的脆弱）与暴怒（自体肯定的退化的转变）的混合"。（［美］海因茨·科胡特：《自体的重建》，许豪冲译，世界图书出版公司2013年版，第182页。）置身于绝对中立的、缺乏情感回应的情境中，病人会愤怒、会反击，而分析师则将其解释为病理上的阻抗，解释为潜在驱力、攻击性的体现，殊不知所谓阻抗是分析师处理不当的产物。即便是正常人，在这样的环境中也不会心平气和。

　　分析中表达的神入、关切和爱对于病人非常重要，但仅仅这些是不够的，要给病人提供实质的帮助，分析师还要依靠其专长知识，具体说，就是要让病人理解：虽然他有权期待其成人生活中的自体-客体一定量的神入回应，他最终必须理解成人生活中的自体-客体不能弥补其儿童期自体-客体创伤的失败。当他理解了这一点，他就不会再像受冷落的孩子那样苛求他者的关注和照料，自恋倾向和暴怒倾向也会相应减少。当然，要达到这一阶段，首先分析师必须神入回应病人的移情，而非像古典分析技术那样"拒绝移情的污染"。科胡特承认，不同的神入回应可能会影响病人在修通中方向的选择。比如下面这个案例：一个活力严重降低、自信缺失的女性，在向分析师求助时谈到自己困扰于患溃疡性大肠炎，表示想获得患上这个疾病的心理因素。喜欢谈论自己如何为病痛所困扰，往往是一种作为防御的表现癖，借此谈论者掩盖因自体破碎而导致的不自信，并乞求他者的关注和同情。分析师可以将她导向对自身的表现癖需求的觉察，进而重建心理结构。也可以有另外的选择，如果分析师没有忽略她不经意地吐出的那句话——她并不期待"分析可以使她成为作家"，就可以将她导向用一种有意义的表现方式（"写作"）取代对疾病的谈论。无论哪一种选择，对病人都是好的。在科胡特看来，分析不是教导被分析者进行自我驱力的控制，而是帮助病人感受到活力、信心和快乐。

　　①　［英］唐纳德·W.温尼科特：《抱持与解释》，程亚华、王旭译，北京师范大学出版社2016年版，第7页。

然是援引克莱因，其实科胡特所说的自体人格障碍也可以归入这一类，后者反复强调的"神入"就是对病人的关切。第三类个案的提出，则是温尼科特之于精神分析的重大贡献，他关注的是人格形成非常早期的阶段，即心理逐渐分化的阶段。在这个他称之为"抱持"的阶段里，关键词是"需要"，婴儿处于对母亲的绝对依赖状态，而母亲必须满足婴儿生理和心理上的一切需要。这一阶段出现问题导致的神经症，其分析治疗也必须退行到"抱持"状态，然后再次出发进行人格的重建。这就意味着，分析师要接受病人的移情，扮演母亲的角色，满足病人退行后的"需要"——这与反移情的中立原则显然是格格不入的。

温尼科特把人格区分为"真我"和"假我"两个组成部分，这一区分意义重大。所谓"真我"，指的是在母亲的抱持状态下浮现出来的自我，一种"主观全能"的自我，那时婴儿感觉自己是世界的中心，是全能的创造者，他饿了想喝奶时乳房就会出现，喝饱了乳房就会离开，冷了世界就会变暖，热了世界就会凉快，他以为是自己的愿望创造了他想要的客体。所谓"假我"，是生活在客观现实中的、完全应现实需要和他人期望而动的自我，也就是我们切齿痛斥又难以摆脱的"人格面具"。温尼科特指出，如果个体成长初期缺乏足够好的"抱持"，他的主观全能感就得不到充分的培育，就会被迫过早地去适应环境，从而造成"真我"缺失，人格为"假我"所占据。这样的个体从社会的角度看并无问题，他们长于合作，甘分随时，合格地扮演着自己的角色，但他们自身缺乏内在的活力与创造性，感受不到生命的激情与欢欣。不过，"假我"并不就是坏东西，它也是人格必不可少的组成部分。"抱持"有一定时限，过了时限，母亲就应该逐渐放手，让孩子自己去适应环境，学着迁就他人、与他人合作，唯此他才能将"真我"安放在现实中，才能现实地实现自我的欲望和创造潜能，否则，他就可能成为一个完全生活在主观全能的幻觉中、与客观现实毫无联系的人，自闭自恋，自我中心——在这个意义上，当下我们一些家长对孩子的过分呵护其实是在毁掉孩子。所以，温尼科特反复强调，孕期和喂养初期，母亲要以孩子为中心，而随着孩子的成长，母亲就应该把关注点向自己身上转移，这时她允许偶尔出现粗心、失误——孩子会尝试着调整自己应对这些境况并意识到母亲的不完美。当他说出"妈妈也是个需要照顾的孩子"这种稚气的话时，其人格的健全就已夯实了根基。"足够好的妈妈"不是"一百分妈妈"，而是"六十分妈妈"。

无论是抱持环境缺失导致的"假我人格障碍"还是抱持环境向现实环境过渡失败导致的"自恋人格障碍"，都必须退行至抱持阶段予以疗治。"退行"当然不是温尼科特的首创，它是绝大多数精神分析共同遵循的理念：心理发展中哪个阶段出现了问题，就退行至哪个阶段予以修复。弗洛伊德要借助自由联想回到创伤时刻，以便解开围绕创伤形成的情结；克莱因要回到前俄狄浦斯时期，修通个体的"偏执-分裂心理位置"或"抑郁心理位置"；科胡特要重建病人的自体，也要溯回到病人因得不到父母的神入回应而致使自体弥散、破碎的成长阶段……温尼科特的独特之处在于，他的治疗最大限度地减少了病人理性的参与，转而诉诸病人的直觉和体验。

温尼科特致力于为接受分析的病人营建一种抱持性环境，一种接近于子宫和襁褓的氛围。对此，克里斯托弗·博拉斯描述道："工作室往往光线都不是十分明亮，但是并不缺乏智慧的光芒。房间很舒适，墙上有几幅画或者几个吸引人注意的摆设，从而自我可以进入内在。很多分析师不用沙发，而是用一个普通的床，用柔软的垫子铺好，加上一个枕头。分析师坐在病人的后面，病人看不到他们，形成一种虚幻的感觉，好像两个人都是在同一个客体的内部。温尼科特会鼓励他的病人回到一种'未整合'的状态，或者无形无相的状态。有时候他的病人会睡着。经常他也会睡着。"① 这是一种如鱼在水、绝对放松的状态，病人可以放心地摆脱防御性的"假我"，让早年停滞、潜隐的"真我"浮现出来并得到充分的生长、拓展和巩固。

和其他精神分析看重语言、致力于把病人的话语作为无意识的象征进

---

① [英]克里斯托弗·博拉斯：《精神分析与中国人的心理世界》，李明译，中国轻工业出版社2015年版，第65~66页。

第四章 抱持疗法与家园意识

行解读不同,温尼科特对病人的语言不感兴趣,在他看来病人的语言只是漂浮在虚假的外部经验之中,根本触及不了内在自我。很多时候,病人吐露给分析师的言语都经过了反复斟酌,本来就空洞无物,加工之后更令人厌倦。但尽管毫无意义,分析师也必须聆听,分析师必须像容忍任性的婴儿一样容忍他们喋喋不休,不能漠然处之,因为,"当分析师打了个盹,甚或只是一时走神(这很有可能发生)到他/她自己的幻想里,会导致轻微的阵痛。这种阵痛和母亲对婴儿抱持的失败是等同的。分析师的心灵把病人摔落了"①。为此,温尼科特培养了记笔记的习惯——在纸的空白处随意记录,更像是涂鸦而不是书写——以保持躯体注意力的活跃,避免让病人感觉到被漠视、被遗弃。有心理问题不意味着判断力迟钝,病人能够感觉到分析师对自己的包容,也知道自己的话语多么无聊,就像在父母面前胡搅蛮缠的孩子知道自己是无理取闹一样。慢慢地,他们会逐渐卸下防御,安静下来。在温尼科特看来,病人真正需要的,就是安静,安静是生命最初存在状态的语言,也是分析的主要媒介。他会用一些诗性的、图景式的语言,诸如"你在你的母亲之中""你在你迷失的地方",引导病人进入他所说的那种"未整合"的状态,一种安静的、感受性的生命状态。"精神分析提供一种时间上、空间上、关系上的独特位置,让这种虚假自我可以消解,通过对分析师的原始的依赖,从这种无形的状态中就会逐渐形成真我的状态。"②

对于患自恋型精神障碍的病人,一般来说退行至抱持状态要容易一些。这类病人临床表现为懒散、自我中心、待人冷漠、缺乏现实感和事业心,等等。如前所说,这类疾患是个体早年从抱持环境向现实环境过渡失败造成的。由于抱持阶段过长贻误了正常的心理发展,个体淹留在主观全能的幻想中不愿面对现实。他倾向于像婴儿对待母亲那样,心安理得地利

---

① [英]唐纳德·W.温尼科特:《抱持与解释》,程亚华、王旭译,北京师范大学出版社2016年版,第19~20页。
② [英]克里斯托弗·博拉斯:《精神分析与中国人的心理世界》,李明译,中国轻工业出版社2015年版,第99页。

用别人，接受别人的照料，但他也很清楚，别人不会如他所期望的那样为他所用，于是便防御性地采取一种冷漠的态度，拒绝亲近别人以免失望。当然，即便有人愿意为他付出，他也不会与之建立真正的友情，他只会无止境地提出要求，一旦被拒绝便怨恨以对。由于心理上一直贪恋、滞留在早已不复存在的抱持阶段，这类病人比较容易接受分析师的抱持，温尼科特就这样一个案例谈论道："在这个分析中最打动的人的特质，是病人面对内在世界的客体、触碰到自己情感时体现的那份轻松自在，以及只要他感受到我与他一同处在他的内在世界中，他就可以将这些情感告诉我的那份安逸悠闲。"①

温尼科特确信，这时他和病人之间存在着移情关系，"……他安放在我所坐的椅子上的，乃是他内心世界中早已存在的某人……我只是某一个客体存在于他的内在世界里"②。也就是说，分析师对于病人来说并不是一个现实的人，而只是一个可供他利用的客体。普通人际关系中没有人愿意扮演这样的角色，但分析师没有选择，他必须承受病人对他的使用，温尼科特称之为"客体利用"。对于母亲来说，如果她不能承受幼儿对她的使用，如果她因此退缩、垮塌、抑郁或忿怒，幼儿就会害怕充分使用客体，日后成长为神经质地抑制自己欲望的人。如果分析师不能承受病人对他的使用，产生对病人的反移情憎恨，病人就会加固自己的防御，导致无法退行，失去心理重建的机会。

和退行到抱持状态同等重要的是，无创伤地引导病人脱离抱持状态。对于自恋型精神障碍患者，后者尤其重要。"分析的关键转折点，是对病人害怕完成分析而开展的分析。"③完成分析，意味着结束被抱持状态，意

---

① ［英］唐纳德·W. 温尼科特：《抱持与解释》，程亚华、王旭译，北京师范大学出版社2016年版，第9页。
② ［英］唐纳德·W. 温尼科特：《抱持与解释》，程亚华、王旭译，北京师范大学出版社2016年版，第10页。
③ ［英］唐纳德·W. 温尼科特：《抱持与解释》，程亚华、王旭译，北京师范大学出版社2016年版，第10页。

味着那个幻觉出来的"好乳房"或主观上的"好客体"就要消失了,这对于病人显然是很难接受的。但另一方面,就像自我意识发展到一定程度孩子就要挣脱父母的怀抱一样,在向抱持阶段的退行中,病人的自体核心即"真我"得到了充分发展,也有了走出被抱持状态的潜能和趋向。分析师要做的,便是因势利导,把外在事件带进病人的联想中,让其"真我"离开抱持环境去经受现实的淬炼。温尼科特很看重病人的"俄狄浦斯情结",将这一情结的出现视为分析取得成效的征象,因为那意味着病人不再像依赖母亲那样依赖分析师了,分析师现在成了可与之竞争的父亲的化身。病人质疑、反抗分析师("父亲")的方式,是主动结束分析。在温尼科特看来,这不是对分析师的冒犯,而是最好的回报,因为这意味着病人康复了,就像孩子离开父母意味着父母把他培养成人了。

温尼科特还有两个很重要的概念:"过渡客体"和"过渡经验"。从抱持性环境走向现实环境,对于儿童心理成长是一个不小的挑战,因为二者之间存在着巨大的落差——从与母亲的共生融合到走向独立,从予取予求、无所不能到遵守规则、委曲求全。过渡客体的价值就在于缓冲这种落差。比如玩具熊,作为一种过渡客体代表着母亲,在母亲离开的时候它使孩子能与母亲保持一种想象中的联系。有的时候,孩子会故意把玩具熊丢掉,然后再找回来,借此获得一种过渡经验——象征性地模拟母亲的失而复得。显然,这种过渡经验对于个体的心理健康非常重要,它通过模拟现实大大减轻了现实对于心灵的冲击。

温尼科特进一步指出,"过渡经验构成受保护的领域,为创造性自我提供活动和游戏的空间;它也是产生艺术和文化的经验领域"[①]。游戏和艺术的关系,由康德提出、经席勒发展后一直很受后世重视,其核心概念是无功利性——即游戏和艺术都是无功利的,艺术即成人的游戏。席勒指出,摆脱了功利性,人就不再受自然法则(生理欲望)的控制而获得了自主

[①] [美]斯蒂芬·A. 米切尔、[美]玛格丽特·J. 布莱克:《弗洛伊德及其后继者——现代精神分析思想史》,陈祉妍、黄峥、沈东郁译,商务印书馆2007年版,第153页。

第二节 抱持疗法及其在家园营建中的运用

性,从而为接受理性法则(道德律令)开辟了道路,因而,游戏、艺术是"成人"的重要途径,甚至是必经之路。"要使感性的人成为理性的人,除了首先使他成为审美的人以外,没有其他途径。"①温尼科特提出的精神分析版本的"游戏说",同样认为游戏是"成人"的必经之路,它给个体以"过渡经验",帮助个体顺利适应从抱持环境到现实环境的转变。游戏之所以能起到这样的作用,是因为它有现实的形式而没有现实的内容——丢失代表了母亲的玩具熊和失去母爱带给孩子的压力和创伤是不一样的。对此,我们也可以用无功利性这一概念予以描述。

和席勒一样,温尼科特认为游戏不是孩子的专属,成人也需要游戏,艺术便是成人的游戏。众所周知,艺术创作需要天马行空的创造力,但这种创造力又要受限于现实表达,自由创造和艺术法则相反相成。用温尼科特的概念这句话可以改写成,艺术需要充沛旺健的"真我"("主观全能"),也需要"假我"对其施以一定的限制,"真我"和"假我"在艺术创作中互补互促、相得益彰。既然如温尼科特所说,"真我"和"假我"都是人格中不可或缺的,无论哪一方缺失,都会出现心理障碍,那么,游戏、艺术应该是最理想的一种生命状态,用席勒的话说,"只有当人在游戏时,他才是完整的人"②。"过渡经验"也就不只是居于"主观全能经验"和"现实经验"之间的不成熟经验,不是目标达到后可以舍弃的"筌"或"蹄",而是我们永远需要的心理润滑剂和营养剂,是真正完满的、值得我们追慕的经验。

通过以上概念——好客体、容纳、神入、抱持、客体利用——我们很容易得出结论:从克莱因到温尼科特和科胡特,精神分析情境逐渐远离了弗洛伊德确立的中立标准,接受病人移情成为分析、治疗的前提和手段。上述精神分析学家在技术上各有不同,也相互批评、争长论短,但在基本理念上是一致的:分析师通常扮演母亲的角色,让病人感受到关切与爱,

---

① [德]席勒:《审美教育书简》,张玉能译,译林出版社2009年版,第71页。
② [德]席勒:《审美教育书简》,张玉能译,译林出版社2009年版,第48页。

从而修复其受伤的心灵。"抱持疗法"最能代表这类精神分析的治疗理念。

温尼科特指出,抱持也是个体心理健康发展的重要条件。不仅儿童、神经症患者需要被抱持,需要利用客体,成人也需要间断的相互利用客体,也就是说,成人也需要一种牢固的人际关系,双方都可以时常在对方面前卸下"假我",孩子般随心所欲、放浪形骸,而无需担忧对方能否承受。的确如此,如果我们面对他人时总要做理性的思量,掇词酌句,如履薄冰,长此以往很难想象还会有生命的激情,所以,我们强调亲密关系的重要性。母亲尚在的人是幸福的,尽管她的羽翼已不能再为我们遮风挡雨,但她依然可以在情感上抱持住我们,我们可以在她面前尽情地诉说或哭泣。近年流传着一句很动人的话:"父母在/人生尚有来处/父母去/人生只剩归途。"只要父母还在,我们就能一次次回到出发地接受父母的抱持,再一次次重新出发;父母不在,就无从回返了,故乡其实就是父母的怀抱。有知心朋友的人是幸福的,即便对方普通得不能再普通,重要的不是他能为你做什么,而是他给予你的包容与爱。就此而言,我们可以说,温尼科特——以及克莱因和科胡特——的精神分析学说的内核是爱。我们还可以用温尼科特的概念不严格地把一切表达、蕴含了爱与包容的情境都称为"抱持性情境",如果我们能够在社会范围内尽可能多地营建抱持性情境,那么,对于解决普遍的精神问题必定是有所助益的。

首先,我们可以把抱持的精神分析理念融入环境规划与设计中。环境心理学与环境行为学的研究表明,环境对于人的生成具有重要作用,人与环境是一体的。"在西方社会,人们从孩提时代就学着在一定的场所用相应的方式行事。在这些场所,无论是音乐厅还是公园、教室还是殡仪馆,社会规范都通过向人们施加重压使他们遵守。"[1]但社会规范并不向人们发布一些明确的指令,而是更多地通过渗透在环境中的种种意义影响人们的行为,"我们通过语言和手势,通过我们的衣着,以及包括家具布置在内

---

[1] Yi-Fu Tuan. Enviromental Psychology: A Review. Geographical Review, 1972, 62 (2): 247.

的其他无数方式进行交流"①。环境与行为学研究领域的创始人之一阿摩斯·拉普卜特指出,环境设计者必须研究"环境如何帮助组织人们的知觉和意义,以及这些环境如何诱导出恰当的社会行为"②。在近几十年蓬勃发展的环境美学中,环境的心理学意义受到了高度重视和广泛探讨,诸如环境的地方感、历史感、可意象性③等都被认为是规划者和设计者们应该充分考虑的要素。因为学科分割的限制,目前还罕有研究者从精神分析的角度对环境进行言说,但精神分析和环境美学的联姻是可行的且前景可期。美国当代精神分析学家阿琳·克莱默·理查兹有段话值得我们思考,她在一篇文章的开头写道:"我开始写这篇文章的时候,在意大利的博洛尼亚市,那是一个我见过的最母性的城市。古城的人行道上覆盖着拱廊,为行人遮阳挡雨,使行人避开来往车辆,夜晚为行人照明。它提供了一种介于世界和自己的身体之间的母性调节感。它是一个过渡空间,是安全的地方,可以与别人会面而又不失去自己的空间。那些给予庇护的拱廊,就像我们生命中的第一个女人:温暖地环绕、给予保护并设定限制。"④

如果阿琳·克莱默·理查兹观摩过中式建筑,一定会修正这种说法,没有哪儿的建筑比中国的传统建筑更具有母性意味了。最简单的中式民居由围墙、大门、院落、用作客厅和卧室的正房以及用作厨房或储藏室的厢

---

① Yi-Fu Tuan. Enviromental Psychology: A Review. Geographical Review, 1972, 62(2): 247.

② [美]阿摩斯·拉普卜特:《建成环境的意义》,黄兰谷译,中国建筑工业出版社2003年版,第41页。

③ 美国建筑学家凯文·林奇提出的概念,林奇认为,人性化的城市必须具有可意象性,也就是说,必须拥有丰富的、特色的城市意象,以便在有效履行其担负的功能的同时,还能带给人们完满的审美体验。城市意象通常拥有以下特征:帮助我们组织和辨认环境、确定方位以免我们在复杂的城市环境中迷失;可以充当一种社会角色,组成群体交往活动的记忆符号和基本材料;承载着我们对于城市的历史记忆,并使得正在发生的事件及其意义沉淀下来,扩展我们体验的深度和强度。——[美]凯文·林奇:《城市意象》,方益萍等译,华夏出版社2001年版。

④ [美]阿琳·克莱默·理查兹:《女性的力量——精神分析取向》,刘文婷、王晓彦、童俊译,世界图书出版公司2017年版,第6页。

房组成,通常正对大门口的地方还有影壁墙(俗称迎门墙)。围墙提供庇护,隔断外部世界与内部空间,大门是内外空间的交流通道,影壁墙和大门之间构成一个向外的过渡空间,里面的院子则是一个向内的过渡空间,人居住在庭院最深处的正房里,无论是大门还是房门都有门檐提供进一步的庇护。很容易看到,其整体格局和我们出生之前的居住格局很相似——胎儿住在盆腔深处的子宫里,子宫外有母腹提供适宜的温度和需要的营养,最外面则是一个狭长的通道连接着的出生之门。住在这样的房子里,的确会给人一种被抱持的感觉。"庭院深深深几许",这句诗本身就可以拨动人的心弦,无需乞援于整首诗的语境。遭逢"庭院深深"的意象,我们会瞬间迷失、融化在一种静谧、杳默之中,那是因为它唤起了深藏于我们无意识之中的记忆,关于我们出生前居住之地的记忆。① 不仅如此,中式建筑的空间布局还是心理地形学的完美图示:卧房是个体私密空间,是"真我"安放之所;客厅和庭院是过渡空间,在这里我们接受家人的抱持也开始发展自己的独立性,"真我""假我"交织在一起;绕过影壁墙,走出大门,就彻底置身于外部空间之中了,我们于是披上"假我"的盔甲,代替"围墙"保护自己。建筑空间和心理空间的这种同构性,对于我们心理健康应该是有帮助的,尽管不是决定性的。不幸的是,日益拥挤的城市不会为我们提供这样奢侈的空间,我们绝大多数人居住在按照柯布西耶的理念建造的"鸽子笼"中,很多由乡入城的人感到不适,不只是由于生活方式的改变,居住空间引发的心理不适也是一个重要原因,尽管人们对此缺乏意识。另外,我们都在感叹,农村正在消失,乡愁正在消失。其实,乡愁无关城市还是农村,20世纪五六十年代出生的城里人也有乡愁,他们也缅怀

---

① 克里斯托弗·博拉斯写道:"我们最初的表达是通过肢体完成的,我们在母亲子宫的海洋里,透过羊水感受到光、声和运动构成的感官世界。我们听到母亲稳定的心跳就像敲鼓一样,还可以听到其他器官的声音。我们能听到母亲周围的声音,其中有些声音——比如后来被叫做父亲的那个人的声音——我们将会很熟悉。……我们能记住这些吗?我们怎么可能记不住呢?"([美]克里斯托弗·博拉斯:《精神分析与中国人的心理世界》,李明译,中国轻工业出版社2015年版,第65页)

生活过的带有浓浓烟火气的老城,那时高楼大厦基本上都是公共建筑,人们还大多居住在带有小院的平房里。准确地说,是在"鸽子笼"中长大的这代人身上,乡愁正在消失,因为那个"鸽子笼"就是一个纯粹的物理空间,本身没有抱持意味,它被称为家,是因为家人在,一旦家人搬离,家的味道就消散了,它就沦为了一笔或留存或出让的固定资产。而那个庭院深深的家则不同,即便不复存在了,它也将永远留存在我们的记忆中,我们眷恋它,一如眷恋母亲的怀抱。当然,不能把乡愁完全归结于建筑层面,但居住环境的抱持性的确是牵动我们乡愁的一个重要因素。

  城市的高楼大厦曾经是——现在依然是——很多国人的梦想,但作为居住环境其实是反人性的。法国思想家莫斯科维奇指出,这不是富足的标志,而是一种严重的"城市贫困":"混凝土时代的孩子出生在高楼的夹缝中,接受教育的学校湮没在机场和高速路的噪音中,他们能看到的风景就是高楼的海洋。应当想办法让他们明白,供享受的空间是可以存在的!对于那些每天有三个小时被关在陈旧不变的交通工具里,受金钱、住房困扰的人们,如何才能激发他们的想象力呢?"[①]莫里斯也在同样的意义上宣称现代建筑营造了"城市贫民窟"。[②] 相比生态状况的恶劣,心理上的伤害同样值得我们重视。与中式建筑通过层层防护给人以安全感和被抱持感不同,现代的功能主义住宅只注重便利,根本无视人内在的心理需求。房子被机械地分成了几个区,除了厨房和卫生间,客厅和房间都尽可能地朝外朝阳,且窗户越大越好,落地窗的设计最受青睐。——这是一种"越暴露越好"的设计理念,采光和通风设计的重要性被片面夸大了,在照明、通风设施如此先进的今天,这种理念的流行很奇怪。随着家庭场所的社交功能日趋弱化,营造温馨的、给人安全感的私密空间才应该是首要考虑的。通行的做法恰恰相反,卧室和外部世界只隔了一层透明的玻璃和一层薄薄

---

  ① [法]塞尔日·莫斯科维奇:《还自然之魅——对生态运动的思考》,庄晨燕、邱寅晨译,三联书店2005年版,第58~59页。
  ② [英]埃斯蒙德·莫里斯:《人类动物园》,刘文荣译,文汇出版社2002年版,第228页。

的窗帘，没有过渡空间的存在，和传统住宅的雕花门窗对比一下，现代住宅缺乏的不只是古典审美情趣，还有那种在恍惚迷离的氛围中给予居住者的被抱持感。当然，限于种种客观原因，我们可能别无选择，只能建造楼房供人们居住，但我们还是可以尽可能地让居住空间拥有一些抱持意味。对于建筑师来说，无论是阳面还是阴面，都应该设计出阳台，代替院子作为过渡空间。卧室的门不要开向客厅，可以采取走廊式设计，将卧室门开在远离客厅的走廊最深处，若走廊两边都是卧室，不要将门对开。装修同样有讲究，在正对入户门处可以设置一个屏风，代替庭院建筑中的影壁墙，若卧室门开向客厅，应该因地制宜地在门外或门内做些遮挡，目的也是分割出心理上的过渡空间。这样会牺牲一些实用空间，但对居住者的无意识心理会产生有益的影响。不同房间应该根据不同用途饰以不同格调，尤其是卧室，要闲逸慵懒，不应该太重视整洁和个性——整洁是秩序的要求，而个性是个体呈现给外部世界的姿态，二者都不是营造抱持性环境所需要的。至于书房，则应该雅致简约，可以给个性表达多留一些空间。其他空间——诸如客体、阳台、走廊等——的设计，无论选择什么样的风格，都应该融入这样一种理念：留下家庭的记忆和时光的痕迹。如此，房子才不仅是一个居所，还是一个家，一个安放我们的身体也安放我们的灵魂的抱持性空间。

城市规划与此相通，它是家的扩展，是居民们共同的家。著名环境美学家阿诺德·伯林特就城市规划提出了"城市生态的审美范式"——即要求城市规划必须考虑环境的多样性和有机性，功能性环境、想象性环境、宗教性环境、宇宙性环境四种环境类型应该共存于一座城市中，且和谐有序地交织在一起。① 其实，还应该加上一种：抱持性环境。和全球化进程不断加快的大势相顺应，我们的城市建设越来越重视开放性，时尚、气派、华贵、冠以国际名号的建筑和场所遍地开花，被视为一座城市的形象、窗

---

① ［美］阿诺德·伯林特：《环境美学》，张敏、周雨译，湖南科学技术出版社2006年版，第52~70页。

口、会客厅，这当然无可厚非。但我们不能忽略了，除了会客厅，一座城市还应该有承载历史记忆和生命故事的私密性、抱持性空间，它们具有浓郁的生活气息和文化意味，给城市居民以连续感和归属感。博物馆不是这样的空间，虽然收藏、陈列的尽是文化物件，但其空间给人以肃穆、凛然之感，没有文化的体温和抱持性。开发成为旅游景点、高度商业化了的古建筑街区也不是，它们过于喧嚣，妆容太浓。现在我们的城市中具有抱持性的空间正越来越少，比如，那些真正牵动我们乡愁的老街区，在一轮轮的开发大潮中几近绝迹。我国作家墨白重游周口关帝庙时满怀忧伤地说："1998年以前我在这儿居住的时候，关帝庙前面全是清末、民国时候遗留下来的小街道，房子里住着商户和市民，曲曲折折，充满了生活气息，隐藏着许多秘密。可现在全都扒掉了……那些能勾起我们对过去生活回忆的，和历史相连的，隐藏着无数秘密，飘荡着生活气息的实物都消失了，我们很惆怅……现代人不需要回忆那些吗？需要。这就像一个人，他没有道理拒绝回忆自己的童年、少年和青年时代。一个时代和一个民族也是同样。可是当这一切都消失之后，我们拿什么回忆那些已经流逝的时光呢？难道我们有一些照片就够了吗？难道我们有一些那个时代的物件就够了吗？不够，我们已经失去了那个时代本质性的东西，我们曾经聆听过的东西，我们曾经闻尝过的东西，我们的爱和恨，我们的愁和乐，这些灵魂深处的东西，我们去哪儿寻找呢。"[①]笔者闲暇时喜欢钻胡同，虽然自己没在里面生活过，但那些曲折、凌乱、散发出陈旧时光气息的胡同，却让浮躁的心灵感到宁谧、安稳。可惜的是，这样的去处越来越少了。除了老街区，像一片野湖、一段荒芜的河岸，也是具有抱持性的环境，我们可以于其中卸下心灵的重负，感受野树蔓草的自由，在一种本源的意义上回归故里。可是这样的所在也越来越少。

城市管理部门和规划部门可以理直气壮地给出将这些场所推倒重建的

---

① 孟庆澍编著：《小说的多维镜像——墨白访谈录》，云南人民出版社2016年版，第133、135页。

依据,诸如老城区多是危房,野湖存在安全隐患,要维护城市形象,有效利用闲置荒地,等等。我们姑且承认这些说法的合理性,而且,失去的无法挽回,抱怨无济于事。但是,我们的城市规划者和决策者们应该转变理念,不能仅仅出于效益的考虑将每一寸土地、每一块空间都予以开发利用,有必要留出一些"休耕区"。——这个概念是当代德国著名思想家沃尔夫冈·韦尔施出于美学上的考虑提出的,他认为我们的城市公共空间被过分设计了,"处处有美,则无处有美,持续的兴奋导致的是麻木不仁。在一个过于审美化的空间里,留出审美休耕的区域是势在必需的"①。我们主张把"休耕区"留给民众使用,让生命自由地留下痕迹和气息。城管部门会反对,没有管理就没有秩序。但管理与抱持的理念是格格不入的,没有人会从情感上依恋一个受到管制的地方,即便是家,如果规矩太严,也会丧失吸引力。任何存在规划的地方都存在管制,比如市政广场,即便没有管理条例和管理员,人也会感觉到被管制。另外,那些真正有活力、有吸引力、烟火气浓郁的传统街区,大多不是官方规划出来的,相反,官方基于良好意愿出台的一些措施,反倒常常致使人气流散,成为出力不讨好的完美诠释。生命自有秩序,也只有身处生命活动自发形成的秩序之中,我们才会有如鱼得水之感。城市的规划者和管理者,应该信任民众。没有信任,就谈不上爱,更谈不上抱持。

除了留出"休耕区",我们也可以主动有所作为。阿琳·克莱默·理查兹关于博洛尼亚市的描述,就值得我们借鉴。这倒不是说我们也要去给人行道覆盖上拱廊,具体做法是次要的,只要心存民众,只要有仁人之心,我们就能慧心巧思、因地制宜,赋予城市以抱持性品格,使其成为我们情感上依赖和眷恋的家园。一般来说,城市商业化是不利于抱持性环境的存在的,因为商业性场所存在的目的是从消费者身上赚取货币,而不是施之以爱,它提供给人的所有服务是要索取回报的。不过,二者也不是绝对不

---

① [德]沃尔夫冈·韦尔施:《重构美学》,陆扬、张岩冰译,上海译文出版社2002年版,第168页。

能兼容。有些主打情怀、品位的商家——诸如咖啡馆、书店、茶社等，会为消费者提供舒适、幽静、半封闭的环境，服务的分寸把握得很好，周到但不聒噪，不呼不至，不扰客人清静，有的营业时间也没限制。这样的场所是有一定的抱持意味的，当然，只适合部分收入较高的人群。或许我们的城市规划者和管理者们应该考虑下，如何规划和建设一批类似的场所，采用非商业的、公益的运营形式，使之成为普通公众放松情绪、休憩身心的港湾。

除了在环境规划和设计中融入抱持性理念，更重要的，是将这一理念变成社会精神的一部分。前文我们谈到了"客体利用"的概念：孩子可以随心所欲地使用母亲，病人可以同样使用分析师，唯此他们的"真我"才能在抱持状态中得到充分发展，日后才能在意识到自己利用的客体是真实独立的他人后产生感恩和报答之情。在温尼科特看来，"成人的爱也需要间断的相互客体利用，双方都能遵从自己欲望的节奏和强度，而无需担忧对方能够承受。正是双方承受力的坚固可靠使得另一方与自身激情建立充分而热情的联系成为可能"①。那些琴瑟相调、矢志不移的爱情，往往是双方彼此体贴、包容、谅解的结果。友情亦如是，真正的朋友是你可以不假思索地将一切情绪发泄给他的那个人，而你也会回报以同样的姿态——抱持的姿态。同样，我们要与更大范围的单位、社区、城市、社会建立"充分而热情的联系"，我们之于它们的爱与归属感，也要建立在"客体利用"的基础上。毋庸讳言，形形色色的官方和非官方的单位、机构、社会团体中，最具有抱持性品格的是那些民间的社会公益组织，尤其是以个体关怀为工作指向的公益组织。一些因不幸遭际而对社会心灰意冷的个体，在这里受到抱持，感受到人间温情，重拾对自己、对世界的信心。很大程度上，是这些公益组织给了世界真善美的愿景，维系着人们之于人性和世界的信念。除了公益组织，几乎任何自发的、非营利的社会团体，

---

① ［美］斯蒂芬·A. 米切尔、［美］玛格丽特·J. 布莱克：《弗洛伊德及其后继者——现代精神分析思想史》，陈祉妍、黄峥、沈东郁译，商务印书馆 2007 年版，第 153 页。

对于团体成员而言也都是具有抱持性的场所。因为加入这些团体的初衷就是非功利的,成员们往往能够放下戒备,坦诚相待并互帮互助,在参与社团活动中结下深厚的友谊,使社团成为慰藉情感、安抚创伤的避风港。因为种种原因,我国民间的公益组织和社会团体发展缓慢,远远不足以满足人们的需求。

民间公益组织和社会团体的影响力、吸引力、社会声誉的持续增长,也从侧面反映了现代社会出现的一些问题。人类构建社会,选举政府,首先是出于现实功利的需要——"寻找出一种结合的形式,使它能以全部共同的力量来卫护和保障每个结合者的人身和财富。"①除此之外,也有心理上的需求,那就是在脱离了自然母亲的怀抱之后,为自己构建新的抱持性环境。用弗洛姆的话说,是用社会共同体代替自然共同体,用"继发纽带"代替"始发纽带"。不过,人们的信任往往被滥用,政府往往有负众望,民众被抱持的需求只能由其他的社会组织来承担,过去西方承担这一使命的主要是教会,而中国主要是宗族。随着现代性的展开,教会、宗族都逐渐丧失了影响力,不再是人们的情感依赖。我国计划经济时代,"单位"取代宗族构成了城市居民的抱持性环境,尽管也会有一些人事上的烦扰,但总的来说,那时"单位人"的心里是稳靠的、自豪的。没有归属感,单位就成了纯粹的谋生之所,人们成熟地、明智地敛起激情和锋芒,藏好真实的自己,虚与委蛇,得过且过……"佛系"风格大行其道。这样一种精神状态很容易让我们想到温尼科特所谓"假我型人格障碍"的种种表现,当然,后者是个体无法控制的神经症,而前者是人们刻意在单位里戴的一个面具。不过,二者之间并无壅隔,面具戴久了就摘不下来了,"真我"长时间被压抑就会渐渐湮没。宁志息欲、随波逐流至心如死灰,与神经症其实只有程度上的差别。我们不可能也不应该退回到计划经济时代,让单位操心员工的吃喝拉撒生老病死,这也不是决定单位是否具有抱持性的关键。对婴儿来说,"抱持状态"是一种被照看、呵护的状态,还是一种"主观全能"的状

---

① [法]卢梭:《社会契约论》,何兆武译,商务印书馆2003年版,第19页。

态——主观欲望在环境中充分实现的状态。单位的抱持性，应该体现在后一个维度上，即成为员工实现自我价值的舞台，让员工能够释放真我、如鱼在水。要达成这一目标，必经之路是，让员工参与单位的决策、组织等各项事务。重视参与，是弗洛姆变革社会的核心理念，在他看来，唯有广泛地参与各种社会事务，人的主动性、创造性和责任心才能被激发出来，才能构建起理想的社会共同体，成长为健全的、完整的人。温尼科特与弗洛姆可谓殊途同归。

我们常说，一个人只有爱别人，才能被别人所爱。这句话也可以反过来说，一个人只有被别人爱，才能学会去爱别人。如果没有被别人爱过，没有被抱持的经验，没有发展出强大、巩固的"真我"，极度缺乏自信和安全感，怎么可能去爱别人？又怎么可能去爱自然？弗洛姆精辟地指出，爱是一种能力；而克莱因等人则同样精辟地指出，爱的能力唯有在被爱中才能培育出来。如此，要想彻底解决生态问题，我们就不能片面地用"生态义务"来约束人们，还应该让人们感受到被爱、被抱持，让人们获得稳靠的安全感和归属感，那样才能培养出他们的爱的能力，才能消除他们作为防御机制的占有欲和控制欲。既然按照精神分析，儿时的经验对于个体的精神成长至关重要，那么，我们有必要加强对准父母的教育，让他们掌握正确的育儿理念，给予孩子足够好的抱持。除此之外，我们还可以有其他方面的作为，前文我们谈论的营建抱持性环境的种种举措，不仅对于精神问题的解决，对于生态问题的解决同样有意义。

如前所说，若我们居住的建筑具有抱持性，那么，它就不仅仅是我们的容身之所，还是真正意义上的家，没有人不爱这样一个家。扩而言之，如果我们居住的城市（或乡村）环境具有抱持性，它也是我们的家，我们也会尽可能地去爱护它。生态美学和环境美学也关注环境的这一维度，将其命名为"家园意识"和"场所意识"。如何赋予一个地方以"家园"和"场所"的属性，生态美学和环境美学主要是从生态和文化角度予以考虑的：人具有生态本性，人也总是某种文化的产物，基于生态理念和文化理念建造出来的环境，必然会让相应的文化个体有身在"家"中的感觉。如果我们把

"抱持性"作为一种设计理念加入其中，无疑会起到锦上添花甚至是画龙点睛的作用，它有助于进一步消除环境与人的分离，消除生态设计和文化设计中的刻意、僵硬，使它们真正切入、迎合人的深层心理需要，把环境变成能够带给人"私密性体验"的"母体"。

抱持性的社会环境的营建，同样对于生态问题的解决意义重大。社会公益组织的受益者，往往会在摆脱困境后加入组织成为志愿者；那些愿意抱持自己员工、给员工发展空间和归属感的企事业单位，也往往会收获员工的奉献和忠诚。这样的社会团体，才是真正的共同体，不用动员，成员们也会与团体同呼吸、共命运。如果我们生活在具有抱持性的社会中，受到不同层级的社会组织的抱持，那么，我们也会主动回报以关切和责任，会把困扰社会的问题当成自己的问题，生态问题的解决就指日可待。相反，如果生活在一个残酷冰冷的社会中，如果明天总让人忧心忡忡，如果才华和努力不能保证过上安稳的、有尊严的生活，那么，人们就会尽可能地去抢夺、去占有，用金钱和权力在自己周围筑起沙堡，至于社会和全人类的未来，则被那个并不坚固的沙堡阻挡在视野之外了。

第三节　精神分析视野下的儒家思想

个体的成长与文明的成长具有同构性，是弗洛伊德和他的后继者们所秉承的信念。尽管具有假说性质，但这一信念逐渐受到心理学界和人类学界的重视：前者把儿童心理发展视为种族进化的复演，借此解释儿童心理发展中的一些现象；后者则同精神分析相似，试图通过对儿童心理发展的观察来理解人类早期的一些行为模式。循此思路，我们可以把个体初期所处的"抱持空间"对应于人类初期所处的母系社会，把个体离开母亲怀抱后进入的"现实空间"对应于人类走出童年期后进入的父系社会。

我们在第一章第三节谈到，道家在跨越从母系社会到父系社会的门槛时是抗拒的，他们反对生命的个体化，反对"混沌开窍"，主张停留在人类的婴儿时代，回到人与自然母体浑然未分的原始状态，"齐万物，一死生","同与禽兽居,族与万物并"。他们反对儒家礼法救世的主张,并认为儒家逆"大道"而行,败坏世相人心。儒家确实没有尊重他们所说的这个"大道",因为道家之"大道"表达的纯粹是母性法则。

作为中国传统父权社会崇奉的官方意识形态,儒家思想与父权制的紧密纠缠是无可否认的,也因此受到了猛烈的抨击。不过,用"三从四德"来打压女性社会地位的儒家对女性本身似乎并无诋毁之意,反而颇为欣赏和推许。最明显的表现是他们对于"君子人格"的种种描述,诸如"君子无所争""君子主静""文质彬彬""温、良、恭、俭、让"等,都偏于柔顺的女性气质。正如仪平策所说,"儒家作为父系社会所遴定的'权力话语'并没有建立起一种与该社会形态相对应的'男性美学'———一种洋溢着真正的男性人格气质或'菲勒斯(phallus)中心主义'色彩的审美文化体系。换句话说,它在父系社会的现实'语境'中却表述出了一种非父性化的、偏于阴柔的美学'话语'"①。作为儒家思想的重要组成部分,美学映现了其深层结构:儒家并没有斩断母系时代的血缘关系,没有用父性法则彻底取代母性法则。

"礼"是儒家思想的核心范畴之一。近百年来,"礼"在我们眼中并非一个光辉的字眼,鲁迅先生对"礼教"的挞伐直到今天依然如雷贯耳。"礼"的确一开始就和我们痛恨的等级制度捆绑在一起,但它肯定也曾起到积极的、建设性的作用,肯定迎合了古人的某种心理需求,否则的话,不会在如此长的历史年代中为人们所遵奉。——按照精神分析,任何不断被重复的外部行为都有内在的心理驱动力。"礼"是如何产生的?《礼记·礼运》说得很清楚:"夫礼之初,始诸饮食。"礼发端于饮食活动,饮食之礼是古礼中最重要的组成部分。刘士林认为对分配环节的高度重视是中国文明的一个重要特点,分配问题始终是中国青铜时代乃至整个封建社会最为重要的政治问题。食物分配之礼的最初形式,是按需分配和等均分配,因为母系

---

① 仪平策:《父权社会、两性文化与儒家美学》,见周来祥主编《东方审美文化研究》第1辑,广西师范大学出版社1996年版,第78页。

时代没有私有观念,墨子论述大同理想时仍流露出对这一理想分配制度的渴望。而儒家所追求的周礼,是一种略有等差的分配方案,关联着社会分工、私有观念以及与之相伴而生的等级观念,既要满足统治阶层的私欲,又要满足被统治阶层的生存所需。孟子关于仁政的相关描述中说得很清楚,"劳心者治人,劳力者治于人。治于人者食人,治人者食于人"(《孟子·滕文公上》)。这也是儒家受到道家、墨家攻击的原因之一。老子的指斥可谓一针见血:"故失道而后德,失德而后仁,失仁而后义,失义而后礼。夫礼者,忠信之薄,而乱之首。"(《道德经·第三十八章》)

如果真能回到那个"不积不争""兼爱交利"的大同世界,儒家的礼治或许合于"乱之首"的评价。但现实是,无可回返。孔子对此非常清楚,周游列国时,子路奉命向隐士长沮、桀溺问路却遭到奚落,回来向他报告。

> 夫子怃然曰:"鸟兽不可与同群,吾非斯人之徒与而谁与?天下有道,丘不与易也。"(《论语·微子》)

孔子很清楚,回到与鸟兽同群而居的时代是不可能的。私有观念、个体观念一旦产生,就必然驱动着人们在那个生存资料匮乏的年代里展开残酷的争斗,春秋战国时代的主旋律正是巧取豪夺、弱肉强食。如此,儒家的礼治就成了一种退而求其次的、具有现实可能性的分配方案,虽不那么理想,但总胜于任由人们你争我夺。

而且,礼并不纯粹是一种外在的强制性规范,它迎合和利用了中国先民个体化程度不充分的特点。刘士林指出,食物分配与消费纯是一种个体行为,如果个体已充分生成,面对食物就尽可以狼吞虎咽、无所顾忌,但中国先民不是这样,他们作为个体面对食物时会有"羞感",因为固有的经验——或者说无意识中的倾向——是"有饭同吃"。古汉语中,"羞"既指祭品、食物,又有耻辱之意。《礼记·缁衣》曰"惟口起羞",饮食活动中有"羞感",折射出个体化程度的不充分,这种"羞感"本质上是先民们在情感上对于个体意识的不适应。"中国民族最初的自我意识正是起源于食物分配与消费过程,所以其更精确的阐释应当是'礼'始于饮食过程中的心理羞耻感。"①也就是说,儒家的礼治是有着深刻的群体心理学依据的:一方面,为顺应生命个体化的大势,满足私欲的要求,他们通过礼在人们之间区分等级;另一方面,为了避免等级制引发的不满,他们又创造性地利用了尚未被斩断的与母系时代的血缘关系,从"爱有等差"推出"礼有等差",用对孝亲的认同以及由此推衍而来的对集体的认同——所谓"由父及君""家国一体"——来维系社会的和谐,限制个体的欲望、野心。

如果我们把温尼科特的概念引入人类心灵的成长中,道家所眷恋的那种"与道合一"的逍遥之境、大同世界,就是温情脉脉的"抱持空间";法家眼中的那个人人"皆挟自为心"、父子犹"用计算之心以相待"的世界,那个必须"道之以政,齐之以刑"的世界,则是坚硬冷酷的"现实空间";而儒家的礼乐世界,相当于"过渡空间",既通过"明礼制以序尊卑"确立了个体的身份,走出了浑然一体、物无贵贱的大同世界,又通过"道之以德,齐之以礼"对个体的"自为心"施加了限制,使其"有耻且格",不致因私欲而扭曲了人的伦理情感。如此,通过营造出一个"过渡空间",儒家让离开了道家的大同世界且无法回返的人们栖居其中,从而不必前行到法家描绘的那个森严冷漠的律法世界,乃是一种极高超的智慧,这也是其能够在漫长的历史年代为民众所崇奉的原因之一。

温尼科特把生长于"抱持空间"的自我称为"真我",庄子则把那种与道合一者称为"真人",二者当然不尽相同,但也有相通之处:都呈现为一种抱朴含真、自在从容的生命状态。形成于现实空间中的自我,被温尼科特称为"假我",这是一种面具化、功利化的人格,庄子认为儒家展示出来的就是这样一种"假我","擢德塞性以收名声"(《庄子·骈拇》)。在庄子眼中,"假我"一无可取;但在温尼科特的学说里,"假我"也有好处,它可以保护"真我"不被现实摧毁。博拉斯一语中的,"如果说老子关注的是真我

---

① 刘士林:《中国诗性文化》,江苏人民出版社1999年版,第202页。

的私密性，孔子关注的是如何构建一个有益的假我"①。我们欣赏那些至真至诚、纤尘不染之人，但如果有机会，我们会劝他们多了解一些人情世故，学一些明哲保身之法，因为我们担心在这个布满暗礁险滩的世界上，一味求真、我行我素会落个兰摧玉折的结果。在"大道不行"的时代，老子、庄子的话没有人听，他们推崇的"真人"也没有生存的空间，那句我们都很熟悉的"水至清则无鱼，人至察则无徒"表达的正是这个意思，而它恰恰出自儒家典籍《大戴礼记·子张问入官》。所以，儒家通过"礼"构建了一个"有益的假我"——只要你恪守礼制，就可以安身立命，就有了修身养性的外部环境。

当然，"假我"对于"真我"也是一种威胁。一旦学会了世故，纯真可能就不复存在了，道家对儒家的批判正是看到了这一点，所谓"慧智出，有大伪"(《道德经·第十八章》)。这也是儒家不想看到的，所以，孔子重"礼"，也重"礼之本"。他多次谈到，人必须有真性情，才可以行"礼"，否则"礼"就成了虚伪的形式：

人而不仁如礼何！人而不仁如乐何！(《论语·八佾》)
君子义以为质，礼以行之，孙以出之，信以成之。(《论语·卫灵公》)
巧言、令色、足恭，左丘明耻之，丘亦耻之。(《论语·公冶长》)
人之生也直；罔之生也幸而免。(《论语·雍也》)
……

和老子一样，孔子也痛恨"伪"。"巧言、令色、足恭"，绝非是守"礼"，相反是在败坏"礼"。合乎"礼"的外部言行，必须和内在的"仁""义"等结合起来，才是值得称道的君子。道家批判的"仁义"，主要是流于伪饰之用

---

① [英]克里斯托弗·博拉斯：《精神分析与中国人的心理世界》，李明译，中国轻工业出版社2015年版，第92页。

的"仁义"话语，而非孔子所提倡的作为"质"的仁义。就"真我"的层面而言，儒家的仁者和道家的真人并非不可互通。道家的真人"同乎大顺"，儒家的仁者也追求"浑然与天地同体"；道家讲"见素抱朴"，儒家则讲"赤子之心"；道家讲"自然"，儒家则讲"直"，都主张顺从天性本心。不同的是，道家追求"全性保真"，"真"就是目的；而儒家还要让"真我"接受"礼"的约束——"礼以行之"：

> 子曰："恭而无礼则劳，慎而无礼则葸，勇而无礼则乱，直而无礼则绞。"（《论语·泰伯》）
> 好直不好学，其蔽也绞。（《论语·阳货》）
> 不得中行而与之，必也狂狷乎！狂者进取，狷者有所不为也。（《论语·子路》）

没有"礼"的约束，任性而为，就会成为"狂狷"型人格，说话刺耳伤人。虽然孔子认为"狂狷"者也有可取之处，也可结交，但毕竟不是一种理想人格。"直"与"礼"需相辅而行，才是"仁"。与此相应，在温尼科特的学说中，如果一个走出抱持阶段的个体没有发展出必要的"假我"，还像之前那样沉溺在"真我"的幻想中，那么他就是自恋型人格障碍患者，其临床表现也与"狂狷"有相似之处——我行我素，自以为是，若世事不随己意，便狂怒不已。

温尼科特认为，"真我"和"假我"都是人格中必不可少的组成部分，二者相辅相成、相得益彰，才是健康的、理想的人格。儒家所标举的"君子人格"正是这样一种人格：既怀珠韫玉、柔情侠骨，又谦谦有礼、与人为善；既有内在的"质"，又有外在的"文"，"文质彬彬，然后君子"（《论语·雍也》）。

作为一种社会行为规范的礼仪，任何文明社会都不可或缺，但它们往往只具有工具价值，按照温尼科特，大致可以归入"假我"的范畴。卢梭对18世纪巴黎上流社会的繁文缛节大加诟病："当我看见一个左右逢源的人

第四章 抱持疗法与家园意识

见人便笑脸相迎时,我心里不由自主地就会想,他对谁都是漠不关心的。"①我们当下的商务礼仪、服务礼仪、社交礼仪等亦是如此,只是标准化的行为模式,貌似亲密实则疏远,虽有助于减少摩擦,但对于增进人与人的情感联系毫无帮助。

儒家之"礼"则不同,其对于个体固然是一种约束,但另一方面,也通过营造一种宗法共同体为个体提供了抱持。前文谈到,只有和内在的"仁"结合起来,才是真正地守"礼",那么,何以为"仁"?樊迟问孔子这个问题时,孔子的回答非常简洁:"爱人。"(《论语·颜渊》)

人皆守礼,则人皆爱人,每个人都可以从他人那里感受到仁者之爱,并将同样的爱给予他人,如此就会形成一个爱的共同体,而这样一个共同体也正是温尼科特的主张。在温尼科特看来,个体要独立、要成长,必然要脱离母亲怀抱,从"抱持空间"走向"现实空间",但即便是成年人,也不时地需要他者的抱持,需要"客体利用",没有人能够在完全缺失亲情、爱情、友情的状况下还能保持心理健康。换句话说,没有人能够安然存活于纯粹功利性的"现实空间",不提供任何抱持的"现实空间"是反人性的。儒家通过礼制构建起的宗法共同体,恰恰可以给个体提供所需要的抱持。

众所周知,宗族在儒家主导的时代曾扮演着非常重要的角色,它是个体最可信赖的社会资源,背靠一个强大的宗族是事业成功的重要保障。官员们退休之后通常选择"告老还乡",其中一个原因,就是要在战战兢兢、如临深渊地捱过了半生的官场杀伐之后,回到宗族之中接受抱持。礼制当然不仅仅作用于宗族层面,儒家的理想是"天下一家",把整个天下变成尊卑有序且具有抱持意味的社会空间,"父母官"这个字眼正体现了儒家社会理想的抱持性质:官员要像父母一样全方位地管理和照料百姓。时至今日,"父母官"称号中包含的阶级观念和官本位思想已不合时宜,职责分工日益明确化和精细化的现代政治体制下也不再有与这一称号相匹配的职

---

① [法]卢梭:《新爱洛伊丝》,陈筱卿译,北京燕山出版社2007年版,第150页。

位，但我们依然喜欢把那些我们爱戴的、廉洁有为的官员称为"父母官"，这既是一种习惯，也折射出了一种集体无意识：渴望生活在一个可以被抱持的社会环境中。

作为一种分配方案，儒家的礼治终究退出了历史舞台，也应该退出历史舞台，因为归根结底它是维护等级制的，我们理应用更加平等和公正的社会方案取而代之。不过，作为一种生命形式和社会组织形式，儒家的礼学绝不应被弃如敝屣。

人类社会的发展趋势，是日益向温尼科特意义上的"现实空间"挺进。现代性把人类塑造成了孤立的、原子化的个体，并通过种种科学的、合理化的法则，像组建机器一样把个体组织起来。这架社会机器的运转效率虽然很高，带来了生产力的飞跃，但个体却陷入了巨大的精神困境，孤独、绝望、颓废……现代主义艺术极致地呈现了这种精神困境。也正是随着现代性的高歌猛进，精神病学诞生并迅速发展起来。

有句格言流传甚广，"职场如战场"，现代企业可能是当下最典型的"现实空间"，严格按照规章制度实施管理，一切围绕业绩展开，业绩就是一切。伴随着高效的运营和利润的增长，罹患精神疾病的从业者数量和比率也在不断增长。[①] 固然，企业要盈利要生存，但舍此别无他途吗？并非如此。著名企业家李嘉诚（中国香港）和稻盛和夫（日本）在各自的企业经营中贯彻家庭理念，既对员工进行严格的管理，又通过种种形式给予员工家庭般的温暖和抱持，在温尼科特的意义上，他们是把企业营建成了一种"过渡空间"。李嘉诚和稻盛和夫均取得了巨大成功，绝非巧合的是，二人都深受儒家思想的影响。我们要建设"和谐家园"，要培育"家园意识"，儒家思想的借鉴意义不言而喻，无论在社会之于人的抱持层面上，还是在自然之于人的生态层面上——关于儒家的"仁民爱物"的思想，我们在第三章第二节已做了介绍，此处不再重复。

---

① 王致成：《精神病逼近白领阶层》，《健康》2002年第7期。

本 章 小 结

人类对于自然的疯狂掠夺和占有,很大程度上是出于焦虑,是对安全感缺失的一种防御。这种焦虑,往往是一种过分的、非理性的焦虑,与生存境况没有必然联系。

焦虑是现代人普遍的精神状态,也是精神分析学派最关注的课题之一。为寻找焦虑型人格的源头,沙利文、克莱因、科胡特、温尼科特等精神分析学家把目光上溯到儿童期乃至婴儿期,认为影响深远的婴幼儿焦虑或者来自父母的传递,或者由错误的喂养方式所致。而父母的焦虑和喂养的失败,又来自充满焦虑的现代社会。当下残酷的生存竞争,既是生态问题的重要成因,也是精神问题的重要成因。

为治疗因焦虑而引发的神经症,上述精神分析学家各自发展了不同的技术,但理念基本一致:分析师通常扮演母亲的角色,让病人感受到关切与爱,从而修复其受伤的心灵。温尼科特把这种理念称之为"抱持",并且宣称不仅儿童和患者需要抱持,成年人也需要。借助这样一个温暖的概念,温尼科特呼吁包容与爱。我们应该响应他的呼吁,把世界建造成为具有抱持性的"家园"。置身于可给人以归属感和安全感的"家园"之中,我们就能避开焦虑的侵袭,就不会出于对焦虑的防御而大肆掠夺自然。我国著名生态美学家曾繁仁先生把"家园意识"作为当代生态审美观的基本范畴,实为超卓之论。

培养"家园意识",建设"和谐家园",儒家思想是有借鉴意义的。"天下一家"的理想表达的正是一种"家园意识",把天下变成尊卑有序且具有抱持意味的人文空间;通过礼制构建起的宗法共同体,也的确曾给先人们提供过所需要的抱持。作为一种分配方案,儒家的礼治应该退出历史舞台,但作为一种生命形式和社会组织形式,儒家的礼学依然具有现代意义。

第五章　文化退行与生态复魅

生态思想家们认为,自然的祛魅是生态问题形成的重要原因。"自然原来是一种模糊而神秘的东西,充满了各种藏身于树中水下的神明和精灵。星辰和动物都有灵魂,它们与人相处或好或坏。人们永远不能得到他们所企望的东西,需要奇迹的降临,或者通过重建与世界联系的巫术、咒语、法术或祷告去创造奇迹。在这个感觉、机体和想象的世界中,魔法的作用借助于咒语、感应以及表达爱恋与仇恨、恐惧与渴望等激情的象征性动作,即巫魅世界的各种奇迹和巫术。"①扫过塞尔日·莫斯科维奇这段文字后,我们通常的反应是带着优越感且不乏同情地哂然一笑:这些生活在迷信和恐惧中的野蛮人啊!——这就是祛魅!被理性和科学武装起来的现代人,不再相信自然存在着灵魂和神明,不再相信它能够回应我们的虔敬和祈盼,不再相信巫法和祷告能有任何效用。我们眼中的自然是一个按照客观法则机械运行的物质和能量的构成体,冷静进行测量、计算、推理然后进行干预、控制、改造,让它驯顺地为我们所利用,才是对待自然的正确态度。被祛魅的自然失去了我们的敬畏,成了我们可以随意摆置的客体,其本身没有价值,如果有的话,那也取决于对我们是否有用。按照这种逻辑,我们开发自然,就是实现自然的价值。正是因为这种心安理得、毫无节制的开发,生态危机出现了。

托马斯·贝里生动地讲述了自然的祛魅与生态危机之间的关系,他愤

---

① [法]塞尔日·莫斯科维奇:《还自然之魅——对生态运动的思考》,庄晨燕、邱寅晨译,三联书店2005年版,第92页。

第五章 文化退行与生态复魅

怒而悲伤地写道:"在人类面前,自然界里成千上万种不同的声音突然消失,山川、河流、风儿、海洋都变哑了。森林不再是无数精灵出没的场所,成了等待人类来收获、供人类享用的木材库,动物也不再是同一共同体中人类的伙伴,它们被剥夺的不只是固有的尊严,还有它们栖居地球的权利。"① 既然自然的祛魅要为生态危机负责,那么,自然的返魅就成了走出生态危机的一条路径,有的生态思想家甚至视其为唯一的路径。莫斯科维奇的声音最为洪亮,"排斥自然的文化似乎理屈词穷。自然必然属于未来的文化。它的轮廓尚不分明,但其意义已经清楚:恢复世界之魅"②。贝里也持同样的观点,"人类拯救即将走向毁灭的大地的前提条件,是让活生生的大地复魅,因为毁灭是人类强加给大地的"③。

然而,自然复魅如何可能?即便我们承认莫斯科维奇所说的,科学使我们的精神和自然都变得贫乏,但我们真的愿意再去相信自然中存在精灵和鬼魂,愿意相信巫术和祷告会有效用吗?退一步讲,即便我们愿意,我们真的会相信吗?贝里和莫斯科维奇对此也并无信心。莫斯科维奇承认那是不可能的,"世界的复魅不是对自然的崇拜,而是一种实践"④。他关于这种实践的谈论并没有新奇之处,无非是生态思想家们反复提及的改变控制征服、自然的态度,警惕理性和科学的专制,恢复感性的、自然的生活方式,等等。贝里也没有就复魅的话题提出有针对性的建议,只是要求我们的现实感和价值观从人类中心主义向生物中心主义转变,这种转变就是自然的复魅吗?

---

① Thomas Berry. Into the Future in Roger S. Gottlieb. This Sacred Earth: Religion, Nature, Environment. New York: Routledge, 1996: 10.
② [法]塞尔日·莫斯科维奇:《还自然之魅——对生态运动的思考》,庄晨燕、邱寅晨译,三联书店2005年版,第135页。
③ Thomas Berry. The Dream of the Earth. San Francisco: Sierra Club Books, 1988: 21.
④ [法]塞尔日·莫斯科维奇:《还自然之魅——对生态运动的思考》,庄晨燕、邱寅晨译,三联书店2005年版,第153页。

关于这一话题最精彩的论说，来自大卫·格里芬。他在其编著的《后现代科学——科学魅力的再现》一书中指出，世界的祛魅是由科学引领的，世界的返魅也将由科学引领，因为祛魅的现代科学并不等于科学本身，最前沿的后现代科学正在逆转现代科学的世界观。"在20世纪，随着现代性的祛魅趋势遍及世界多数角落时，一股反向运动开始在哲学、物理学、生物等各学科抬头，为科学的返魅开辟了道路。"①这本书通过展示多个前沿科学领域的卓越成果，呈现给我们一个全新的世界。比如，非机械论的分子生物学发现，不只是作为个体的生命有机体拥有"经验"，细胞、分子同样也有各自层面上的"经验"，大量的较低级别的经验充当了较高级经验的"身"，而一系列较高级的经验便充当了这个"身"的"心"。心的经验可以影响细胞的生命活动，细胞的生命活动又可以影响分子的生命活动，以此类推以至原子、亚原子乃至更微观的层面。非机械论的物理学则进一步指出，一切有机物，包括宇宙这个有机物本身，也许都是习性的产物，而不像机械装置那样遵守已知的亘古不变的定律。按照上述理解，整个宇宙以及作为宇宙组成部分的物质绝不是死寂之物，而是有着活性和生命、不断演进的存在物。精神也不是从人类出现之日才奇迹般产生的，它始终存在于自然之中，人类精神和自然精神存在着隐秘的连续性。后现代科学还告诉我们，科学是有限度的，总有科学尚未揭示的未知领域存在，总有科学无法穿透的神秘存在……如此，我们怎能不对自然心存敬畏！

格里芬推崇的这种后现代科学当然有助于自然的返魅，但我们不得不说，把这种科学普及民众之中再转化成文化态度的路程过于遥远，我们不能把全部希望寄托于此。而且，这一意义上的返魅也并没有真正恢复人与自然之间的情感联结。那么，还有没有其他途径？

有！让我们听听精神分析怎么说。

---

① ［美］大卫·格里芬编：《后现代科学：科学魅力的再现》，马季方译，中央编译出版社2004年版，第11页。

第五章　文化退行与生态复魅

第一节 "自然之魅"的精神分析解读

在精神分析学界乃至整个现代西方思想界，荣格是对自然之"魅"最为着迷的一位。古代世界那些光怪陆离的图腾、神灵、巫术，各种宗教仪式、徽记、象征，童话中的鬼魂、精灵、怪兽，以及让现代人困惑不已的UFO流言、灵魂附体传闻……这些无不见诸荣格的笔端，其见识之广几乎不亚于专门研究古代世界的学者，而且，比那些学者们——以及莫斯科维奇、贝里等主张复魅的生态思想家们——要大胆得多，荣格竟然宣称这些荒诞不经的东西都具有合法性，是人类智慧的一种形式。

请不要误会，荣格绝非要与现代科学唱对台戏。实际上，他承认不能用诸如图腾、巫术、神话、宗教之类的东西来解释世界，换句话说，承认自然界中并不存在神灵和鬼魂。但他依然坚持，作为"集体无意识"运作的产物，那些非理性的文明形式是一种"真理"，其价值不会也不应该因时代变迁而丧失。

要想领会荣格关于"自然之魅"的独特理解，准确把握他的集体无意识概念是关键所在。

弗洛伊德对个体心理的探讨从俄狄浦斯期开始，前俄狄浦斯期的心理在他眼中毫无意义，被他贴上"乱伦"的标签而轻蔑地抛弃了。他在无意识里填塞的大抵是俄狄浦斯期开始之后形成的种种"情结"，是一种"个体无意识"——既是存在于单个个体心灵中的无意识，也是个体化生命进程开启之后的无意识。弗洛伊德对人类心灵的探讨大致也是从俄狄浦斯期开始的，图腾、宗教在他看来都是俄狄浦斯期的产物，比如图腾动物是父亲的象征，禁止杀戮图腾动物是对"弑父"心理的遏抑，人与上帝的关系是人与父亲的关系的投射。而荣格则把视线回溯到更早的前俄狄浦斯期，他的集体无意识概念言说的是人类的"原始心灵"，比个体无意识出现更早，在心理结构中也蛰伏得更深。

集体无意识概念很容易引起误解，为了准确把握，我们首先要对"集体无意识""原型"和"原型意象"之间的关系做一个说明。亚里士多德早就在其《形而上学》中指出：物质或质料只有接受了形式的塑造，才能拥有现实性和确定性，从而形成具体的存在物。荣格遵循同样的逻辑，认为任何本能都不是无形式的，生命能量只有按照不同的形式组织起来，才能形成不同的本能和行为模式。而这种组织和规范本能力量的形式或范畴，在荣格看来属于心理领域，"本能行为的一个特征就是意识不到隐藏在背后的心理动机……本能活动必定属于一些特定的无意识过程"①。既然是本能，这种无意识过程就不属于个体，而是属于整个族类，属于"集体"。简言之，集体无意识就是组织和规范本能力量的形式或范畴，就是本能的心理维度。当然，按照荣格，像蚂蚁、蜜蜂这样的生命，也有自己的"心理"。不过，因为它们没有个体意识以及与之相对应的个体无意识，集体无意识概念对它们也就没有了适用性，这一概念只对有着自由的个体意识和强大的个体意志的人类有意义。

　　动物只有一种或几种简单的行为模式，相比之下人类的行为模式要复杂得多。在我们的观念中，本能是一个低级概念，关联着简单、粗糙、原始、机械等属性。而荣格指出，人类本能的心理维度也即集体无意识，远比我们想象的要精密和深邃。毕竟，在人类意识尚不发达的远古时代，正是集体无意识调节着人与自然的关系，为人类构建起有秩序、有意义的生存世界。集体无意识为达成这一使命使用的手段是：象征。

　　我们通常把象征视为一种高级的、创造性的思维形式，为某些天才个体所专有，尤其体现在艺术领域。荣格则认为象征属于整个人类族群，是集体无意识固有的一种能力，"人们不能发明象征。无论它们在何处出现，它们都不会是由自觉的意图和有意志的意愿所设计"②。在个体层面上，梦是一种象征，这种象征显然不是我们有意识地创造出来的，而是无意识的

---

① ［瑞士］卡尔·古斯塔夫·荣格：《心理结构与心理动力学》，关群德译，国际文化出版公司2011年版，第91~92页。
② ［瑞士］卡尔·古斯塔夫·荣格：《象征生活》，储昭华、王世鹏译，国际文化出版公司2011年版，第149页。

第五章 文化退行与生态复魅

产物。在群体层面上，我们可以从不同的远古文明中找出相似的神祇和宗教符号，诸如大母神、太阳神、曼荼罗图案等，从交流、传播的角度解释它们的出现是不可能的，我们只能将其解释为不同文明各自独立的创造，而它们的惊人一致，在荣格看来，是因为它们植根于人类族群的本能心理，是集体无意识而不是某些非凡个体创造出来的。

象征首先是转化能量的心理机制。众所周知，在物理世界中，只有很小部分自然能量被转化成了有用的形式，其他大部分能量没有被利用就消耗掉了，必须有一种机制把自然状态的能量进行转化，才能对其加以利用，就像涡轮机中的水流不是自然的瀑布，而是依靠对自然状态进行压制形成的。生命的能量也是如此，如果没有一种机制对力比多（能量）进行转化，生命就会保持在一种初始状态。人类有幸找到了对力比多进行转化的机制，这种机制就是象征，"只有当象征提供一种比自然更加陡峭的阶梯的时候，力比多才能被疏导到其他的形式里"①。荣格把转化力比多的象征叫做"力比多的相似物"，意指象征能够表达力比多并将力比多疏导到与初始状态不同的形式中。比如，圣物崇拜往往能让原始人感受到力量，他们以为来自圣物，其实来自自身。"充满神圣东西的仪式常常非常清楚地揭示出它们是能量的转化器。因此，原始人有节奏地摩擦护身符，并将神圣的东西的魔力吸收到自己体内，同时给它一次新的'充电'。"②现在小孩玩打仗游戏时也会大喝一声"我是奥特曼"或"我是孙悟空"，然后摆个造型，再勇敢地冲向玩伴们，这其实是一种召唤力量的简配版巫术仪式。以此推衍，图腾、神话和宗教这些更高级的象征也具有同样功能，"魔力仪式的好处是，新的对象获得了与心理相应的做工势能"③。

---

① ［瑞士］卡尔·古斯塔夫·荣格：《心理结构与心理动力学》，关群德译，国际文化出版公司2011年版，第33~34页。
② ［瑞士］卡尔·古斯塔夫·荣格：《心理结构与心理动力学》，关群德译，国际文化出版公司2011年版，第34页。
③ ［瑞士］卡尔·古斯塔夫·荣格：《心理结构与心理动力学》，关群德译，国际文化出版公司2011年版，第33页。

和转化能量同样重要的是，象征赋予了生命存在以意义和秩序。比如，诺亚方舟，神话中装人的箱子、盒子、桶、船，以及漫游的英雄们所眷恋的部落和城市等，在荣格看来都是母亲子宫的象征，表达的是通过回到母亲子宫而再获新生的渴望。回归子宫从而回避个体意识、死亡意识带来的压力，是人们本能的渴望，但这一渴望触犯了乱伦禁忌，因而力比多被定向引导到潜意识推出的母亲象征上。"通过这种方式，力比多再次获得了进取性，甚至达到了比以前更高的意识层次。当城市作为母亲的替代物出现时，这种定向引导的意义和目的表现得尤其明显：婴儿期对父母的依恋（无论是主要还是次要）对成人则是一种有害的心理局限，但对自己所在城市的依恋则塑成了他作为一个公民的美德，至少也能令他过上有用的生活。在原始人群里没有城市，这种依恋便指向了部落。"①这就是象征的价值，不仅表达了生命深层的渴望，而且使退行的力比多获得了升华。

作为一种心理本能，一种先验的心理能力或心理图示，集体无意识不能自行显现自己，我们只能通过其产物——集体无意识意象——来推知它的存在。集体无意识意象也叫做原型意象，但集体无意识和原型并不是同一概念。关于原型，荣格的界定有些晦涩，"'原型'这一术语仅间接适用于'集体表象'，因为它仅仅表示那些尚未经过意识加工，因此是心理体验直接基点的心理内容。……原型显形的形式清楚无误地显现出意识加工的批评性、评估性影响。一如我们在梦及异象（vision）中所遭遇的，它们的即刻具体化远比在神话中更加个体化、更加不易理解、更加幼稚。从本质上讲，原型是一种经由成为意识以及被感知而被改变的无意识内容，从显现于其间的个人意识中获取其特质"②。严格地说，原型是我们无法感知的，因为"尚未经过意识加工"，因为一经"成为意识以及被感知"就被改变了，我们只能感知原型显现的形式即"表象"。换言之，原型不是可感知的

---

① ［瑞士］卡尔·古斯塔夫·荣格：《转化的象征——精神分裂症的前兆分析》，孙明丽、石小竹译，国际文化出版公司2011年版，第183页。
② ［瑞士］卡尔·古斯塔夫·荣格：《原型与集体无意识》，徐德林译，国际文化出版公司2011年版，第7页。

表象，而是表象的内涵。因为经过了意识的加工，同一原型的表象可能千差万别，原型和表象之间的关系也不易辨认。为了方便，我们可以把原型理解为一个类概念。就像不存在一个独立、具体、可感知的"美本身"，而只存在各种美的人和事物一样，也不存在一个独立、具体、可感知的"母亲原型"，只存在诺亚方舟、箱子、盒子、桶、船、大地、树木、水等象征意象，"母亲原型"是我们基于对这些具有相同或相近寓意的象征意象的抽象概括而做出的命名。我们把集体无意识的象征意象分成多少类，也就有多少种原型。面对不同的生存情势，集体无意识会生成不同类型的象征，以便相应地组织、利用力比多，给生命以意义和秩序。荣格说："生活中有多少种典型情势，就会有多少种原型。"①这就意味着，在意识和意志接管人的生命存在之前，集体无意识已经为我们做出了全面而妥当的"安排"。

如此，我们可以理解作为一个现代人，荣格何以对宗教神话怀有满腔热忱。在他看来，基于对世界的解释是否真实来对宗教进行裁决属于评判标准的误置，宗教——以及图腾、巫术、神话等——本就不是为了解释世界而发明的，它们是集体无意识运作的产物，是为了转化、组织、疏导力比多而生成的。换言之，它们本就是"主观"的。在没有发展出理性思维以及理性思维尚不发达的年代，人们无法考辨它们的来源和属性，于是它们就成了关于世界本体的知识，成了人们的信仰。

毫无疑问，即便站在最激进的后现代主义立场上，毫无保留地认同其真理多元论主张，我们也不会再相信宗教神话是关于这个世界的客观言说，不会再相信形形色色的"魅"是自然的客观属性。贝里和莫斯科维奇显然很清楚这一点，所以才在谈论"复魅"时含糊其辞。不过，我们看重的所谓的"客观"，也许并不像我们认为的那样重要。一个人的梦想，无论多么不切实际，只要能给他希望、勇气和快乐，只要能支撑着他在人生路上笃

---

① ［瑞士］卡尔·古斯塔夫·荣格：《原型与集体无意识》，徐德林译，国际文化出版公司2011年版，第41页。

定前行，对他来说都是有价值的。同样，"宗教神话是人类最伟大也最重要的成就之一，它给人以安全感和内心的力量，使其不至于被宇宙这个庞然大物压垮。从唯物主义的立场看，象征当然算不上外在真实，但它却是心理上的真实，因为它曾经是而且至今仍然是通往人性最美好部分的一座桥梁"①。

随着不断发展的理性意识逐渐接管了集体无意识在人类生存活动中的支配性作用，图腾、巫术、宗教、神话等象征失去了昔日对于我们的重要性，自然之魅也被祛除，被贬斥为人类心智不成熟时期想象出来的幼稚可笑之物，除了作为文明史的"化石"具有一定的研究价值，之于我们当下的生命存在几乎没有任何影响，即便在把它们作为审美对象进行欣赏时，我们也总带着一种潜在的优越感。与之相应的，是我们对理性、科学的极端推崇。荣格指出，这是在用一种"历时性"思维来解释人类精神的演变，认为出现在时间线性序列前端的事物将被后面的事物所取代从而失去现实性。在某些社会生活领域中的确如此，比如，随着电脑技术的发展，曾伴随了我们一百多年的打字机已经永远退出了历史舞台；而随着智能手机的普及，非智能手机在不远的将来也将寿终正寝。不过，荣格认为，对于人类的精神领域，"历时性"思维是不适用的，我们应当重视"共时性"思维。集体无意识并没有因意识的发展而被"淘汰"，作为一种本能，一种先验的心理能力，它始终与我们共在。如果可以在历时性的演变中被替代，那么我们就不会再有任何本能了。

对儿童心理的分析很容易表明这一点。人所共知，儿童喜欢童话，这种倾向并不是我们教育灌输的结果，即便我们把孩子浸泡在纯粹的成人话语环境中，他们还是会编织出自己的童话，他们有自己创造童话的能力，这种能力与生俱来。洛克把儿童的心理想象为一张白纸，赢得了很多人的认可，其实大谬不然。"我们几乎可以提出这样的设想，如果全世界的传统被一举毁

---

① ［瑞士］卡尔·古斯塔夫·荣格：《转化的象征——精神分裂症的前兆分析》，孙明丽、石小竹译，国际文化出版公司 2011 年版，第 197 页。

灭，整个神话以及整个宗教历史将在下一代来临时重新开始。"①

荣格进一步告诉我们，集体无意识思维其实也占据了现代人生活的很大部分，一旦定向思维停止工作，它便悄然登场。

比如幻想。在贫寒家庭长大的主人公其实有着不为人知的隐秘而高贵的出身，随着身世之谜的揭晓，丑小鸭变成了白天鹅。这是电影中常见的情节，也是不少现实中的丑小鸭们曾偶尔闪过的幻想。荣格指出，这种幻想不过是在重复一个古老的神话主题，是一度广为流传的古代民间信仰的回归，"在古老的世界里，这个幻想曾是被普遍认可的事实。罗慕路斯和雷姆斯、摩西、塞米拉米斯，还有很多其他的英雄们都是亲生父母遗失的孤儿"②。

比如梦境。梦中的很多意象和情节，是我们醒时无论如何也想象不出来的，那么，梦就不是意识的投影，它有自己的运作机制，有自己的思维方式，而这种思维方式显然不是我们后天习得的。

比如文学阅读。当阅读中遭遇到某个原型意象或原型情境时，我们就会感受到沉潜在心理深层的集体无意识的活动，荣格对此作了生动的描绘，"……神话情境重新出现的时候，总是带有一种独特的情感强度的特征；仿佛我们心中从未奏响过的心弦被拨动了，又好像有一个我们从未怀疑其存在的力量突然释放了出来。……在这样的时刻，我们再也不是个人，而是整个民族；全人类的声音在我们心中回响"③。

荣格这里所说的"神话"，并非仅仅意指那些传自古代的经典神话，而是用来指代"原型"。如前文所说，作为一个类概念，原型并不是某些确定、具体之物，同一原型会在不同时代披上不同的外衣，呈现为无限多的原型意象。在古代，原型通常以神话的意象出现，在现代，则包裹在现

---

① ［瑞士］卡尔·古斯塔夫·荣格：《转化的象征——精神分裂症的前兆分析》，孙明丽、石小竹译，国际文化出版公司2011年版，第27页。
② ［瑞士］卡尔·古斯塔夫·荣格：《转化的象征——精神分裂症的前兆分析》，孙明丽、石小竹译，国际文化出版公司2011年版，第28页。
③ ［瑞士］卡尔·古斯塔夫·荣格：《人、艺术与文学中的精神》，姜国权译，国际文化出版公司2011年版，第102页。

实、凡俗的外壳之下。在荣格看来，伟大的文学之所以具有超越时空的价值，就在于它用自己时代的材料创造出了原型意象，表达了根植于人类生命深层的、永恒普遍的东西。而伟大的艺术家则是生长于大地并从大地之中汲取营养的人，在他们身上集体无意识较之普通人要活跃得多，这种隐藏在艺术家自由意志背后的力量促成了他的伟大，"诗人认为自己知道自己说的是什么，实际上他说的却比他所意识到的更多"①。

作为本能思维形式的集体无意识并未随着文明的发展而消失，它只是被压抑到了无意识之中，永远不会消失。然而，这种压抑就已经很危险了，但其强化到一定程度的时候，心灵和自然都被祛魅，精神问题和生态问题随之形成。

第二节 心灵的祛魅与生态问题的形成

按照荣格推崇的共时性法则，集体无意识作为一种心理本能，始终与我们共在。不过，由于长期以来受到理性意识越来越深的压制，我们已无法像古人那样接受这一心理本能的影响，由其创生的种种象征被视为荒诞不经之物而弃如敝屣，这就是心灵的"祛魅"。荣格忧心忡忡，认为这样一种"祛魅"是灾难性的，将把我们引向存在的深渊。

荣格相信，远古时代的那些象征意象，无论现在看起来多么荒诞乖谬，都是生命的力比多和内在冲突的表达，都包含了对于生命存在来说至关重要的经验。我们未能通晓它们的真实意义倒也罢了，并不妨碍心灵接受其影响，可怕的是，通过种种真诚、严肃但却不得要旨的解释，我们正将这笔珍贵的遗产损毁殆尽。"这些形象——无论它们是基督教的、佛教的还是人们所希望的任何形象——迷人、神秘、富于直觉。很自然，我们越熟悉它们，我们就会越持续地使用它们，把它们打磨得光滑流畅，结果

---

① [瑞士]卡尔·古斯塔夫·荣格：《人、艺术与文学中的精神》，姜国权译，国际文化出版公司2011年版，第93页。

第五章 文化退行与生态复魅

只剩下陈腐的表面性及毫无意义的自相矛盾。圣灵感孕之谜（Virgin Birth，又译童贞女之子），或者圣父圣子同体，或者其实并非是三合一的三位一体，这些都已不再能激发哲学的想象力。它们已然固化进信奉的对象之中。"①

基督教把这些形象纳入了森严繁缛的教义思想体系，这虽然损害了它们的活力和价值，但尚未抹去它们的神圣性和重要性，相比之下，宗教改革、启蒙运动、实证主义等社会运动和思潮则对它们进行了彻底的否定，"神明们一次次地消亡，因为人们突然发现它们并无任何意义，以及发现它们不过是出自人类之手的毫无价值的木头或者石头偶像而已。然而，事实是人们只不过发现了直到这时都还未曾思考过自己的形象"②。

荣格对集体无意识大唱赞歌，但并不排斥和敌视意识。他很清楚，原始状态并不是一种理想状态，"如果自然状态真是一种理想状态的话，那么原始人所过的就应该是最令人羡慕的生活。但是，事实绝不是那样的，因为，除了人生中的其他忧伤和困苦之外，原始人还受到迷信、恐惧以及冲动的折磨。他们受到了如此程度的折磨，以至于如果他生活在我们的文明社会之中的话，即使我们不说他们是疯子，我们能够描述他们的词也只有深度的精神错乱"③。摆脱原始状态即摆脱心灵的无意识状态，意识的扩展即文化的扩展。对于意识之于人类的价值，荣格不吝推赞之词："意识心灵的确定性与意向性是人类做出很大牺牲之后才得到的极其重要的性质，反过来，它们也为人类提供了最高级别的服务。没有它们的话，科学、技术、文明将不可能，因为这些都以意识过程的连续性和意向性是真实的为前提。"④他甚至含混地指出，意识的出现是人类心理发展的必然，

---

① ［瑞士］卡尔·古斯塔夫·荣格：《原型与集体无意识》，徐德林译，国际文化出版公司2011年版，第9页。
② ［瑞士］卡尔·古斯塔夫·荣格：《原型与集体无意识》，徐德林译，国际文化出版公司2011年版，第13页。
③ ［瑞士］卡尔·古斯塔夫·荣格：《心理结构与心理动力学》，关群德译，国际文化出版公司2011年版，第35页。
④ ［瑞士］卡尔·古斯塔夫·荣格：《心理结构与心理动力学》，关群德译，国际文化出版公司2011年版，第50页。

是无意识的一种预设，在某种意义上也可以说是本能的一部分。①——关于集体无意识和意识，荣格并没有厚此薄彼。事实上，拒绝在二者之间做出选择，才是他的立场。

现代人的精神问题，以及与之互为因果的现代文明的种种恶疾，在荣格看来都是由于我们过于强调意识而远离了集体无意识。"他们每向完全的意识走近一步，他们就更进一步地远离了属于整个群体的那种原始的、纯粹兽性的神秘参与，更进一步地避免了淹没在一种共同的潜意识中。他们每走一步，就意味着把自己从芸芸众生所栖息的潜意识母体子宫中撕裂出来。……一个人要成为彻底的现代人，他就必须走到世界的最边缘，必须摒弃所有已经遭到抛弃和过时的一切，宣布自己站在可生万物的无物之前。"②抛弃了一切过去，剩下的就只有虚无，这样的人已经失去了灵魂，成了"没有根基的幽灵"。莫斯科维奇的表达高度相似，"人们每每期望这种中立，尤其是虚无的理性继续去除我们世界的巫魅，将可能类似于灵魂痕迹的价值从生活的各种领域中排除出去，此后我们就要以非人格化和不偏不倚的方式去解决生活中的问题，而不再考虑我们的命运，不再关注问题解决的意义本身"③。

荣格把意识作为无意识的对立性概念使用时，将其等同于指向外部世界的"理性意识"，而非我们通常理解的"知觉意识"。如此，强调意识等于

---

① 荣格这样谈论意识的出现："在我看来没有一个站得住脚的论点可以反驳下面这一假设：所有今天我们觉着是有意识的心理功能都曾是无意识的但是却像是有意识的那样发生作用。我们也可以说人类所有的心理现象在原始无意识状态中已经存在。对此人们也许可能反对说，为什么有意识还远不清楚。但是我想提醒读者的是，就像我们之前所见到的，一切无意识的功能都具有本能的自主性，而本能总是导致冲突，或因为其强迫性，其过程不受任何影响，即使存在危及个体生命的情况。与此相对的是意识能够让一个人更有条理并限制自己的本能，因此意识是不可或缺的。人类的意识能力使人成之为人。"——[瑞士]卡尔·古斯塔夫·荣格：《心理结构与心理动力学》，关群德译，国际文化出版公司2011年版，第147页。

② [瑞士]卡尔·古斯塔夫·荣格：《文明的变迁》，周朗、石小竹译，国际文化出版公司2011年版，第55~56页。

③ [法]塞尔日·莫斯科维奇：《还自然之魅——对生态运动的思考》，庄晨燕、邱寅晨译，三联书店2005年版，第98页。

第五章 文化退行与生态复魅

强调外部世界对人的生命存在的决定性,而强调无意识则意味着对生命内在的情感、意图、欲求等维度的重视。根据意识态度和无意识态度在个体心理结构中的分量轻重,荣格把个体心理区分为外倾和内倾两种类型。外倾型的人,命运受到其志趣所在对象的支配;而内倾型的人,命运被其内在自身、被其主体所决定。①

对于外倾型的人来说,一切由外部世界提供给他的因素所定向:外部的道德观念发生改变,他的道德指导原则便随之改变;外部的价值观发生改变,他也随之调整自己的价值观;他的存在感、安全感取决于与外界的关系,因而往往会不惜一切地去猎取权力、财富、名声以及他人的情感认同。外倾型人格的危险在于,"他被束缚于客体中,完全使自身沦失于它们的罗网之中"②。

内倾型的人不屈从于外部世界,相反,他们忠诚于主观自我,忠诚于心灵深处的声音。内倾型的人也有自己的弱点,诸如,自我中心、刚愎自用、时常陷入不切实际的狂热,等等,他们需要强化心灵中的意识、理性,以抵御无意识、非理性的破坏性影响。

显然,最理想的一种人格是介入外倾型和内倾型之间的中间类型。这种人格类型的心理结构中,意识和无意识之间保持了一种平衡:意识显在地支配人的生命存在,无意识则潜在地对意识的片面性起补偿作用。——这就是荣格的"无意识补偿理论"。不幸的是,对无意识越来越深的压抑,极大地损害了它的补偿作用,从而给现代人带来了一系列的精神问题。

当下社会中,外倾型的人在数量上要远远多于内倾型的人。文化研究领域对"大众"的界定,完全契合荣格对外倾型人格的描述:人云亦云、随波逐流、苟苟且且、营营逐逐的"群氓"或"空心人"。而在社会学意义上超越于大众的"精英"们,大多也是外倾型人格,无论政治精英、商界精英还是知识精

---

① [瑞士]卡尔·古斯塔夫·荣格:《心理类型——个体心理学》,储昭华、沈学君、王世鹏译,国际文化出版公司2011年版,第12页。
② [瑞士]卡尔·古斯塔夫·荣格:《心理类型——个体心理学》,储昭华、沈学君、王世鹏译,国际文化出版公司2011年版,第257页。

英，都和大众们一样对财富、名利趋之若鹜，将世俗的成功看得重逾一切，甚至是活着的唯一目的。内倾型人格，多体现为那些异想天开、特立独行、性情乖僻的艺术家。有着和艺术家一样的性情却无艺术家身份的内倾型人格，则往往被贬斥为"神经病"。不过，现代社会的艺术家们，内倾特征也变得暧昧起来：一方面他们笃信、忠于内在自我的价值，另一方面又会因得不到外界的承认而如丧考妣。综上所述，我们的生存态度越来越外倾，换句话说，我们越来越走向"完全的意识"，距离集体无意识越来越远。

科学和市场已经成为我们的信仰，是我们生存态度极度外倾的表现。科学抵制一切主观性维度，摧枯拉朽地销毁了一切神话和宗教象征。在科学原理、客观规律面前，人的情感、个性一文不值，除了服从别无选择。唯有遵照科学的指示，我们才能有效行动，才能取得成功。众所周知，数据分析已经广泛应用于各行各业，政府决策、企业管理、投资理财自不必说，像运动员的训练和运动团队的组建等事务，也越来越依赖于数据分析。科学正全面而严密地为我们编制"程序"，以确保我们的选择和行为能够取得最大的效益，同时，把我们也变成了机器。

市场则侵入了那些本不属于它的生活领域，把一切变成可以用金钱购买的东西，与之相伴的是那些对我们弥足珍贵的价值统统被腐蚀掉了。迈克尔·桑德尔在《金钱不能买什么——金钱与公正的正面交锋》一书中对此做了精妙的分析并向我们发出警示：我们正从"拥有一种市场经济"滑入"一个市场社会"，市场不再只是工具，它成了一种生活方式，主宰了我们的生活也主宰了我们的生命存在。[①] 当一切可以用金钱这种外在尺度进行衡量和交易时，也就没有了内在价值和内在生活。放眼当下，只有外倾型的人——即那些长于权变、与世浮沉、追名逐利且收获颇丰的人——才是这个时代赞赏的人，才是我们眼中标准的、正常的人。

不过，科学和市场并不能解决我们生存的所有问题，它们不会提供终

[①] ［美］迈克尔·桑德尔：《金钱不能买什么——金钱与公正的正面交锋》，邓正来译，中信出版社2012年版，第XVIII页。

第五章　文化退行与生态复魅

极关怀,不会引领我们向爱向善。如荣格所说,"虽然我们智识已然取得最为杰出的成就,但是与此同时,我们的精神家园却陷入了破旧失修状态之中。我们绝对相信,即便是有此刻正在美国建造的最先进、最大的反射望远镜的帮助,人类也不会在最遥远的星云背后发现火热的上帝寓所;我们知道我们的眼睛会在星际空间的死寂空地绝望地徘徊。在数理物理学向我们揭示出无限小的微粒世界时,情况仍不会有任何好转"①。失去精神家园的我们只得把自己"束缚于客体中",试图通过在外部世界获得成功,通过谋取财富、权势和他人的认可,来为自己终有一死的生命赢得意义。

然而,这注定是虚妄的。财富、权势和名气的价值依赖于其分配的不平均,如果大家都和比尔·盖茨拥有一样多的钱,那么钱就没有价值了。所以,无论如何努力,大多数人注定不能成为众人仰慕的成功者,用精神分析的话说,他们的力比多注定会受挫。接下来,他们或者集聚更多的力比多,更歇斯底里地去追求金钱,追求不可能的成功,成为偏执狂患者;或者,力比多受挫后被迫"退行",从而激活本能里的某些黑暗邪恶东西,成为阴暗可怖的恨世者和毁灭者。无论哪一种,都将直接或间接地祸及自然,助长生态问题。

为了更好地理解荣格,我们可以参照一下尼采。尼采的"酒神冲动"既是生命的原动力,是美和艺术创造的原动力,也是"天性中最凶猛的野兽",是"肉欲与暴行"及"妖女的淫药",② 因而必须由"日神冲动"加以节制。荣格也认为本能是一个纷繁芜杂的领域,既有正面的也有负面的东西。本能中无疑存在着狂暴、危险的东西,所以才有旨在对其进行防御的禁忌神话。不过,如前所论,创造出禁忌神话的集体无意识,本身也是一种本能,一种先天的智慧。除了生成禁忌神话,集体无意识还可以通过象征将危险之物显示出来进而加以防御,原始祭祀仪式中的辟邪、净化、驱

---

① [瑞士]卡尔·古斯塔夫·荣格:《原型与集体无意识》,徐德林译,国际文化出版公司2011年版,第15页。
② [德]尼采:《悲剧的诞生——尼采美学文选》,周国平译,上海人民出版社2009年版,第96页。

第二节 心灵的祛魅与生态问题的形成

鬼等活动,防御的其实是投射于外部世界的、内在于人的本能之中的危险之物。①"日后成为教会基础的,正是这些被竖起于原始时代的障碍。随着象征的日益衰弱而崩溃的,也正是这些障碍。"②理性确立了自己的崇高地位之后,接过了防御的使命,但其防线并非固若金汤,依然需要集体无意识的辅助。另外,荣格还指出,某些集体无意识的象征本身会把人引向诸如迷信、杀戮等反文明、反生命的行为,各种原型之间存在的矛盾冲突也会让心灵陷入非理性的混乱和分裂状态,所以,意识的统合作用是必不可少的。

如果意识和无意识处于良好的平衡状态,意识可以有效地限制无意识中的原始、狂暴的因素,并对存在冲突的不同无意识原型加以协调、整合,而无意识之于意识的补偿作用又能够充分发挥,那么,完整的人格、强大的自我就会形成,本能中的危险之物就能够避免。如果意识和无意识中的一方受到削弱,另一方也将会受到损害,并导致二者形成的对立统一体——也即完整的人格——分崩离析,接受过辩证法教育的我们想必不难理解这一逻辑。

启蒙运动以来,我们极力宣扬唯理性论、唯科学论,与之相抵触的一切,诸如巫术、宗教、人的种种非理性情感等,则统统贴上非理性的标签并予以取缔。与原始人的混沌、芜杂相比,我们的心灵似乎整洁而有序。荣格指出,并非如此!恰恰相反,我们的心灵比原始人混乱得多,隐藏的冲突和危险也大得多。一块由农药和化肥维持的规模化种植园,生态状况要远逊于一片原始荒野,其崩溃的可能性也远超后者。步入文明时代,我们必然要改造荒野,但不能完全改造,我们应该保留部分荒野,而且要注意保持改造区域的物种多样性,也就是说,环境的自然性和人工性之间要保持一定的平衡。

当然,任何比喻都有局限。被意识整理过的心灵并不像清除了非目标

---

① 邪魅、鬼怪并不是客观存在,而是人们本能中的危险之物在外部世界的投射,就像(中国佛寺)天王殿里被四大天王踩在脚下的魑魅魍魉四小鬼,其实是我们内心中的邪恶的象征。

② [瑞士]卡尔·古斯塔夫·荣格:《原型与集体无意识》,徐德林译,国际文化出版公司2011年版,第20页。

作物的农田那般整洁，为理性所不容的种种非理性的情感和力量受到了压抑，但没有消失，它们只是蛰伏进了潜意识之中。在这个意义上，"所有的文明人，不管他们的意识发展如何，在心灵深处他们依然是古代人"①。

比如，在原始人眼中，一切都是偶然，都是由看不见的神秘而专断的力量决定。我们则相信万事皆有因果，发生的一切都是必然的，都可以用理性加以解释。但实际上，我们或者提防偶然出现，把"以防万一"作为口头禅，或者希望偶然出现，被天上的馅饼砸中，尽管我们的正式信条中根本没有偶然的位置。

比如，我们嘲笑原始人迷信"怪力乱神"，但自己对占星术、唯灵论、心灵感应、灵魂附体等不合信条的东西也很着迷；我们嫌恶原始人野蛮，但自己却一次次发动跨国界的杀戮，释放出的兽性让原始人相形见绌。

再比如，我们认为男性更接近文化，女性更接近自然，我们把坚强、果敢、理性、自制作为男性特质予以颂扬，把软弱、犹豫、感性、情绪化视为女性特征进行贬损，但尴尬的是，那些"硬汉"往往最容易受到女性化情感的支配，表现为蛮横武断、反复无常，而纤薄单弱的女人在磨难面前却往往能表现出令人瞠目的力量和果敢。

荣格指出，我们和原始人的心灵就成分而言并没有什么不同，一切本能性的心理成分和图示都还保留着，都没有在文明的改造下消失，它们只是蛰伏到了潜意识之中。"如果在意识生活中某个重要东西遭到贬抑而消亡，那么在潜意识层面就会产生补偿。"②我们对意识的强化只是改变了无意识本能的结构和表现形态。

荣格也承认，原始人的心灵缺乏我们所推崇的逻辑和秩序，"要想从原始人的基本想法中得出什么哲学系统来，这完全是不可能的。他们只能提供相互矛盾的东西，但是，这些东西正是任何时代任何文明所有精神问

---

① ［瑞士］卡尔·古斯塔夫·荣格：《文明的变迁》，周朗、石小竹译，国际文化出版公司2011年版，第38页。
② ［瑞士］卡尔·古斯塔夫·荣格：《文明的变迁》，周朗、石小竹译，国际文化出版公司2011年版，第63页。

题永不枯竭的源泉"①。完美的心理秩序有赖于在相互矛盾的心理成分之间保持平衡,是贯穿荣格精神分析学说的一条主线。值得一提的是,荣格谈论过中国古典哲学的"中和"思想并引为同调。②

对立之物的平衡并不要求双方的比重、地位完全对等,它允许一方强势些,凸显于台前并主导心灵运转,另一方弱势些,退居幕后对强势一方起辅助作用。被意识选择的一方自然是强势的一方,在其压制下,弱势的一方隐退到了无意识之中。如果这种压制不是太强烈,允许无意识心理成分以象征的方式表现出来,从而整合进意识之中,人的心理就不会失衡;但若这种压制过于强烈,以至于无意识无法再以象征形式表达出来,那么它就会不断地集聚能量,然后狂暴地表现自己,将人变成它的傀儡。比如,我们要弃恶扬善,但人性并不像我们想的那么纯洁,如果允许人性之恶以撒旦、魔鬼等象征形式表现出来,暴晒于我们的注视之下从而得到净化,那就不会有什么危险;但若一厢情愿地否认人性之恶的存在,我们就很可能会把心灵深处的恶投射到他者身上,以维护纯洁为名进行敌视、仇恨乃至展开杀戮,把自己变成屠夫,"道德洁癖者"的可怕正在于此。

对于走向"完全的意识"的现代人来说,原型象征已无法唤起心灵的回应,集体无意识的补偿作用丧失殆尽,不过,本能的其他方面,尤其是那些危险成分,并没有消亡,相反,因为得不到疏导,它们在意识严厉的压制下不断累积,还会变得越来越强大。另外,原型虽然失去了效用,但其能量也没有消失,而是和其他本能能量一样蛰伏累积起来伺机爆发。③ 于

---

① [瑞士]卡尔·古斯塔夫·荣格:《文明的变迁》,周朗、石小竹译,国际文化出版公司2011年版,第53页。

② [瑞士]卡尔·古斯塔夫·荣格:《心理类型——个体心理学》,储昭华、沈学君、王世鹏译,国际文化出版公司2011年版,第165~170页。

③ 荣格指出:"很有可能原型像本能那样具有一种特殊的能量,而这种能量在长远看来是不可剥夺的。这种原型所特有的能量通常达不到进入意识中的强度。要进入意识中需要一定的能量从意识流入无意识,不论这是因为意识没有用这部分能量还是因为原型吸引了这种能量。原型可以没有辅助能量但不能没有这种能量。"——[瑞士]卡尔·古斯塔夫·荣格:《心理结构与心理动力学》,关群德译,国际文化出版公司2011年版,第35页注释1。

是，当力比多受挫退行到无意识之中时，那些怪力乱神、原始狂暴的意象就有可能被激活，从而使人出现神经错乱，被一些离奇诡诞的念头控制。在荣格看来，很多匪夷所思的症状可以理解为人类某些原始心理和原始行为的上演，"集体无意识内容一旦激活就会对意识产生干扰，继而导致心理混乱。这种激活如果是由个人的希望和期望破灭引起的，就会有集体无意识替代现实的危险。这种状态可能是病态的"①。他警醒我们，这种病态正迅速蔓延，融入我们文化的血液，"在我们片面理性的冲击下退进这个世界的所有东西也会让这个世界更加强大。这仅存的一点自然性想要复仇，于是会改头换面卷土重来，比如伪装成探戈热、未来主义、达达主义，还有其他在我们这个时代层出不穷的疯狂之事、粗鄙之事"②。

精神病态的出现是自我解体的表征。其实，在这个时代的很多正常人身上，自我也是很薄弱的。如荣格所说，外倾型个体有沦失于客体之中的危险，而我们恰恰发展了一种极致的外倾态度。当你的一切行为被来自外界的种种因素所左右，当你的头脑填满了大众传媒以科学和理性名义塞给你的种种建议，当你的喜怒悲欢完全取决于你的得失和别人对你的评价时，你的自我还存在吗？你的意识，不过是集体意识；而你标榜的所谓个性，也不过是你追随的某种风格和时尚。这种正常人的自我丧失，危险并不次于精神病人的自我丧失，后者只是患者个体及其亲人的不幸，而前者是整个社会的灾难。"如果主观的意识更注重集体意识的观念和思想并认同它们，那么集体无意识的内容就会产生一些典型的后果：被压制内容的能量负荷在某种程度上转移到了进行压制的因素上，从而增加了压制因素的效力。其负荷量越大，被压制的形态就越获得了一种狂热的特征，以及越向其对立面转化……集体意识负荷越高，自我就越会失去其现实的重要性。也就是说，自我被集体意识的想法和倾向所埋没了，结果产生了大众

---

① ［瑞士］卡尔·古斯塔夫·荣格：《心理结构与心理动力学》，关群德译，国际文化出版公司2011年版，第215页。
② ［瑞士］卡尔·古斯塔夫·荣格：《文明的变迁》，周朗、石小竹译，国际文化出版公司2011年版，第20页。

第二节 心灵的祛魅与生态问题的形成

群体,他们乐意成为某些糟糕的'主义'的牺牲品。"①20世纪极权政治猖獗的心理土壤,正是民众们自我的丧失。②

荣格没有正面谈论过生态问题,他于1961年去世,次年蕾切尔·卡逊出版了《寂静的春天》后,环境和生态问题才开始进入公众视野。不过,荣格谈到过与之相关的一些话题,比如核武器的研发和使用。荣格指出,像核裂变这种骇人听闻的实验,单单从它的危险性上来说,就应该受到理性

---

① [瑞士]卡尔·古斯塔夫·荣格:《心理结构与心理动力学》,关群德译,国际文化出版公司2011年版,第152页。

② "二战"以后,荣格从精神分析的角度就德国问题作了分析,认为德国民众尽管也深受其害,但在这场浩劫面前他们不是无辜的,遭受蒙蔽并不是一个有说服力的脱身之辞。虽然不能说他们就是纳粹,也不能说他们主观上是纳粹的合作者,但他们的精神状况的确为纳粹生长提供了适宜的水土。"在所有外国人(除了几个难以置信的特例之外)的眼中,希特勒戏剧化、明显是歇斯底里的手势根本就是可笑的。当我亲眼见到他时,他让我想起具有特异功能的稻草人(把扫帚当作伸长的胳膊),而不是一个人。他的演讲吵吵嚷嚷,声调尖声刺耳,有如妇人,真是难以理解为什么会让人印象如此深刻。"希特勒就是一个很容易识别出来的癔症患者,他的狂妄、撒谎、篡改事实、虚张声势、歇斯底里、对同胞的贬低和恐怖化,等等,呈现出强烈的病态特征,但就是这样一个人,做了德国的政治、宗教和道德的发言人,所以,"如果这个人不是反射了德国集体性癔症的一个形象,德国人是决不会这么彻底地陶醉和受其吸引的"([瑞士]卡尔·古斯塔夫·荣格:《文明的变迁》,周朗、石小竹译,国际文化出版公司2011年版,第152页)。

关于这种"集体性癔症"的形成,荣格解释为意识的膨胀及其对集体无意识的压抑所致:启蒙摧毁了自然界神灵,消解了原型象征的力量,但没有摧毁与之相应的心理因素,比如受暗示性、缺乏批判、恐惧、对迷信和歧视的倾向等。恶魔并未真正消失,仅仅是换了一种形式,成了潜意识的心理力量。随着自我的日益削弱,这些力量经历了再次同化的过程,注入意识之中,使其变得邪恶而强大。于是,正当人们庆祝自己废除了所有的怪力乱神之际,这些鬼神虽然不再在楼阁或废墟中游荡,但却在看上去很正常的欧洲人的头脑中穿梭。到处都是残暴、让人着迷和麻痹的想法和谬论,人们开始相信那些荒诞不经的事,就像是中了邪一样。"我们在德国所见到的现象就是传染性疯狂的首次爆发,是潜意识闯入了一个表面上秩序井然、宽容的世界。整个日耳曼民族以及不计其数的隶属其他民族的民众都席卷到了那场灭绝人性的疯狂之中。没有人知道发生了什么事,德国人更是尤甚,他们允许自己像被催眠的绵羊一样被头号精神变态者赶到了屠宰场。"([瑞士]卡尔·古斯塔夫·荣格:《文明的变迁》,周朗、石小竹译,国际文化出版公司2011年版,第157页。)荣格进一步指出,我们不能置身事外地指责德国,德国的浩劫只不过是欧洲普遍性的疾病当中产生的一个危机而已。

力量的制止，可是，科学家们还是将氢弹制造出来了，而科学家这样一个群体，在道德上与在智识上同样优秀，他们对真理的追求、对物质的淡泊和他们的自我克制、自我牺牲精神都是常人难以企及的。因而，单纯批评他们缺乏理性和责任可能并没有切中要害，"要为结果负责的并不单单是有意识的努力而已，潜意识在这里或那里也难逃干系的……如果潜意识把一件武器交到你的手里，那么它就是旨在从事某种暴力行为"①。氢弹本身就是邪恶，是我们内心的邪恶的象征。我们总是把邪恶投射到他者身上，看不到令我们恐惧的邪恶其实就存在于自己心中。为了消灭邪恶，我们制造了氢弹，这无异于"与自己的影子搏斗"，注定要走向毁灭。我们应该承认我们的不完美，认识到自己心灵深处的阴影，进而对由意识和无意识的分裂导致的精神病态展开修复。制止核军备竞赛，单单靠理性是不够的，因为研发制造氢弹时，就打着理性的名义。

核军备竞赛不仅是政治、军事问题，也是环境、生态问题。核弹爆炸的灾难性后果，无需笔者赘言。无论我们在改善水质、空气、植被等方面取得多大进展，只要那些储量惊人的核弹还存在，就不能说环境问题已经得到了彻底解决。另外，荣格关于核武器问题的观点，也适用于一般意义上的环境问题，仅仅依靠理性可能是不够的。自1995年始，世界气候大会召开了20多次，表明气候问题已经引起了世界各国的重视。与会各方都承认面临的气候形势非常严峻，需要大家通力协作采取行动，然而，之后便是相互指责、讨价还价，有时也达成了一些协议，但似乎并没有什么约束力。现在看来，气候问题更像是政治、经济博弈的筹码。涉及个人行为也是如此，在建设生态文明都已经写入党章并纳入制度建设的今日中国，说人们缺乏生态意识很难成立，可是，我们切齿痛恨的雾霾天气越来越多，汽车销量却仍在以惊人的速度持续增长，我们都清楚二者之间的关系。

我们这是怎么了？和核军备竞赛一样，明明知道危险就在前面，仍不

---

① ［瑞士］卡尔·古斯塔夫·荣格：《文明的变迁》，周朗、石小竹译，国际文化出版公司2011年版，第220页。

改弦易辙！这是因为，作为走向"完全的意识"的现代人，或者说，作为极端的外倾型的个体，我们已经沦失于客体之中了，唯有在对客体的占有中，我们才能找得到存在感。我们并非意识不到这一点，但找不到与之对抗的力量，只好将其投射到别人身上。我们痛斥欲壑难填，但往往只是针对他人，对自己则百般开脱。危险迫近时，也将责任推卸给他人。——荣格称现代人正面临着严重的精神危机，按照他的理论逻辑，精神危机和生态危机，其实是同一个问题，后者是前者的必然产物。

第三节 文化退行与生态返魅

和弗洛伊德一样，荣格也把神经症解释为被压抑之物回归的结果。不同的是，弗洛伊德认为神经症是反常的，需要矫正；而荣格则认为神经症是正面的，是对反常的示警，它展示了我们人性中不被承认的部分，是我们找回完整自己的一个机会。

"神经症包含了病人的心理，或者说至少包含了病人心理中最关键的部分。如果像理性主义者所宣称的那样，神经症可以像拔坏牙一样从病人身上拔掉，那么病人也不会有所获益，而只会失去对他而言最关键的东西。也就是说，他就会像被剥夺了怀疑的思想者、剥夺了诱惑的道学家，或剥夺了恐惧的勇士一样。失去神经症会让人失去客体，生命会失去目的从而也失去意义。这不是治疗，而是彻底截肢。……神经症里隐藏着一部分尚未发育完成的人格。这是心理中的珍贵片段，缺乏这个片段的人将会陷入退避、痛苦以及一切有害于生活的情绪当中。"[①]神经症本质上是一种冲突，是意识和无从表现自己的潜意识之间的冲突，我们应该做的是对二者进行调和，让被压抑的潜意识通过象征形式——而不是神经症的形式——表现出来，进而整合进意识之中。

---

① ［瑞士］卡尔·古斯塔夫·荣格：《文明的变迁》，周朗、石小竹译，国际文化出版公司2011年版，第123页。

第五章 文化退行与生态复魅

弗洛伊德疗法的思路是，通过催眠、释梦、自由联想等手段将压抑到无意识中的创伤性事件提取出来，一旦进入患者的意识，被压抑之物就得到了宣泄，神经症症状就会消失。

分析师向患者解释其梦境和症状所表达的深层意义，也是荣格的"分析心理疗法"的一部分，但荣格认为这还不够。在他看来，分析师的解释有一定帮助，但并非决定性的，因为压抑是持续地产生的，分析师不可能一劳永逸地解决问题。患者必须主动与无意识建立联系，为被压抑的心理成分找到象征性的表达形式，也就是说重新激活被意识窒息了的集体无意识的象征功能，才能真正修复人格的分裂和冲突。由此，他发展了自己的独特疗法，其中最有代表性的是"积极想象"方法。

所谓"积极想象"，近似于初级冥想，要求患者静下心来去感受无意识，观察从无意识中浮现出来的意象。弗洛伊德的"自由联想"要求患者的意识处于休眠状态，以便无意识可以表现自己。积极想象方法与之截然相反，要求意识的积极介入。比如：一个患者在等火车的时候看到一张画有草地、小山、奶牛和瀑布的招贴画，于是他想象自己置身于招贴画之中，去小山的背后看看有什么。想象中，他翻过小山，走下斜坡，穿过树篱、小路、沟壑，在一块岩石后看到一座小教堂，进入教堂后，他看到装饰着美丽花朵的圣坛上竖立着一座木制的圣母雕像，并且，有某种尖耳朵的东西从圣母背后跳下来消失了。他想，这太荒唐了，然后一切幻想烟消云散。后来，他想象自己再次走进那幅招贴画，结果和上一次一样，一切意象都再次出现。① 这就是积极想象。按照荣格的说法，圣母像、尖耳朵的东西便是受压抑的心理成分的象征，既然能够通过患者主动创造的象征来表达自己，它们就不会以神经症的形式出现。而且，两种形式的意义是不同的，意识和潜意识在神经症中是对立和冲突的关系，而在积极想象中获得了调和与平衡。"既然通过积极想象，所有的素材都在一种心灵的自觉

---

① ［瑞士］卡尔·古斯塔夫·荣格：《象征生活》，储昭华、王世鹏译，国际文化出版公司2011年版，第133~134页。

的状态中产生出来,因此其素材远比以其含混语言而展开的梦丰富、圆满得多。"①

积极想象的方法也可以是梦,但必须是"主动的梦",即由积极想象进入梦境,醒来后对梦进行记录和研究。荣格举例说,一名大学员工,暴躁易怒,感到所有人都对他恶意相向,动辄与人发生冲突并开始酗酒。前来求助时,荣格鉴于他的职业,让一个女医生吩咐他去回忆、记录自己的梦,他很仔细地记录下来大约 1300 个梦,里面包含了大量的原型意象。由于荣格刻意回避,而那个女医生又是新手,病人基本上是独立地观测、记录和研究自己的梦,他逐渐迷恋上了这个工作,发现了很多非同寻常的东西。结果,与自己的潜意识一同工作让他变成了一个正常而有理性的人。荣格的解释是,"正是这种迷恋,使得原型总是作用于意识。但是,通过将它们客观化,有效地防止了它们淹没意识的危险,而它们的积极效应却变得现实可行"②。这段话,可谓是荣格关于神经症及其治疗理念的最凝练的表述。

荣格会鼓励病人通过绘画、泥塑、雕刻、编织等方式来表现他们潜意识中的形象,这些形象不仅可以帮助分析师诊断病人的确切情况,而且本身就是治疗的一部分。在病人的绘画中,曼陀罗图案——表现多种元素之间的调和、平衡、有序的圆形意象及其变体——出现的频率很高。在荣格看来,这样一种图案在那些心理处于冲突、混乱状态的病人笔下形成,"显然是对自然的一种自体愈合治疗尝试,它并非是源自有意识的思考,而是本能的冲动"③。与积极想象方法一样,当病人有意识地去感受、倾听、探察潜意识时,二者之间的和解就开始了,曼陀罗正是这种和解的象

---

① [瑞士]卡尔·古斯塔夫·荣格:《象征生活》,储昭华、王世鹏译,国际文化出版公司 2011 年版,第 136 页。
② [瑞士]卡尔·古斯塔夫·荣格:《象征生活》,储昭华、王世鹏译,国际文化出版公司 2011 年版,第 138 页。
③ [瑞士]卡尔·古斯塔夫·荣格:《原型与集体无意识》,徐德林译,国际文化出版公司 2011 年版,第 351 页。

第五章 文化退行与生态复魅

征。有人会解释为，绘画要遵循造型艺术的法则，病人为了让画面美观，无意识地安排了画面的均衡。笔者以为，这种解释与荣格并无对立，它预设了均衡、和谐是植根于我们无意识之中的秩序①，这种秩序在绘画中得到表达的同时，也对病人混乱的心理起到了整合作用。能够主动创造出曼陀罗意象自然是最理想的，若病人缺乏主动创造的勇气，可以观察、临摹现成的曼陀罗图案，也能起到一定的治疗效果。目前曼陀罗绘画在整合内心冲突、改善情绪方面的效果已得到普遍认可，成为一种重要的心理治疗形式。②

通常在某个亲朋出现神经症症状而又碍于种种顾虑不愿去接受专业诊治时，我们会建议他去尝试一些新鲜好玩的东西或重拾荒废多年的兴趣，诸如音乐、绘画、雕塑、瑜伽等，以便把注意力从那些让他备受困扰的事务中转移出来；或者，安排他来一次旅行，去留下他成长足迹的地方捡拾记忆，或去某个完全陌生的地方感受异域风情。这些做法会有一定帮助，除了转移注意力，将困扰暂时屏蔽，旅行还可以帮助人们认识到，世间的价值不止一种，我们不必过于执着，如此心灵就会获得一定的平衡。荣格也把平衡作为其分析心理疗法的目标，不同的是，他关注的是意识和集体无意识之间的平衡，而我们只能看到和谋求意识层面上不同价值之间的平衡。在荣格看来，不触及集体无意识层面的治疗，就不可能真正收到成效。如果人们耽溺于原来的意识状态中，旅行或其他事情只会让他更加烦躁。

如前所论，荣格认为神经症是有意义的，是心理失衡的警示。罹患神经症的人虽然痛苦，但并不可悲，因为，"在他神经质般的歪曲背后隐藏着他的使命感、他的命运：人格的发展，他与生俱来的生命意义的完全实现"③。

---

① 有趣的是，康德美学的"主观的合目的性"也预设了这样一种秩序，而荣格本人也曾援引康德，把集体无意识视为一种"先天范畴"或"先天图示"。
② 陈灿锐等：《曼陀罗绘画改善情绪的效果及机制》，《中国临床心理学杂志》2013年第1期。
③ [瑞士]卡尔·古斯塔夫·荣格：《人格的发展》，陈俊松、程心、胡文辉译，国际文化出版公司2011年版，第178页。

只有那些潜意识相对一般人较为活跃的个体，其内心的呼唤和渴望才能通过神经症的形式外化出来。就先天禀赋而言，他们和艺术家属于同一类型。真正可悲的是那些麻木不仁的正常人，他们看不到自己的阴影，听不到内心深处的呼唤，随波逐流、与世浮沉，还以理性、务实自我标榜。那才是真正的病态，一种把世界置于危险边缘的病态。和弗洛伊德一样，荣格也对文明的未来忧心忡忡，并将希望寄托在心理的变革上，"未来的幸抑或不幸不是取决于野生动物的威胁，也不是取决于自然灾难，不是取决于全球性流行病的危险，而是简单地、唯一地取决于人的心灵变化"①。

不同于弗洛伊德的悲观，荣格相信存在着救赎的可能，② 并开出了药方——号召人们过一种"象征生活"。象征是集体无意识运作的手段，是人类找回灵魂、进入意义的必经之路。"当人们感到自己过着象征性生活时，当人们感到自己是神圣戏剧中的演员时，他们得到了平静。这赋予了人生唯一的价值；其他一切都是平凡的，你都不必理会。同那样一种东西相比，即同你的有意义的生活相比，事业、繁衍都是虚幻。"③过一种超脱于世俗的神圣性的生活，这种主张很容易让我们想到欧洲的浪漫主义-象征主义-存在主义文学传统，想到雪莱《诗辩》中的那句名言——诗歌从腐朽中赎回上帝赐予人类的神性。并非巧合的是，在荣格看来，宗教衰落之后，文学艺术目前是现代人接近象征的最重要渠道。他在其分析心理学的意义上恢复了古老的"诗神凭附说"，认为作家创作是身不由己的，受到一种既不属于他也不受他支配的力量的推动，"他认为自己正在游泳，但是实际

---

① ［瑞士］卡尔·古斯塔夫·荣格：《文明的变迁》，周朗、石小竹译，国际文化出版公司2011年版，第214页。

② 在《现代人的精神问题》一文中，荣格引用了荷尔德林那句名闻遐迩的诗：危机所在之处/也产生了拯救者。——［瑞士］卡尔·古斯塔夫·荣格：《文明的变迁》，周朗、石小竹译，国际文化出版公司2011年版，第70页。

③ ［瑞士］卡尔·古斯塔夫·荣格：《象征生活》，储昭华、王世鹏译，国际文化出版公司2011年版，第216页。

上却是看不见的水流在他的身旁流淌"①。所以,作家实际上说出的东西比他认为自己说出的要多。他是一个"集体人",是"无意识的代言者",也是"人类无意识生活的媒介物和塑造者"。伟大的文学呈现的是一种"原始经验",其使命是将人类从腐朽、匮乏、片面中拯救出来,"就像个人意识之态度的片面性从无意识的反应中得到纠正那样,艺术也代表了一种民族和时代生命中的自动调节过程"②。

相对于文学艺术,更让荣格念兹在兹的是已被理性与科学放逐的宗教。荣格承认,信仰无法与知识相匹敌,一旦人们开始思考,信仰就会烟消云散。在理性和科学不断扩张的年代,教会用强化信仰作为应对,结果只是加速了自己的落败。宗教的力量在于信徒的内心体验,在于通过内心体验与上帝建立直接的联系。科学尽可以指斥这种体验荒诞不经,但无法否认其作为心理事实的存在,也无法否认这种体验之于人的存在的极端重要性。"作为一种社会存在,人不跟社会发生关系是无法生存下去的。同样,个人要找到自己存在的真正理由,找到自己精神上和道德上的自主性,就必须通过某种超越现实的原则,因为这种原则能够把外界因素的强大影响力变得相对化。不寄托上帝的人靠自身力量根本无法抵抗世界的物质诱惑和道德诱惑。为了抵抗这些诱惑,他们需要有内心的先验体验,这种体验就足以对他们形成保护,否则他们不可避免地就会淹没在群体之中。"③

与康德认为人的心智领域中存在着先天法则、先天秩序一样,荣格也认为人类先天地拥有一种隐秘而神圣的生命秩序,宗教便是从这种秩序中生长出来的,是人类与生俱来的集体无意识心灵的产物。宗教那些富于象

---

① [瑞士]卡尔·古斯塔夫·荣格:《象征生活》,储昭华、王世鹏译,国际文化出版公司2011年版,第93页。
② [瑞士]卡尔·古斯塔夫·荣格:《人、艺术与文学中的精神》,姜国权译,国际文化出版公司2011年版,第104页。
③ [瑞士]卡尔·古斯塔夫·荣格:《文明的变迁》,周朗、石小竹译,国际文化出版公司2011年版,第191页。

征性的仪式和意象，表达的正是人类心灵深处的渴望，因而，只要依然按照传统举行仪式，依然凝神观照那些神圣的意象，就不会患上神经症。可是现代人放逐了宗教，背离了先天的神圣秩序，失去了存在的根基，危险将随之而至，神经症的迅速蔓延正是危险来临的征兆。要想驱散神经症的阴影，有必要发动一场文化的"退行"，让宗教以一种新的形式重新进入人们的生命，"今天我所必须做的一切，都是为了让我的圣父能升出地平线"①。

  作为一个欧洲人，荣格谈论和思恋的是基督教。基督教与生态问题的关系目前学界是有争议的。林恩·怀特在那篇被誉为"生态批评的里程碑"的名作《我们的生态危机的历史根源》一文中声称基督教应为生态危机负责，并激烈地主张找一种新的宗教取代基督教，或者基于圣·芳济的教义来重新思考基督教。莫尔特曼则在同样影响巨大的《创造中的上帝》一书中指出，基督教有巨大的阐释和发展空间，可以通过对其进行生态解读即构建一种生态神学以推动生态问题的解决。站在荣格的角度，这种争端并无意义，因为他们都仅仅把基督教的作用限制在意识层面或者说理智层面，将基督教视为一种生态的或反生态的观念。仅仅观念并不足以导向或避免某种灾难。启蒙运动以来我们一直鼓吹的理性并没有阻止"二战"的爆发，"二战"惨痛教训也没有阻止战后核武器储量的增加。基督教的价值不在于传达给人们一种正确的观念，而在于借助仪式和象征表达我们的集体无意识，守护生命存在的内在性和神圣性之维度，防止被物质、金钱、权力等外在力量所吞噬。如此，基督教不仅不会导向生态问题，还是生态问题的"阻燃剂"。

  这并非便辞巧说。一个敬天畏神、笃信好古的人，通常不会沉迷于追逐物质和金钱，不会陷入迷茫和焦虑之中，因为他能在内心中找到支撑自己的力量，无需依附于外物，也无需趋时从众，这样的人不会成为解决生

---

  ① [瑞士]卡尔·古斯塔夫·荣格：《象征生活》，储昭华、王世鹏译，国际文化出版公司2011年版，第220页。

态问题的阻力。相反，那些失去了存在的根基、只能依靠占有外物来获取安全感和存在感的人，即便意识到生态问题的严重性，也未必能改弦易辙，在生态问题上知行不一的人比比皆是。在这个意义上，荣格为现代人的精神问题开出的药方也适用于生态问题。

荣格关于宗教的一些言论，未免有矫枉过正之嫌。不过，他提出的文化退行的主张，是有合理性的。按照生态学，我们可以改造自然，但不能无限改造自然，因为自然有其固有本性，当我们之于自然的改造超出了其可承受的限度，就会出现生态问题。人是自然的一部分，也有其自然本性，同样不能被无限改造，我们的文化必须与我们的自然本性保持一定的张力，当文化之于人的改造超出了一定限度，就会出现精神问题。也就是说，文化的发展是有限度的，不能背离人的自然本性，若超出了限度，就应该适当退行。关于人的自然本性，生态学主要着眼于生物学，强调人作为生命有机体在物质、能量和生命节律等方面对于自然的依赖，以及人类永恒的亲近自然、回归自然的渴望。荣格则着眼于心理学来谈论人的自然本性，认为存在着一种自然的、原始的或者说是先天的心理状态，文化从这种心理状态中产生，之后又反过来对其进行改造。越是早期的文化，越是贴近人的自然心理状态，相应的文化研究越能帮我们接近自然人性，荣格正是在这个意义上宣称图腾、巫术、宗教都是"真理"。文化需要发展，需要新的形式，但同时也必须与过去保持连续性，必须承继"传统"，因为"传统"并不单纯是由过去的物质条件决定的生活方式，其意义也不仅仅是彰显自身的独特性以区别于他者，更重要的是，"传统"包含了一种生命精神，用荣格的话说，是一种"真理"，表达了我们的集体无意识。现代文明走得太远了，我们推崇理性与科学，只关注理性与科学能够处理的事物，那些不能处理的事物，诸如直觉、梦境、幻想等，都被我们以荒诞、幼稚的名义打发掉了。对于传统文化，我们或者弃如敝屣，或者用居高临下的姿态捡拾起其外在形式，而将其表达的生命精神丢弃了。我们背离了传统，背离了生命精神，背离了我们自身，现在，我们需要文化的退行，回归失落了的传统。在荣格看来，宗教正是传统中最重要的一部分。

由于推崇现在很多人依然存有敌意和防范之心的基督教并与天主教会过从甚密，荣格给自己招来了神秘主义或蒙昧主义之讥。我们必须看到，荣格主张文化退行，并非开历史的倒车，他始终强调基督教的意义在于疏导和平衡个人心灵，复兴基督教的主张也仅限于个人的精神生活领域，从未越界在政治、经济、教育等社会领域为基督教争取权益。就此而言，他也是在批判地继承基督教的遗产。按照荣格的理论逻辑，一切前现代的文化传统，都是内在人性的表达，都蕴藉着集体无意识，都有助于疗救现代人片面、失衡的心理病态。在生态思想的视野中，一切前现代的文化传统，也都包含了生态智慧，因为那时生产力不发达，人们唯有顺天应时，才能事有所成，由此逐渐形成了尊重自然、顺应自然的文化传统。荣格和生态思想家们都主张继承和发扬传统文化，殊途而同归。不过，生态思想着眼的是"意识""观念"，要求汲取传统文化中的生态意识和生态智慧。而荣格着眼的则是"无意识"，认为言说出来的、观念层面的东西并不重要，重要的是通过象征性的仪式、意象和行为方式所表达的东西。进而言之，一切能够被理性认可的东西都不重要，因为既然能得到理性认可，就不会受到压抑，就无需再继承和发扬，当下文化中就有它们的存在，而且可能是"升级版"的。唯有那些为理性所排斥的、貌似荒谬且难以索解的成分，才是我们的文化所缺失的，才是我们获得救赎的关键所在。

荣格提出的过一种象征生活的主张，以及他对宗教、梦境、文学以及过去文化中的种种非理性象征意象的重视，比生态思想家们为自然的复魅做了更充分的论证，也展示了更宽阔的路径和更乐观的前景。自然之魅是原始思维即集体无意识的产物，自然的祛魅与集体无意识被深深压抑是同一过程。儿童有创造自己神话的能力，因为他们理性思维和科学思维尚不发达。我们只要放松理性和科学之于集体无意识的压抑，自然之魅也会重新出现。事实上，在浪漫主义诗人们眼中，自然之魅从未消失过。我们把强化理性和科学的统治视为文化的进步，放松理性和科学的统治，也就是文化的退行。文化的退行必将为自然的复魅开辟道路，而自然的复魅，也将有助于生态问题的解决。

让人欣慰的是，民族优秀传统文化的复兴在我国受到高度重视，不止作为一种话语备受瞩目，还被列入了顶层设计。① 传统文化中的生态意识和生态智慧也受到关注，当下蓬勃发展的生态美学将其作为主要的理论资源。当然，我们复兴传统文化的构想和荣格不同，荣格关注的是传统文化通过象征所表达的、无法进入当下意识的集体无意识，而我们所关注的是传统文化中的为我们当下所欣赏的意识内容，诸如优秀的价值观、道德规范、生态智慧等。我们无需是此非彼，因为东西方的传统文化存在很大差异。

西方很早确立了理性主义思想传统，古希腊时期人们就相信自然现象的种种原因是客观的、物质的，应该到看得见的自然领域内去寻找，所有神话中的成分和超自然的成分，应该作为拟人的投射排除在各种因果性解释之外。② 到希腊化时期，科学完全摆脱了"神圣的实在"的纠缠，变成了更为彻底的理性主义的，文化的感情需要和宗教需要便由各种神秘宗教来更为直接地予以满足，这些来自希腊、埃及和东方的神秘宗教提供了摆脱世界禁锢的途径，日甚一日地广为流行，在整个帝国繁荣起来。③ 理性主义和神秘主义因而构成了西方文化传统中分立的两极，理性主义一直在扩张自身，但未能驱逐并取代神秘主义。两种思维方式的斗争也延续到基督教的发展中：作为一种宗教，基督教当然不缺乏神秘主义元素，神启、奇迹和秘奥的象征比比皆是；另一方面，从中世纪中期开始，以阿奎那为代表的经院哲学家们将理性与信仰结合起来，在论证、颂赞上帝的名义下不断培植、壮大理性的力量，为基督教的败亡埋下伏笔。也就是说，在西方传统文化包括基督教文化中，理性相当强大，宗教象征因而成了受压制的

---

① 2017年，中共中央办公厅、国务院办公厅印发了《关于实施中华优秀传统文化传承发展工程的意见》，以中央文件形式专题阐述中华优秀传统文化传承发展工作，并对有关工作做出制度性安排。
② [美]理查德·塔纳斯：《西方思想史》，吴象婴、晏可佳、张广勇译，上海社会科学出版社2007年版，第77页。
③ [美]理查德·塔纳斯：《西方思想史》，吴象婴、晏可佳、张广勇译，上海社会科学出版社2007年版，第87页。

集体无意识表达自己的主要手段。①

中国的情况则不同,如刘士林所说,中国文化是一种诗性文化,体现的是一种诗性智慧。所谓诗性思维,就是一种原始思维,是一种与理性相对立的思维方式,它基于人与自然的血缘关系,体现在巫术、宗教、文学等活动中,也体现在荣格所说的受到压抑的集体无意识心理活动中。"中西文明在本质上是正相对立的。……理性化之路就是如何产生独立的个体以及如何把对象世界符号化;而诗性智慧的功能正相反,就是如何保持存在本身的固有结构并使之走向澄明。"②这意味着,那些为理性所不容的思维方式和心理成分,在西方文化中受到深深压抑,而在中国文化中则不然,人之于自然的"神秘参与"不只通过图腾、神话和宗教象征曲折地表达出来,还登堂入室成为哲学的重大主题。无论是道家还是儒家,都没有隔断人与自然的血缘关系,都宣扬"天人合一","天"从来不是纯粹的物质自然,而是意志之天、伦理之天和情感之天,人应当"顺天应道",应当"赞天地之化育"。正是因为中国文化保持了"存在本身的固有结构",没有挑起理性和非理性的尖锐对立,所以,和西方文化中的神秘主义元素往往散发着秘奥邪辟、森然可怖的气息不同,中国文化中的怪力乱神成分总是带有一股烟火气,夸张怪诞的外表之下透着温和与稚拙。——荣格也指出,无意识心理成分受到的压制越深,就越倾向于以狰狞暴戾、诡谲怪诞的形象表现自己。既然荣格所看重的只能以象征形式获得表达的集体无意识在很大程度上就存在于中国传统文化的观念层面,那么,目前我们在观念层面上继承和发扬传统文化的做法与荣格的构想就并无根本性的冲突。

尽管如此,荣格对于我们仍然有着非常重要的启示。就像那些基督教象征已经无法唤起当代人心灵深处的回应,变成了失却内涵的空壳,我们

---

① 荣格反感经院哲学,正是因为后者通过那一套繁琐的论证和阐释,涤除了象征意象的真实内涵,阻断了我们和集体无意识的联系渠道。

② 刘士林:《中国诗性文化》,江苏人民出版社1999年版,第23页。

第五章 文化退行与生态复魅

看重的传统文化中的那些思想和观念,现在也只是一种为我们认可但很难融入我们血肉的话语。荣格说得好,宗教的力量在于信徒的内心体验,内心体验若缺失了,信仰就会失去力量。这一言论同样适用于我们与传统文化的关系。我们操持着古人的概念谈论"天"之种种,但我们并不像古人那样去体验"天道""天理""天人合一"。我们要对其进行"现代转换",以便适应现代语境,以便与理性和科学相容,然而,经过所谓转换之后的话语,很难说还能对我们的心灵产生多大的影响。在几乎每个人都开始关注空气、饮水和食品安全的今天,我们似乎已无需再借古人的言论来强化今人的生态意识。现代生态学之于生态问题的认知,以及就维护和修复生态系统可以提供的技术方案,也远非古人那些素朴的生态智慧可比。相对于话语的转换,即用生态范畴重新阐释传统文化、弘扬古人的生态意识和生态智慧,更重要的是恢复传统文化体验——让"天人合一"成为我们的体验而不仅仅是操持的话语,在体验中恢复自然的神圣性,重新接通人与自然的血脉。

作为一个富有人文情怀的思想家,荣格拥护启蒙运动标举的理性、科学、民主、自由等价值观,深信只有它们能应许给我们一个美好的未来。但荣格对欧洲人极端崇拜理性和科学的做法不以为然,因为他清楚,强化一种话语,未必能如愿以偿,反而有可能适得其反。他主张文化退行,主张复兴宗教,目的绝非颠覆理性和科学,相反,是为了给被压抑的集体无意识找到表达渠道以免它们冲决防线,从而更好地维护理性和科学以及由它们主导的社会秩序。我们要发扬民族传统文化,无论目标是德性建设还是生态问题的解决,同样不能仅仅着眼于话语和意识层面的灌输和强化,关键在于如何使这些话语和意识失去强制性进而内化进我们的人格之中。古人的做法是"修身养性"。我们应该知道,对于古人来说,修身养性并不是一件简单的事,从格物致知、参悟天地到仁人爱物、谨行俭用,再到琴棋书画、礼佛参禅,以至于仪式化的日常生活诸如品茗、插花、焚香、祭拜、节庆等,处处可见功夫。中国文化的诗性、中国人之于自然的虔敬也体现在所有这些文化事项中。发扬优秀的民族传统文化,应该涵括以上种种。没有修身养性的功夫，高头讲章是入不进人心的。相比之下，那些需要身体力行的文化事项，更容易诉诸我们的内心体验，较之经书典籍更能化人移性。荣格对宗教仪式的看重，也是出于这个原因。值得欣喜的是，就这个层面而言，传统文化也在缓慢地复苏。当下"茶修"已成为一种时尚，而且确也能起到缓解焦虑、息欲清心的作用。民间的"手工艺运动"正悄然兴起，一些有思想、有情怀的手艺人选择隐居乡野或城市一隅，过一种黜奢崇俭、反璞归真的简单生活，通过手工劳作感受天地自然的物性、灵性与神性。① 如此种种，对于生态问题的解决，无疑是好的信息。我们要做的，是推进、加速传统文化的这种复苏。

本 章 小 结

生态思想家们认为，自然的"祛魅"是生态问题形成的重要原因，他们呼吁自然的"复魅"，以重建人们对自然的敬畏。但在当下这个信仰理性与科学的时代，他们拿不出有效方案，对"复魅"的前景也并无信心。

荣格从精神分析的角度对"自然之魅"做了精妙的解释。他承认自然界中没有神灵，存在于图腾、巫术、宗教和神话中的"自然之魅"并非客观存在。在理性思维尚不发达的年代，作为本能思维形式的集体无意识创造出这些象征之物，赋予世界以意义和秩序。随着不断发展的理性意识逐渐支配了人类的生存活动，集体无意识被压抑到了无意识之中，它们也失去了昔日之于我们的重要性，被贬斥为人类心智不成熟时期想象出来的幼稚可笑之物。"自然的祛魅"本质上是"心灵的祛魅"。

荣格认为，这种"祛魅"是灾难性的。集体无意识对于意识生活有着重

---

① 除此之外，当前还有一种更加吸引眼球，但精神追求却完全相反的"手工艺运动"。后者着眼于将传统手工艺与现代资本、市场运作结合起来，打着"创意""个性化""生活美学"等旗号，谋求在消费文化大潮中大展身手。这种以"促进消费升级"为己任的所谓"手工艺运动"，对于愈演愈烈的消费主义文化来说无异于火中投薪，完全背离了传统手工艺敬天惜物的文化精神，对于生态问题的解决有害无益。

要的补偿作用,心理健康和人格健全有赖于二者的相互制约和平衡。现代人的精神问题,以及与之互为因果的现代文明的种种恶疾——包括核军备竞赛和生态问题,都是由于我们过于强调意识而远离了集体无意识。他呼吁文化的"退行",主张过一种"象征生活"。这一主张将为自然的"复魅"开辟道路,也将有助于生态问题的解决。

我们已经在着手复兴优秀传统文化。与荣格对话,有助于我们更好地推进这一伟大事业。

第六章 "保卫自然":从"自然文化化"到"文化自然化"

在形而上学被一反再反以致被弃如敝屣的今天,"自然"已不再是一个理所当然、不言而喻的概念。解构主义大师德里达认为,差异是一切意义的本源,任何能指的存在都有赖于其他能指,任何能指的意义都存在于与其他能指的差异之中,自然也是语言的构建之物,是相对于文化而存在的,没有文化就没有自然,所以,自然并不具有生态思想所宣称的独立性,也不像他们说的那样是秩序和意义的源泉,他们的自然是一个需要解构的形而上学概念。因皈依结构主义而名满天下、跻身结构主义"四个火枪手"之列的精神分析学家雅克·拉康①,也断然宣称"实在界"是不可能的,作为自在之物的"自然"是不可能的,因为一切都被纳入了符号的秩序,"符号界是无意识的领域,它割断了人与自在之物的关联,又创造了一个意义的世界"②。

环境美学家阿诺德·伯林特从另一个角度质疑了"自然",他指出未被人类触动的自然今天已经不存在了,"大部分野生地带其实都不是原始的自然,都打上了从古至今一直持续的人类活动的烙印,诸如清理、侵蚀、采矿、造林、酸雨以及改装地表。此外,城区大规模地铺设地面,进口动植物新物种,这些活动都会影响水资源的分布和气候变迁。现在臭氧空洞的出现又导致全球气候变暖以及太阳辐射增强,可以说,地球上没有一处

---

① 另外三个是米歇尔·福柯、罗兰·巴特和路易·阿尔都塞。
② 杨文臣:《拉康:在结构与解构之间》,《山西师大学报》(社会科学版)2016年第1期。

地方能对人类免疫"①。如果我们不放弃自然这个概念,就必须扩展自然概念的外延,将人类也纳入其中。"自然就是一切存在物,它自成整体,包容一切,不可分割且持续发展。"②字面上伯林特是把人类纳入了自然,实际上是侵蚀、掏空了自然概念,并填之以人类的秩序和意义,所以,他把自己构建的环境美学——包括自然美及其鉴赏——称为"文化美学"。文化,当然是人类的创造物。

取消自然的独立性,将其纳入人类秩序,对于我们开展生态反思显然是不利的。没有自然秩序作为参照,我们如何判断文明的走向是对还是错?生态思想家们不仅反对文化对自然的殖民,反对把自然"文化化",还要对文化进行变革,使文化"自然化",符合自然的意义秩序。然而,这就要应对解构主义的质疑:"自然"("实在界""自在之物")真的存在吗?而且,康德早就在"事实"与"应该"之间做出了区分,否认后者建立在前者之上,即便存在一个有着自己的目的和秩序的自然,我们就应该去顺应它吗?

在"保卫自然"即捍卫自然的独立性的问题上,精神分析可以成为生态思想的盟友——当然,拉康除外。生态思想为外部的自然做辩护,精神分析则致力于找出内在的自然;对外部自然的破坏引发了生态问题,对内部自然的压抑则引发了精神问题。如果文化连我们心灵中的自然都无法革除,又怎能抹掉作为自在之物的自然?

让我们从德里达对海德格尔的批判谈起。众所周知,海德格尔的哲学是生态思想最为倚重的理论资源之一,"场所意识""家园意识""诗意地栖居"等在生态思想家们口中出现频率很高的术语都来自海德格尔。

---

① 杨文臣:《拉康:在结构与解构之间》,《山西师大学报》(社会科学版)2016年第1期,第5页。
② 杨文臣:《拉康:在结构与解构之间》,《山西师大学报》(社会科学版)2016年第1期,第10页。

第一节　由德里达对海德格尔的批判说起

毫无疑问，德里达从海德格尔处受益良多。他的"解构"概念源自海德格尔的"拆毁"；他的"踪迹"概念则受到海德格尔的"道路"的启发，后者认为本质的语言乃通向世界四重整体之"道路"；在《面向存在问题》中，海德格尔在"存在"一词上打叉，以防范对象性思维的侵蚀，这种涂抹书写的做法也被德里达继承并发扬光大……然而，德里达在借鉴了海德格尔的某些概念和策略后，又反过来把解构的矛头对准了这位形而上学批判的先驱者，指责他把存在变成了一种更加稳固的本源和基础，从而树立了一种新的形而上学，"海德格尔的思想不是否定，而是重新要求将逻各斯和存在的真理作为第一所指(primum signatum)……存在的逻各斯，'思想听从存在的召唤'，乃是符号的第一源泉和最终源泉，也是区分 signans(能指)和 signatum(所指)的第一源泉和最终源泉"①。

德里达并没有误读海德格尔，确如他所说，海德格尔事实上把"存在"当成了"第一所指"和"先验所指"。这两个宾词可是和形而上学捆绑在一起的，而形而上学又是海德格尔批判的对象，何以如此？

要想回答这个问题，我们首先要理清楚"存在"到底是一个怎样的概念。

海德格尔一生都在言说"存在"，这一概念极为复杂和丰富。限于篇幅，我们只能采取化约的做法，将海德格尔有关存在的言说概括如下：

存在不同于所有的在场概念，诸如上帝、理念、精神、原型等等，也不是判定这些概念是否存在的"有"或"在"。

存在开启了世界，是世界的源头，但它既不是一个上帝那样的创

---

① [法]雅克·德里达：《论文字学》，汪家堂译，上海译文出版社 1999 年版，第 26 页。

造者，也不是一次创造事件。

存在不是一种我们可以选择的状态，无论我们是否遗忘了存在，我们都存在着，区别在于是"本真地存在"还是"非本真地存在"。

遗忘存在并非我们的过错，"被遗忘状态实际上属于存在之实事本身，是作为存在之本质的天命而运作的"①。遗忘是回归的前提，遮蔽也是澄明的前提，"真理绝不只是澄明，而是同样原始地作为遮蔽而本现，并且与澄明相亲密。这两者——澄明与遮蔽——并不是两个东西，而是唯一的东西(即真理本身)的本现"②。

海德格尔呼吁我们回归"本真的存在"，并不意味着我们真的可以脱离"非本真的存在"，一旦我们试图驻留于"本真的存在"，把它变成某种生存样式，我们就又沦入了"非本真的存在"。

…………

归根结底，海德格尔用"存在"一词来命名他所思之物，但这个语词和围绕这个语词所做的一切阐发都无法对其进行完全的呈现，"有待思想的东西的伟大处是太伟大了"③，语言充其量只是一些"道路"，把我们引向那里，如德里达所说，"存在的意义绝不是'存在'这个词，也不是存在概念。海德格尔不断要求我们注意这一点"④。所以，海德格尔在"存在"一词上打叉，以提醒我们，不要把它当成一个有着明确所指的能指。

后期海德格尔用"故乡"隐喻"存在"，用"返乡"隐喻"回归本真的存在"，这是一个非常成功的策略，更清晰地指明了回归存在的道路。——

---

① [德]马丁·海德格尔：《路标》，孙周兴译，商务印书馆2009年版，第489页。
② [德]马丁·海德格尔：《哲学论稿(从本有而来)》，孙周兴译，商务印书馆2013年版，第371页。
③ [德]马丁·海德格尔：《海德格尔选集·下》，孙周兴编选，上海三联书店1996年版，第1314页。
④ [法]雅克·德里达：《论文字学》，汪家堂译，上海译文出版社1999年版，第27页。

恰如他所说,诗乃思之近邻,乃还乡之歌。

本源意义上的"故乡",并不是浪漫主义者们所歌咏的田园或山野。农夫其实没有故乡,因为他们不会追问存在。海德格尔假设说,如果 J. P. 黑贝尔始终如愿待在那个盛产白葡萄酒的村庄,他是不会成为我们所熟知的那个伟大诗人的,恰恰是离乡逃难让他把家乡化育成了诗,"伟大诗人所吟诵和言说的一切,都源于乡思的酝与酿,并唤此一乡思的苦痛入于诗的话语"①。正是在这个意义上,海德格尔指出,我们生来就是异乡人。——虽然我们是在故乡出生,但身在故乡恰恰不能体悟何为故乡,只有离乡漫游我们才会渴望和召唤故乡。

语言是存在的家,故乡只在诗的话语中到场。因而,存在的澄明只能借助语言,返乡也只是在语言中返乡。"返"不是时间上或空间上的后退,而是当下的进入,是与故乡在诗中相遇。既然故乡在诗的话语中到场,那么,故乡也会随诗性语言切换为流俗语言而离场。因而,返乡不是一劳永逸的,我们不得不一次次倾听诗语的召唤,一次次踏上返乡之途。如果把故乡理解为返回后便可长期驻留的地方,那么,我们永远也回不了故乡,"灵魂之为灵魂乃是'大地上的异乡者'。所以,它始终都在途中"②。换言之,我们用语言澄明存在,但并不能居有这种澄明状态,被遗忘、被遮蔽是"作为存在之本质的天命而运作的",不随我们的意愿而改变,我们只能一次次地拨开不断降临的遮蔽,一次次地走向澄明之境。这意味着,我们永远处在返乡的途中。

徒劳无功吗?非也!每次"返乡",我们都有所领会,都是对于存在的一次去蔽,也都开启了新的可能性。所谓去蔽,并不神秘。海德格尔指出,无论是形而上学,还是科学和技术,都是去蔽的方式,但由于它们呈现的只是存在的一种可能性,因而它们组建起的生存样式就造成了对存在

---

① [德]马丁·海德格尔:《思的经验(1910—1976)》,陈春文译,人民出版社2008年版,第69页。

② [德]马丁·海德格尔:《在通向语言的途中》,孙周兴译,商务印书馆2008年版,第34页。

之丰富性的遮蔽,"在自然、人、历史、语言所展示的对置性本身的原则中始终只有一种在场的方式,在场者尽管能够以这种方式显现,但却永远不必要以这种方式显现"①。所以,我们要不断地返回本源意义上的"故乡",以摆脱固有的生存样式的束缚。也就是说,"返乡"是为了走向未来,走向无限可能的未来。如此,"存在"或"故乡",就不同于以往的形而上学概念,它不仅不会束缚我们的思想,相反,还通过召唤我们返回以便开启新的可能。

如此,"存在"真是"太伟大了"! 伟大到超乎我们想象,以至于只能用"神秘"来形容了,所以,海德格尔用"对于神秘的虚怀敞开"来对"思"和"返乡"进行说明。② 按照海德格尔的逻辑,这种存在之神秘乃终极神秘,不能再继续追问了。但无比睿智的德里达拒绝就此止步,他一针见血地指出,这种神秘来自一种最内在的生命体验:

> ……最贴近自我的声音——它无疑是人们所说的良知——被理解为能指的完全抹除:它是必然具有时间性的纯粹自恋行为(auto-affection),并且它不从自身以外,从世界中或现实中借用任何附属的能指,也不借用外在于其自发性的表达实体。这便是从自身中并且作为所指概念在理想性或普遍性的要素中自发形成的独特体验。这种表达实体的非现实性就是由理想性构成的。……在这种体验中,语词作为所指、声音、概念以及一种明显表达实体的不可分解的单元而存在。就其无上的纯洁性而言,同时就其可能性的条件而言,这种体验乃是"存在"的体验。③

---

① [德]马丁·海德格尔:《海德格尔选集·下》,孙周兴编选,上海三联书店1996年版,第973页。
② [德]马丁·海德格尔:《海德格尔选集·下》,孙周兴编选,上海三联书店1996年版,第1241页。
③ [法]雅克·德里达:《论文字学》,汪家堂译,上海译文出版社1999年版,第27页。

第一节 由德里达对海德格尔的批判说起

德里达还进一步指出,对这种存在之体验及其声音表达的研究要想取得突破,需要借助精神分析,"在语言学之外,在精神分析的研究中,这种突破似乎面临进一步扩大的极好机遇"①。

德里达所言不虚。在精神分析看来,前语言阶段的人与世界乃是一种共生融合的状态,这种状态是建立在区分与差异之上的交流语言无法传达的。直到语言及与之相伴而生的个体意识出现,个体与母体、人类与自然才真正分离开来。这很容易让人联想到海德格尔的相关表述:没有语言的存在物,处于一种无世界的状态;语言敞开了世界,是存在之家。

前面的章节我们已经介绍过,温尼科特把前语言阶段称之为"抱持阶段",在这一绝对温暖安全的阶段,个体尚没有自我与外界的区分,不知道有个人在悉心照料自己,处于一种混沌的、感受性的生命状态。一旦语言出现,比如喊出"ma-ma"的音节,作为他者的母亲就被召唤出来照面,世界由此敞开,而原初的感受性生命状态便自行隐匿了。不过,这种状态并没有彻底消散,它只是被遗忘到了无意识中。温尼科特指出,抱持阶段是我们精神成长的起点,我们一生都渴望返回,都怀念母亲的怀抱。当然,我们不可能变回婴儿,但当我们精神成长走向歧途的时候,我们可以暂时返回,然后重新出发。精神分析就是帮助我们返回的艺术,温尼科特会把自己诊疗室布置成接近于子宫或襁褓的氛围,耐心等待病人安静下来,然后用图景式的、诗性的语言,诸如"你在你迷失的地方""你在你的母亲之中"等,引领病人返回到那种原初的感受性生命状态。倾听诗语的召唤,踏上返乡之途,这一场景简直就是海德格尔思想的映像。

还有荣格,认为远古时代的人类在精神上与自然万物存在着一种"神秘参与"的关系,那时人类的心灵其实非常丰富,光怪陆离的原始意象、图腾、神话和宗教就是表征。如同荒野作为人类最初的家园为生命发展的多样性提供了可能,荣格认为荒野生存时代形成的丰富的集体无意识也是

---

① [法]雅克·德里达:《论文字学》,汪家堂译,上海译文出版社1999年版,第28页。

第六章 "保卫自然":从"自然文化化"到"文化自然化"

人类精神的源头活水,"要想从原始人的基本想法中得出什么哲学系统来,这完全是不可能的。他们只能提供相互矛盾的东西,但是,这些东西正是任何时代任何文明所有精神问题永不枯竭的源泉"①。所以,他呼吁我们不时地返回精神家园,倾听集体无意识在心灵深处发出的声音,以补偿和平衡被日趋狭隘的意识所扭曲了的心灵,过一种超脱于世俗的神圣性的生活。荣格和海德格尔一样批判工具语言的贫乏,推崇诗歌语言,认为伟大的诗可以帮助我们找到"回到生命最深处的本源的道路"②。这种说法与海德格尔的说法就像是源出同一版本。

再结合海德格尔对主张退回人类童年时代的中国道家的推崇,我们可以推出:虽然海德格尔坚决地以语言为依据,区分了此在之存在和其他存在物的无世界状态,但他的存在之体验同人与自然在前语言阶段的那种共生融合状态,其实有着暧昧的关系。道家通过"坐忘"和禅宗通过"顿悟"到达的境界,与海德格尔的存在之体验,应该是殊途同归,这也是海德格尔和日本的手冢富雄教授能够进行默契对话的深层背景。③ 而无论是道家还是禅宗,都把如何处理人与自然的关系作为自己的重要课题,如此,我们可以理解,何以孙周兴教授声称海德格尔想处理的也是我们通常所讲的人与自然的关系。④

在中国古代哲学中,自然虽不能言说,但却是人类一切行为的依据,也是一切意义的源头,所谓"大道不言""道法自然""赞天地之化育""夫莫之命而常自然"……但按照德里达的逻辑,自然是相对于文化而存在的,或者说存在于与文化的差异中,没有文化就没有自然,所以,自然不能成为意义的最终源泉,它只是一个形而上学概念。

---

① [瑞士]卡尔·古斯塔夫·荣格:《文明的变迁》,周朗、石小竹译,国际文化出版公司2011年版,第53页。
② [瑞士]卡尔·古斯塔夫·荣格:《人、艺术与文学中的精神》,姜国权译,国际文化出版公司2011年版,第103页。
③ [德]马丁·海德格尔:《在通向语言的途中》,孙周兴译,商务印书馆2008年版,第86~145页。
④ 孙周兴:《未来才是哲思的准星》,《社会科学报》2017年6月8日。

第一节 由德里达对海德格尔的批判说起

对于海德格尔的存在,德里达也作如是观:尽管存在的意义不等于存在这个词,"但由于这种意义根本不存在于语言和言语之外,它如果不与某个词、不与某个语言系统(concesso non dato)联系在一起,至少会与一般语词的可能性联系在一起,与其不可还原的单纯的可能性联系在一起"①。也就是说,"存在"的意义也有赖于差异,有赖于与语言可直接传达的意义的差异,而非本源的意义和意义的本源。这样,他就可以把海德格尔归类到形而上学的行列,进而做出了超越,"不是在海德格尔道路的这边,而是在他的远方,并且在半途之中,终于认识到存在的意义并非先验所指或超时代所指(即使他本身始终隐藏在这个时代中),而是前所未有的确定的能指痕迹。……相对于差别而言,不管是实体性的、本体的还是'实体-本体论的'在者与存在都是派生的东西"②。

德里达把这种无处不在的差别称为"分延"(différance,也译作"延异""异延"),认为它才是更本源的东西——当然,不是作为"根据"的"本源"。抹去了本源,就抹去了天经地义,抹去了绝对的合法性,一切是建构起来的,一切可以被质疑、拆毁和重新建构。这样,我们就将拥有一个无限开放的未来,没有什么能束缚我们的思想,没有什么能阻挡我们按照自己的意愿前行。海德格尔的哲学也是面向未来,但他还是要我们去倾听"存在"的呼唤,还是试图给我们划定方向,在德里达看来,任何类似的企图都有可能阻塞视野,把我们带到沼泽地中。他当然有理由这么想,海德格尔在纳粹期间的确做出过错误的选择,而且这种选择是建立在他的哲学思考之上的。

德里达承认,形而上学是不可能避免的,它是一切思想包括解构思想的前提,"解构活动并不触动外部结构。只有居住在这种结构中,解构活动才是可能的、有效的;也只有居住在这种结构中,解构活动才能

---

① [法]雅克·德里达:《论文字学》,汪家堂译,上海译文出版社1999年版,第27页。
② [法]雅克·德里达:《论文字学》,汪家堂译,上海译文出版社1999年版,第31页。

有的放矢"①。我们要问的是，形而上学应该避免吗？

格拉切认为不能，"我们之所以不能放弃它，恰恰是因为形而上学提出的问题是我们能追问的最基本的问题；它们所涉及的是作为我们经验中的一切事物的基础的东西。放弃它是无法想象的，即使我们从来没有得到过令人满意的回答"②。我们总是活在对意义的追问中，语言是为了负载意义而存在的，但意义不能从绝对的虚无中产生，它必须有所依托。德里达把"分延"作为意义的源头，恰恰要抽去这种依托，结果只能使意义沦为无源之水、无本之木，沦为让我们心烦意乱而非安顿灵魂的幽灵之声。

诚如德里达所言，一切意义是语言建构起来的，一切被纳入了语言的秩序，存在的意义也不存在于语言和言语之外，我们无法谈论和面对任何语言之外的事物。对于我们来说，语言之外无物存在，但这只是对于我们来说，语言之外并非真的无物存在。我们不能否认，任何一个"我"出生前，世界已经存在；人类（语言）出现之前，这个星球也已经存在。"我"之前的世界，其意义并不取决于"我"怎么言说它，相反，"我"的一切——肤色、种族、人生道路的选择，乃至怎么看待这个世界——都和它有千丝万缕的关联；人类出现之前的世界也有自己的秩序，这种秩序同样不取决于我们怎么谈论它，相反，我们的一切——生命形态、生存方式以及语言能力，等等——都是它的运作的产物，我们用语言表达的种种意义，从根本上说也源自语言出现之前就已存在的世界。赛博空间是通过数字代码编织出来的，但它的意义并不取决于编码规则，作为现实空间的镜像和延伸，它的意义取决于其模拟和辅弼的现实空间。同样，意义是由语言承载的，但我们不能断定一切意义来自语言之"分延"，不能因语言的隔断而否认自在之物的存在及其意义。正如桑德尔所说，"无论是自然，还是宇宙，都不能提供一种可以为人类把握或理解的意义秩序的话，那么，人类主体也

---

① ［法］雅克·德里达：《论文字学》，汪家堂译，上海译文出版社1999年版，第32页。
② ［美］格拉切：《形而上学及其任务》，陶秀璈、朱红、杨东东译，山东人民出版社2008年版，第6页。

无法构造他们自己的意义"①。

如前所说，德里达没有误读海德格尔，后者的确没有彻底摆脱形而上学，尽管他已做了最大努力，或许这正是我们的"天命"。我们应该勇于创造新的未来，如德里达所期望的那样，但未来的可能性毕竟不是无限的，建造要受到地基的限制。我们与我们诞生于其中的这个世界保持着连续性，我们越来越意识到，这个世界是如此神秘而浩瀚，我们对它的认识是没有止境的，我们的未来也因而永远向着新的可能性敞开着；而另一方面，既然我们的认识是没有止境的，既然总有神秘未知的领域存在，那么，我们就应该保持谦逊，保持"对于神秘的虚怀敞开"，而非随心所欲、一意孤行。生态灾难的频发一再提醒我们，我们的建造不是不受限制的，不是每条道路都可以通向未来。海德格尔呼吁我们"返乡"，正是为了寻找通向未来的正确道路。他非常喜欢 J. P. 黑贝尔的这句诗："我们是植物，不管我们愿意承认与否，必须连根从大地中成长起来，为的是能够在天穹中开花结果。"②——是的，我们要走向未来，要向天穹伸展，但必须扎根在大地之中。

大地就是自然。

第二节　抹不掉的自然与拉康的转向

文明不是海市蜃楼，不能凭空搭建而成。无论物质文明的大厦，还是精神文明的大厦，都建基于自然之上，且永远受其限制。弗洛姆指出，人的心灵并不是一张白纸，可以任由文化涂抹，如果是那样，就不会有精神问题了，相反，我们心灵中存在着"不灭的特质"。③ 这些不灭的特质，就

---

① ［美］迈克尔·J. 桑德尔：《自由主义与正义的局限》，万俊人等译，译林出版社 2011 年版，第 198 页。

② ［德］马丁·海德格尔：《海德格尔选集·下》，孙周兴编选，上海三联书店 1996 年版，第 1241 页。

③ ［美］埃里希·弗洛姆：《自我的追寻》，孙石译，上海译文出版社 2013 年版，第 19 页。

是我们心灵的、人性的自然,不同精神分析学家对此有着不同的言说。在弗洛伊德那里,这种自然是力比多,它接受文化的改造(压抑或升华)但不会完全就范,并始终在暗暗地积蓄力量试图反抗,甚至威胁着要把文明摧毁;在荣格那里,这种自然是集体无意识,它永远不会消失,文明终将为对它的过度压抑付出代价;在弗洛姆自己的学说中,是对融入某种共同体的渴望,个人主义如何发展都不会湮灭这种发自心灵深处的声音,相反会把我们引向它所布下的陷阱;在温尼科特的学说中,则是对抱持的需要,我们永远也不会想要生活在一个"他人是地狱"的冰冷世界里……文化发展必须与我们心灵的自然相适应,否则便会出现精神问题,是精神分析学家们普遍持有的信念。

也有例外,那就是拉康。

就在世时的影响而论,拉康可能是精神分析历史上唯一能与弗洛伊德比肩而立的大师,二者的关系也相当富有戏剧性。

拉康崛起之时,法国精神分析的发展很不尽如人意。20世纪50年代,英国客体关系学派已经枝繁叶茂;大洋彼岸的美国,弗洛姆和沙利文正声誉日隆。而法国的精神分析却出现了倒退的迹象,伊丽莎白·鲁迪奈斯科抱怨道,"我们在1950年拥有的弗洛伊德主义,是医学与生物学的某种混合物"①。弗洛伊德最杰出的贡献、精神分析的核心范畴——"无意识"——正在被边缘化,精神分析也面临被医学吸纳从而失去自身特性的危险。拉康在这种情势下登场了,发出了"回到弗洛伊德"的宣言,要求重新确立无意识在精神分析理论中的重要地位。很快,他便被法国精神分析学界奉若神明,以至于"不成为拉康派将一无是处"②。

不过,回到弗洛伊德只是一个属人耳目的策略,目的是为自己博得更大的话语空间。事实上,拉康的回归是一种叛离,他彻底取消了弗洛伊德

---

① [法]弗朗索瓦·多斯:《从结构到解构——法国20世纪思想主潮·上卷》,季广茂译,中央编译出版社2004年版,第140页。
② [法]弗朗索瓦·多斯:《从结构到解构——法国20世纪思想主潮·下卷》,季广茂译,中央编译出版社2004年版,第177页。

的生物主义，掏空了弗洛伊德的无意识，在里面塞入了自己的东西。

其时，结构主义作为一种思维范式正不断向各个学科领域扩张，拉康欣然承担起其在精神分析领域的代理人角色，他毫不避讳地借用列维-斯特劳斯的结构人类学理念，对弗洛伊德进行修正。列维-斯特劳斯本人也很关注精神分析，并积极与后者展开对话。他非常推崇弗洛伊德提出的无意识概念，但抛弃了内驱力、冲动、情结等暧昧不明的东西，从结构人类学的角度对无意识做出了全新的解读。在他看来，无意识是结构的藏身之所。人类学和民族学的目的在于重建支配着人类心灵运作的普遍法则，这种人们意识不到但却无法逃脱的普遍法则和结构便是无意识的主要内容。拉康完全接受了列维-斯特劳斯的无意识主张，将其移植到了精神分析领域，从结构而不是实然之物（力比多）的角度来看待和分析无意识。

除了列维-斯特劳斯，拉康还受到了海德格尔的影响。后者认为，语言不是人的工具，而是先在于人的，是存在的居所，"对语言的深思便要求我们深入到语言之说话中去，以便在语言那里，也即在语言之说话而不是在我们人之说话中，取得居留之所"①。人并不是语言的主体，我们以为我们说话，语言便完全在我们的掌控之中，这不过是一种幻觉。拉康对此论深为服膺，"主体在其精神发展的某个时刻进入语言时，语言早就存在了"②。我们不仅不能随意操纵语言，相反，我们言说、思维、感受、欲望等一切，都受到语言的制约，虽然对此我们毫无意识。因而，"精神分析在无意识中发现的是在言语之外的语言的整个结构"③。

拉康坚决反对弗洛伊德从本能维度对无意识进行阐说，很容易让人想到西方唯心主义哲学根深蒂固的推崇智性、排斥肉体的传统，马尔库塞曾

---

① [德]马丁·海德格尔：《在通向语言的途中》，孙周兴译，商务印书馆2008年版，第3页。
② [法]拉康：《拉康选集》，褚孝泉译，上海三联书店2000年版，第425页。
③ [法]拉康：《拉康选集》，褚孝泉译，上海三联书店2000年版，第425页。

就此提出过批评。① 拉康倒不至于否定我们有一个经验的身体以及这个身体之于人的存在的价值，他质疑的是对于深陷符号之网中的人来说，是否还像动物那样拥有原初意义上的本能。在历史学领域，人们正逐渐达成一种共识，那就是历史即文本，任何历史都经过了人们的解释和编码，原生的、唯一的历史已经"死亡"。拉康认为与历史中发生的情形相似，所谓的本能阶段也是不存在的。"所有那些在某种所谓的本能阶段的羁留其实首先是历史的痕迹：你想忘掉或取消掉的片断，或者是给予责任的光荣的片段。"②即便是幼儿，也会将他排泄的冲动作为侵袭，将他的忍耐作为诱惑，将他的放松作为象征。由于一切意义是由语言来承载的，所以本能的消亡和语言机制的运作有重大干系。语言隔断了身体和世界的直接关联，把身体纳入意义和秩序中。比如，拉康认为纯粹地指向生殖的性关系是不存在的，因为它总是摆脱不了话语赋予的象征意味。占有邻居之妻的欲望往往是由禁止觊觎邻居之妻的戒律诱发出来的；③ 而如果一个人从没听说过爱，他也不会堕入情网。应该说，拉康的论说是非常有力的，欲望的炽盛并不是力比多过量所致，而是被话语生产出来的，和个体所处的充满色情意味的话语环境有关。一个性生活非常丰富和频繁的人往往并不能从中获得满足，其原因显然不是生理层面上的。

既然身体被纳入语言的秩序中，那么精神分析就可以完全放弃掉本能的言说而专注于语言的分析。拉康因而对语言学极为推重，认为语言学应该作为范例，带领当代人类学科前行。借助结构语言学，他区分了实在界、符号界和想象界（简称为 RSI），以对应于弗洛伊德的本我、自我和超我。实在界是不可能之物，是康德的"物自体"的遥远的回声，拉康把本我指派给实在界，等于宣告了它的消亡。符号界是无意识的领域，它割断了

---

① ［美］赫伯特·马尔库塞：《爱欲与文明》，黄勇、薛民译，上海译文出版社2008年版，第158页。
② ［法］拉康：《拉康选集》，褚孝泉译，上海三联书店2000年版，第272页。
③ ［法］纳塔莉·沙鸥：《欲望伦理——拉康思想引论》，郑天喆等译，漓江出版社2013年版，第16页。

人与自在之物的关联，又创造了一个意义的世界。想象界指涉意识层面，如命名所表明的那样，是人的一种自以为真实的幻象。显然，符号界至关重要，对它的分析能够解释意义是如何组织起来的，以及语言的压抑、挫伤怎样导致了精神症状的发生。"症状完全是在语言分析中得到解决的。因为症状是像语言那样构成的，因为它就是语言，而语言得由它而释放出来。"①

拉康不仅从语言学中获得了崭新的视野，而且将语言学的分析操作直接移植到了精神分析领域。1950年，拉康结识了罗曼·雅各布森并结为终生挚友。雅各布森对失语症进行过研究，他区分了两种失语症，一种是患者在寻求相似性方面存在障碍，一种是患者在寻求邻近性方面存在障碍，两种失语症与隐喻和转喻两种修辞格进而被他联系在了一起。失语症也是精神分析关注的对象，雅各布森的研究因而极大地启发和鼓励了拉康从结构语言学中借鉴方法。他接受了雅各布森关于隐喻和转喻的二分，用来对弗洛伊德的释梦学说进行再阐释，进而探索无意识的运作机制。弗洛伊德指出，受迫于前意识强大的检查机制，无意识即便在睡梦中也要伪饰自己才能得到释放和满足，伪饰的方式即梦的运作机制，主要有压缩和迁移两种。拉康指出，压缩即隐喻，迁移即转喻，梦的运作机制其实是语言的结构。弗洛伊德谈论梦的运作机制的归宿是揭示无意识的内容——被压抑的原欲，而拉康故意对此进行曲解："在分析梦时，弗洛伊德打算给予我们的不是别的，只是无意识最广泛的法则。"②这样，拉康就清洗掉了无意识中的内容质素，将其变成了语言结构的存身之所，结构主义从而成功扩展到了精神分析领域，拉康也跻身结构主义"四个火枪手"之列，在20世纪60年代随着结构主义的兴盛而名满天下。

但拉康又不是一个不折不扣的结构主义者。作为范式的结构主义是封闭的、完整的，借助结构分析总能找到客观的、确定的意义，而拉康的结

---

① [法]拉康：《拉康选集》，褚孝泉译，上海三联书店2000年版，第279页。
② [法]拉康：《拉康选集》，褚孝泉译，上海三联书店2000年版，第445页。

构是开敞的、不完整的。如他的弟子克洛德·孔泰接受弗朗索瓦·多斯的采访时所说,"我认为它是相当奇特的结构主义,因为它是一种理论,最终这种理论要考虑下列事实:总是存在着令人无从把握之物,存在着理论束手无策之物"①。透过拉康的一些概念、命题,如能指的连环、分裂的主体,等等,我们可以看到解构主义的姿态。而且,和福柯、巴特等人是在20世纪70年代中期后追随形势而转向不同,对结构的超越从一开始就内在于拉康的理论构建中,在某种意义上可以说是拉康最早开启了结构向解构的转型,尽管他从未声言过这一点。

在拉康早期提出的"镜像理论"中,我们已经可以看到后来解构思想的端倪。拉康指出,镜像阶段在个体成长中的作用极其重要,它推动了自我的形成。在此之前,儿童对身体的感受是不连续的、破碎的,镜子中的完整形象使他第一次产生了认同感,从此有了关于自我的完整想象。然而,他所认可的镜子中出现的形象只是幻象,连左右都是颠倒的。所以,拉康指出这种认同是一种想象性异化,"镜子阶段是场悲剧,它的内在冲劲从不足匮缺奔向预见先定——对于受空间确认诱惑的主体来说,它策动了从身体的残缺形象到我们称之为整体的矫形形式的种种狂想——一直达到建立起异化着的个体的强固框架,这个框架以其僵硬的结构将影响整个精神发展"②。一方面,镜像阶段是一个意义深远的时刻,在这一时刻断裂产生,个体无可挽回地走上异化之途。另一方面,镜像阶段还是一个隐喻,是对自我形成机制的揭示,它将持续地作用于个体的精神发展。随着自我的发展,他者的目光占据了镜子的位置,成为个体进行自我想象和构建的依据。每个人都活在他者的目光里,都极力迎合他者的价值评判试图成为他者所艳羡的人。由此拉康给出了那个著名的格言:欲望不是对他者的欲望,而是欲望他者的欲望。也就是说,欲望不是本能的、生理的要求,而是通过他者的目光构建起来的。他者又有各自的他者,如此不断推衍下

---

① [法]弗朗索瓦·多斯:《从结构到解构——法国20世纪思想主潮·上卷》,季广茂译,中央编译出版社2004年版,第168页。
② [法]拉康:《拉康选集》,褚孝泉译,上海三联书店2000年版,第93页。

去，我们永远无法为欲望和自我找到客观的、物质的基础。

引入语言学范式后，拉康得以对镜像理论中的思想做出更为精致的阐说。他改造了索绪尔提出的能指和所指的概念，把个人的言语视为能指，把其指涉的现实之物视为所指。由于语言是先于个人、超越个人而存在的，因而个人的言语总是指向他者的言语，是对他者言语片段的拼贴和整合，而他者的言语又指向他者的他者……也就是说，能指总是指向其他的能指，在无限延宕中，所指被取消了。"意义坚持在能指连环中，但连环中的任何成分都不存在于它在某个时刻本身所能表达的意义中。……在能指之下所指不断地迁移。"①主体不过是一种幻觉，人们自认为独特的、可以加以言说的主体，其实不过是重重叠叠的话语网络中的绾结点，永远处在分裂之中。"我们可以试着从将'我'看作是能指这样一个纯语言学的定义开始。在这个定义中，主体只是一个转换者或指示物，它在话语的主语中指示当时正在说话的主体。"②而这个正在说话的主体并不知道他说的是什么，他以为在言说自我和现实，其实他只是"能指游戏的小卒子"，完全丧失了原初自我和现实的可能。拉康的这种论调很容易让我们想到德里达，二人非常接近，以至于德里达曾多次抱怨拉康侵犯和袭用他的著作，事实当然并非如此，如本书所论，拉康的解构倾向在提出镜像理论就已初露端倪，那时德里达仅仅六岁。德里达对拉康的攻击更多的是出于对后者以父亲姿态对待自己的反感。二人同样地野心勃勃，要用自己的学科话语统治对方的学科。在彼此交恶、相互攻击的背后，是他们理论取向的高度一致。

由此拉康发展了自己对精神病患的独特理念。他反对从生理、器质层面去寻找精神病因，认为语言和意义层面上的探索才是唯一通途。"依靠一个衰弱的机体，一个放纵的想象力以及力不能及的冲突是不足以达到疯狂的。有可能以一个铁的体魄，强有力的认同，以及定于星象之中的命运的帮助能更肯定地导向这个对存在的诱惑。"③在拉康看来，疯狂是高贵的，

---

① [法]拉康：《拉康选集》，褚孝泉译，上海三联书店2000年版，第433页。
② [法]拉康：《拉康选集》，褚孝泉译，上海三联书店2000年版，第608页。
③ [法]拉康：《拉康选集》，褚孝泉译，上海三联书店2000年版，第182页。

如果一个人与世浮沉，谨遵"现实原则"，他不会有疯狂的风险。只有那些有着强大的自由意识和信仰，决绝地以一种理想的秩序和法则反抗现实世界的混乱的人，才会走向谵妄和疯狂。然而，这种反抗是徒劳的，他们信奉的只是一套话语，而不是真理，这个世界上唯一的真理是：我们被锁闭在能指的游戏中，永远无从捕捉到作为终极意义和秩序的真理。治疗就是一种"去蔽"，"为了解放主体的言语，我们将他引入他欲望的语言中去。也就是说引入原初语言中去"①。谈话疗法的旨趣就在于揭示话语压抑之物，破除患者对所信奉的话语的执着，从而谋取与现实的和解。

和德里达的解构主义理论一样，拉康精神分析学说的批判利刃也非常锋利。既然没有终极的意义和秩序，那么，一切打着真理旗号的话语都是欺骗，日后形形色色的意识形态批判和文化批判因此而倚重拉康。拉康本人也曾对各种欺骗性的意识形态尤其是资本主义意识形态发起过猛烈的攻击。他区分了四种话语：主人话语、歇斯底里话语、大学话语和精神分析话语，前三种话语都是以知识的、科学的、普遍性的面目出现，隐藏起了自己取得支配性地位的运作机制，旨在俘获主体；唯有精神分析话语引入了无意识的维度，打破了前三种话语营造的种种幻觉，帮助主体从对主人话语(歇斯底里话语和大学话语可以看作主人话语的补充)的迷恋和盲从中清醒过来，获得解脱和自由。通过四种话语理论，拉康质疑了一切理想、学说和乌托邦，消解了关于历史和政治的宏大叙事，其激进的姿态一度被视为左翼阵营中的一员。和其他解构和批判话语相比，拉康的卓越贡献还在于他瓦解了理性主体的坚固堡垒，进入个体的无意识领域对各种主人话语之于人的侵蚀和锢蔽做了深微精妙的阐说，后来微观政治进入学界视野并备受瞩目，里面无疑也有拉康的功劳。

放眼当下，我们正深陷于消费社会和仿像社会之中，这恰好成为拉康理论的确证。各种商品、符号和欲望被源源不断地生产出来，身体成为资本竞相争夺的场所，被污染得面目全非；大众传媒和文化产业不只是社会

---

① ［法］拉康：《拉康选集》，褚孝泉译，上海三联书店2000年版，第306页。

的影像和装饰，它们正深刻地修改和塑造着现实，仿像和真实之间的界限已无法区分。人们漂浮在大量冗杂信息和流行话语的碎片中，存在的深度被削平，一种精神分裂式的麻痹状态正在人群中蔓延。可以说，拉康的理论是有预见力和阐释力的，为我们提供了对当下社会景观进行审视和批判的利器。

然而，这种批判又能把我们引向何处呢？按照拉康，我们只能受制于语言的结构，只能在他人的话语中构建自我，那么，哪一种自我才是合乎人性的呢？我们否定了"主人话语"发布的意义和秩序，我们能构建起更好的意义和秩序吗？逻辑上是不可能的，因为批判话语和被批判的话语都是来自他者，都没有一个超越"能指的连环"的终极支撑。如此，社会变革还能在多大程度上改变我们的存在境况呢？对居于统治地位的"主人话语"（或"大他者"）进行批判但不能导向甚至否定任何有力的变革行动，这种批判也就失去了力量。拉康所谓的最具解放性的话语——精神分析话语——能给我们带来的解放不过是"教唆"我们成为一个犬儒主义者、一个游戏红尘者，保持质疑、清醒，但不企望改变现状。

归根结底，对"实在界"的否定是拉康理论的锋芒所在，也是其局限和盲点所在。我们可以认可他的说法，纯粹的本能并不存在，但这并不意味着通过语言学分析就可以对主体进行彻底的言说。相比拉康这个口是心非的追随者，还是弗洛伊德的观点更接近真理——本能并不驯顺，转移和升华机制也不能使它完全屈服。我们以为文化已经征服了自然，它却用生态灾难表达抗议。本能也是如此，语言可以修改它、重组它，但它不会消亡，它只是沉默了，在沉默中积蓄爆发的力量。法国学者热拉尔·芒代尔精辟地指出，"我相信，而且我一直都相信，拉康认为他一直在破解无意识之谜，但是他破解的只是前意识而已。我们完全有理由说，前意识是像语言一样结构起来的"①。拉康是在弗洛伊德的薄弱之处构建自己的理论

---

① [法]弗朗索瓦·多斯：《从结构到解构——法国20世纪思想主潮·上卷》，季广茂译，中央编译出版社2004年版，第161页。

第六章 "保卫自然"：从"自然文化化"到"文化自然化"

的，可以作为后者的补充，但不能取代后者。

如我们在本书第一章所介绍的，弗洛伊德的理论具有浓烈的父性色彩，之后，精神分析就悄然开始了转向，母性色彩日渐浓重。在这个意义上，拉康倒真是回到了弗洛伊德，甚至有过之而无不及。尽管以敌视的姿态，尽管不情愿，弗洛伊德毕竟承认了母性法则主导的前俄狄浦斯期的存在，承认源自这一时期的"乱伦情结"将潜伏在无意识中伴随我们一生。而拉康直接宣布"实在界"是不可能的，将其彻底抹除，即便是在无意识中，也没给实在（原初本能）留下地盘。用语言秩序彻底取代本能秩序，意味着用父性法则彻底驱逐母性法则。拉康的精神分析里没有母亲的位置，个体心灵的内内外外都是语言，都是父亲颁布的秩序①。有趣的是，拉康的做派也是父性气质的，"他取代了父亲的角色，借助于自己的超凡魅力，大力宣布自己的律令，分配美差，分封诸侯，即使冒了这样的危险也在所不辞；把自己的忠实追随者变成自己的简单复制品"②。这是统治者的姿态，是父亲对儿子的态度，也是人类对自然的态度。塞尔日·勒克莱尔对拉康理论的指责耐人寻味，"能指的领导权支配了一切，导致了极权主义。有些东西是我不能同意的，他们为宗教的回归铺平了道路"③。晚年拉康高深莫测地玩弄拓扑学、纽结、环形圆纹曲面之类的让弟子们无法理解、心烦意乱的概念，也被反对者嘲讽为刻意神秘化以维护自己神之地位（"古鲁"）的一种手段。我们不好说这种嘲讽是否冤枉了拉康，但他的所谓"拓扑学转向"确确实实没有结出任何有价值的果实。

肖恩·霍默告诉我们，"在其事业生涯的最后阶段，拉康把他的注意

---

① 博拉斯从语言的层面区分母性法则和父性法则，认为语言秩序体现了父性法则，前语言秩序则体现了母性法则。（[英]克里斯托弗·博拉斯：《精神分析与中国人的心理世界》，李明译，中国轻工业出版社2015年版，第3页）
② [法]弗朗索瓦·多斯：《从结构到解构——法国20世纪思想主潮·上卷》，季广茂译，中央编译出版社2004年版，第134~135页。
③ [法]弗朗索瓦·多斯：《从结构到解构——法国20世纪思想主潮·下卷》，季广茂译，中央编译出版社2004年版，第504页。

力更多地转向了实在的身体的概念，亦即：无法象征化的身体"①。与此相应，他也对女性给予了更多的赞赏，认为与男性相比，女性能够企及更多的东西。男性只能体验到"阳具的享乐"和"另外的享乐"（surplus jouissance）二者之中的一种，而女性可以同时体验这两种。②"阳具的享乐"是对于秩序的体验，秩序自然是父权的秩序、语言的秩序；而"另外的享乐"是一种迷狂体验，超越了想象界、符号界和父权意义上的主体，是对前语言秩序、母性秩序的体验。在辉煌落幕之际，拉康再次回到了弗洛伊德，并超越了弗洛伊德：他终于承认了"实在界"不会驯顺地接受"符号界"的殖民，承认了前语言秩序即母性秩序的存在，而他在男性和女性之间开展的对比，优劣也不言而喻——男性偏执于理性或非理性的一极，而女性则能够把二者结合起来。

"符号界"没有湮没"实在界"，文化也没有抹除自然。拉康的转向对他来说来得有点太晚了，希望我们的转向还不晚。之前，我们致力于强化人类的主体地位，征服自然，使自然"文化化"；现在，我们应该弱化自己主体地位，顺应自然，使文化"自然化"。

第三节 精神分析视野下的禅宗思想

"自然文化化"建立在自然与文化的对立之上，是文化对自然的征服；"文化自然化"则建立在二者的和解之上，是文化主动归化于自然。文化与自然能否彻底和解，对于生态问题的解决可谓举足轻重，而文化个体对待自然的态度，对于"文化自然化"又是关键性的。

如何得自然？

众所周知，西方传统哲学追求人对于自然的超越，他们把发展理性意

---

① ［英］肖恩·霍默：《导读拉康》，李新雨译，重庆大学出版社2014年版，第165页。
② ［英］肖恩·霍默：《导读拉康》，李新雨译，重庆大学出版社2014年版，第144页。

识视为哲学的使命,而理性意识又是人区别于自然的标志。被贴上了非理性主义标签的精神分析则不然,他们把无意识视为我们心灵的自然,主张倾听无意识的声音,把无意识整合进意识。本质上,精神分析是对西方哲学的一种反动,是要引领我们弱化过于强大的个体意识、理性意识,从而与心灵的自然、生命的自然取得和解。与西方哲学不同,中国古典哲学恰恰不主张超越自然,而是主张回归自然、天人合一。精神分析与中国古典哲学由此产生了共鸣。

前面的章节我们曾谈到,为了抵制愈演愈烈的个体意识和私有意识——"自为心",道家主张"复归于婴儿",退回到与道合一的"真我状态",儒家则主张培育一种可赞天地之化育的"仁人之心"。但悖论的是,二者又以各自的方式确立和强化了个体意识,李泽厚指出庄子"第一次突出了个体的存在","个体存在的身(生命)心(精神)问题"是庄子思想的实质。① 儒家更不待言,其标举的"仁者"是一种超卓的道德主体,一种和而不流、巍然屹立的精神个性。道家主张"出世",儒家主张"入世",这本身就预设了有一个可以"出"或"入"的世界,预设了他们与世界的分裂。如刘士林所说,"无论儒家以'仁'意为生命的本体基础,还是道家以'情'意为个体的最高存在,由于首先突出一种人性,必然导致他们与世界在本源关系上的破裂"②。所以,人与世界的对立从未得到彻底消解,道家容不下他们眼中这个逐名趋利的世界,儒家也总要与不合乎"仁"的人和事展开斗争。相比之下,禅宗在个体意识的消解上做得要彻底得多。

禅宗讲"见性成佛""即心即佛",作为自我本体的"性""心"和作为宇宙本体的"佛"是二而一的。既然"佛"并不在"心"外,那么,就不能追问"佛"是什么,因为一旦发问,就意味着"佛"成了"心"观照的对象,二者就被阻隔开了。所以,《五灯会元》中,禅师们面对"佛是什么""如何是祖师西来意"的追问,大多选择顾左右而言他,甚至当头便打,以点醒问

---

① 李泽厚:《中国古代思想史论》,三联书店2009年版,第189页。
② 刘士林:《中国诗性文化》,江苏人民出版社1999年版,第525页。

者——你的这种发问本身是有问题的:

> 韶州灵瑞和尚,俗士问:"如何是佛?"师喝曰:"汝是村里人。"僧问:"如何是西来意?"师曰:"十万八千里。"问:"如何是本来心?"师曰:"坐却毗庐顶,出没太虚中。"问:"如何是教外别传底事?"师曰:"两个灵龟泥里斗,直至如今困未休。"曰:"不会。"师曰:"木鸡衔卵走,燕雀乘虎飞。潭中鱼不现,石女却生儿。"
>
> 蕲州三角山志谦禅师,僧问:"如何是佛?"师曰:"速礼三拜。"僧礼拜,师曰:"一拨便转。"
>
> 郢州芭蕉山遇禅师,僧问:"如何是祖师西来意?"师曰:"是星皆拱北,无水不朝东。"曰:"争奈学人未会何!"师曰:"逢人但恁么举。"
>
> …………

灵瑞和尚先是通过答非所问暗示对方问得不对,但那个俗士显然悟性太差,一再迂执地追问,他才用"木鸡衔卵走"等来讽喻对方:这样发问方式和思维方式,是不可能有结果的,只会像那两只灵龟一样永远缠斗不休、自我做缚。志谦禅师和山遇禅师表面上也是答非所问,但却也委婉地给出了回答:"佛""佛法"不是可以用语言加以界说、外在于言说者的对象,众生万象、缘起缘灭、生生死死,以及融浑于一切起灭生死的时间和空间,都是佛——作为自然现象的"是星皆拱北,无水不朝东"是佛,作为日常经验的"一拨便转"也是佛。所谓"青青翠竹,总是法身;郁郁黄华,无非般若"(《景德传灯录·慧海禅师》)说的也是这个意思。佛是众生,但众生并不都是佛,因为执念、妄念会遮蔽"空无自性"(即"佛性"),只有摆脱"人我"(即自我)的纠缠,"全清净之性","无生"亦"无念",才能成佛。六祖慧能因之曰,"不悟即佛是众生,一念悟时,众生是佛"(《坛经》)。

既然"众生是佛""即心即佛",那么,我们不能问"佛是什么",也就不能问"我是什么",一旦发问,"心"与"佛"就有了阻隔,"佛性"就丧失

了。这个与佛合一的"我",临济禅师称之为"无位真人":

> 上堂云:"赤肉团上,有一无位真人,常在汝等诸人面门出入,未证据者看看。"时有僧问:"如何是无位真人?"临济禅师下禅床揪住那僧说:"道!道!"那僧拟开口,临济禅师一下子推开那僧,说道:"无位真人是甚么干屎橛?"(《临济录》)

无位真人,即不限定于具体空间的真人,也就是吾人之佛性。我们不能追问无位真人是什么,因为其无形无相,超越时空也超越语言。临济禅师夸张的动作(揪、推)和语言(干屎橛),就是为了点醒对方:不能问,只能悟,语言是无法言说"无位真人"的,所谓"无位真人"只是妄立(姑且名之)的一个"假名",而不是一个实体或对象,一旦就这个名字展开追问,你就把它给实体化、对象化了,就受到了名字的束缚。进而言之,没有任何名字(概念)能够恰切地言说"佛性"。司空本净禅师直言,"佛""道"本身便是妄名:

> 真禅师问:"道既无心,佛有心否?佛之与道,是一是二?"师曰:"不一不二。"曰:"佛度众生,为有心故。道不度人,为无心故。一度一不度,何得无二?"师曰:"若言佛度众生、道无度者,此是大德妄生二见。如山僧即不然。佛是虚名,道亦妄立。二俱不实,总是假名。一假之中,如何分二?"曰:"佛之与道,从是假名。当立名时,是谁为立?若有立者,何得言无?"师曰:"佛之与道,因心而立。推穷立心,心亦是无。心既是无,即悟二俱不实。知如梦幻,即悟本空。强立佛道二名,此是二乘人见解。"师乃说无修无作偈曰:"见道方修道,不见复何修?道性如虚空,虚空何所修?遍观修道者,拨火觅浮沤。但看弄傀儡,线断一时休。"(《五灯会元·司空本净禅师》)

"空""无"才是"心"以及"因心而立"的"佛"与"道"的本来面目,所谓"万法皆空""自性亦空"。"佛道"俱是"假名",佛教经典也尽是"魔说"①,执着于去"修"所谓的"佛性""道性",无异于缘木求鱼。参悟方是正途,一朝悟得"如来藏"(即世界空无之本性),便自成佛,"离一切相即佛"。而要"离一切相",首要破除的便是"我相"。有近臣问司空本净禅师:

"此身从何而来?百年之后复归何处?"师曰:"如人梦时,从何而来?睡觉时,从何而去?"曰:"梦时不可言无,既觉不可言有。虽有有无,来往无所。"师曰:"贫道此身,亦如其梦。"

此身既如梦,还有什么放不下的?

可是,"空""无"本身不也是概念吗?破除了一切"相"和一切"念"之后,生命存在还有何意义?禅宗要把我们引向"枯木死灰"般的心境吗?

禅宗承认,"空""无"也是概念,我们不能执着于"相"和"有",也不能执着于"空"和"无"。智威禅师和慧忠禅师有段著名的对偈:

师尝有偈示曰:"□□莫系念,念成生死河。轮回六趣海,无见出长波。"忠答曰:"念想由来幻,性自无终始。若得此中意,长波当自止。"师又示偈曰:"余本性虚无,缘妄生人我。如何息妄情,还归空处坐。"忠答曰:"虚无是实体,人我何所存?妄情不须息,即泛般若船。"师知其了悟,乃付以院事。(《五灯会元·牛头山智威禅师》)

"虚无"是吾人之"本性",但不是实体,若是实体,包括"妄情""人我"在内的一切就都不存在了,也就没有"了悟"一说了。我们不能被"人我""妄情"所局限,也不能孜孜于遁入虚无。真正的了悟,是不刻意去了悟,不刻意去寻清净,执着于"能了""不能了"本身就是"大病"。既不为"妄情"所惑,也

---

① 师问仰山:"涅槃经四十卷,多少是佛说,多少是魔说?"仰曰:"总是魔说。"(《五灯会元·潭州沩山灵祐禅师》)

不灭之以求"空寂",随顺自然,无拘无束,才是解脱之道。用无住禅师的话说便是:"念生亦不顺生,念灭亦不依寂。不来不去,不定不乱,不取不舍,不沉不浮。无为无相活泼泼,平常自在。"(《五灯会元·保唐无住禅师》)

禅宗主张"不立文字",反对人们迷信经典,但并不主张舍弃文字和经典,这就是"不取不舍"。勤于诵经的法达禅师拜见六祖慧能时,祖师告诉他依文诵经于开悟无益,法达禅师反问是否可以因而废黜诵经功课,祖师曰:"经有何过,岂障汝念?只为迷悟在人,损益由汝。"并作偈曰:"心迷法华转,心悟转法华。诵久不明已,与义作仇家。无念念即正,有念念成邪。有无俱不计,长御白牛车。"经文并无过错,诵经更是与佛无违,错在你"有念"——即以诵经为功。因而,执于诵经是"迷",尽废经文也是"迷"。法达禅师由此开悟,之后"亦不辍诵持"。

禅宗宣扬"五蕴皆空",反对人们沉迷于生理欲望,但也不提倡苦行和禁欲。师郁禅师被问及"如何是西来意"时,回答说"吃茶去"。这固然是禅师们善用的答非所问的启迪方法,但也透露出禅宗对生理欲望并不排斥。看过黄永玉的《煮茶图》和《待茶图》,若非麻木不仁,你一定会被画中人物在炉旁等待水开的那种不修边幅的率真、憨然纯粹的喜悦以及无所挂碍的专注神情深深打动。看上去食不厌精、脍不厌细的现代人,其实很少如此对待一杯茶、一顿饭。我们去高档餐厅吃饭是为了彰显档次,吃本身并不重要。我们去快餐店则是为了打发肚子,吃得匆匆忙忙。在外面的时候,我们把吃饭、喝茶当成社交手段,专注于拉关系。在家里的时候,我们嘴里吃着东西,眼睛盯着电视(手机)屏幕,脑子里盘算着蝇营狗苟。大多数时候,我们都没有专注于食物本身,可谓食不甘味。与我们为宣扬"禅茶文化"而制作的那些影像——优雅的环境,精致的茶具,缭绕的香雾,神情澹泊、飘然若仙的俊男美女,等等——相比,黄永玉的作品更富有禅意。禅不是某种格调,不是我们刻意追逐的东西,不在我们日常的行住坐卧之外,它是心境的澄明,是彻悟之后对于万物众生的重新接纳,抛却了功利取向、如其本然、怀着欢喜心的接纳,"见山只是山,见水只是水"。

如此,禅宗就不是要引导我们脱离人世走向寂灭,相反,是要引导我们活得悠然自在、韵致风流。它不主张取消任何生存实践活动——"劈柴担水，无非妙道，行住坐卧，皆在道场"，也不主张取消任何意义——"妄情不须息，即泛般若船"，它只是要我们破除对事物和意义的执着，从容淡定地对待世事人生——"平常心即道"。慧开禅师颂曰："春有百花秋有月，夏有凉风冬有雪，若无闲事挂心头，便是人间好时节。"当你破除了执念，心境就会变得空明，就会有闲情雅致感受世界的声色光影，生命存在就会变得丰润、和悦。

进而言之，禅宗主张"离一切相"，而不是"灭一切相"；只是让你"心无所住"，而不是让你"遗世归寂"。你可以追求事功，但只要懂得尽力而止、得失泰然，你就合乎禅的法则；你可以有所爱有所憎，但只要不被爱憎糊住心灵，懂得适时地放手和原谅，你就合乎禅的法则；你甚至可以终生不渝地追求某种价值或意义，但只要不把这种追求当成生活的全部，只要在追求时怀着从容不迫的心态且没有舍弃生活中的其他价值和意义，你也没有背离禅的法则。除了徒增烦恼的执念，禅宗不要求你舍弃任何东西，相反，它通过帮你摆脱种种执念的束缚和限制（"禅来缠去"），极致地扩展你的视野和心灵，让你的生命变得轻灵、超脱且丰富。

前面我们已经反复谈到，精神分析的目标在于把无意识整合进意识，解除意识之于无意识的过度压抑。禅宗主张的"无念""离相""去执""去分别心"表达的正是同样的旨趣，当人"五蕴皆空""念念清净"之时，身心就会处于一种开敞、敏睿的状态，就没有任何感知、意念会被忽略以致沉入无意识之中。

关于无意识，精神分析学家们往往根据自己的理论需要对其做特定的解释，比如，弗洛伊德塞进无意识的主要是畸形的欲望，荣格塞进去的主要是先验的智慧，沙利文则把无意识看作焦虑的沉聚之所，他们都没有向我们呈现无意识的全部内涵。弗洛姆意识到了这一点，给出了一个较为全面的界定：一切没有被觉察（意识）到的感受、冲动、欲望、恐惧等。[1] 他

---

[1] ［日］铃木大拙、［美］弗洛姆、［美］R. 德马蒂诺：《禅宗与精神分析》，洪修平译，辽宁教育出版社1988年版，第114页。

还进一步指出，意识的内容大部分是虚构和幻想，是社会塞给我们的，并没有准确地代表现实，也不是什么很有价值的东西；只有当隐藏着的现实被揭示出来，只有当意识之外的现实进入意识，我们才能得到某种有价值的东西。

我们可以求助于柏格森的生命哲学以便进一步理解无意识和意识的关系。柏格森指出，我们的心灵生活由时间构成，而时间是一种"绵延"。所谓绵延，不是一个瞬间代替另一个瞬间，而是每一瞬间都彼此渗透，过去涌向当下参与当下的组建，当下则不断成为过去。"过去以其整体形式在每个瞬间都跟随着我们。我们从最初的婴儿时期所感到、想到以及意志所指向的一切，全都存在着，依靠在上面（而当前也即将加入它们的行列）。"①每一个当下瞬间都吸收了所有的过去，而每一个过去瞬间也都因参与进了当下而在不断地发展、膨胀。这就意味着，我们的心灵生活不仅无比地浩瀚，而且始终处于流动状态，每一个瞬间的"我"都与过去不同，"日日新，又日新"，"我们的个性在萌发着，生长着，成熟着，没有片刻停息"②。"我"不与自己重复，当然更不会与别人重复。柏格森由此指出，每个生命都应该是独一无二的，生命应该是永无止境的创造。——铃木大拙持同样的观点，认为每个人都应该是生活的艺术家。③

然而，现实并非如此，独特的、有创造性的个体很少，触目皆是亦步亦趋、麻木不仁者。柏格森把罪责归咎于"智能"，以意识为指向的智能帮助我们摆脱了本能的控制、创造出了灿烂的文明，然而，它也有着保守的一面，那就是它遵循目的论和机械论的原则，只从绵延着的心灵生活中抽取有用的记忆，把其他一切推进无意识之中。"它不喜欢流动的东西，它

---

① ［法］亨利·柏格森：《创造进化论》，肖聿译，译林出版社2011年版，第5页。
② ［法］亨利·柏格森：《创造进化论》，肖聿译，译林出版社2011年版，第9页。
③ ［日］铃木大拙、［美］弗洛姆、［美］R.德马蒂诺：《禅宗与精神分析》，洪修平译，辽宁教育出版社1988年版，第18~20页。

将接触到的一切都加以固化。……我们对自身在进化的感觉,我们对纯粹绵延中一切事物都在进化的感觉,就是在智力概念周围形成那种(被恰当地称作)消退到黑暗中模糊边缘。机械论和目的论都仅仅考虑在中央闪耀的明亮核心。它们忘记了,这个核心乃是由其余部分凝缩而成的;它们忘记了,必须使用整体,既要使用那些流动的东西,也要使用被凝聚的东西以外的那些东西,才能把握生命的内在运动。"①柏格森将"把握生命的内在运动"的希望和使命托付给了非理性的"直觉","生命的利益在哪里受到威胁,直觉之灯就会在哪里闪亮。直觉将它的光亮投射在我们的个性上,投射在我们的自由上,投射在我们的起源上,也许还投射在我们的命运上;它的光亮虽然微弱而闪烁不定,却依然能够穿透智力将我们留住的那个黑夜。……从某种意义上说,直觉就是生命"②。智能将我们锁闭在必然性之中,剥夺我们的自由;而直觉则将我们置于永恒的绵延之中,恢复我们的自由。拥有自由,我们才能进行创造;遵照必然行事,只会循规蹈矩。

在精神分析的意义上,直觉就是一种将无意识整合进意识之中的方式,一种瞬间的"思接千载、视通万里",而禅宗推崇的"顿悟"恰恰就是一种"直觉"。这里,我们要澄清关于禅宗的一种极具迷惑性的谬解,认为禅宗要把我们引向一种不睹不闻、无思无虑的状态。的确,禅宗讲静心止念,把无思无虑视为禅修的一种手段,但手段不等于目的,"禅定"不是"枯定",禅师们并不赞同"心如止水",因为"死水不藏龙"。他们也有深情,也有所念。赵州从谂禅师声明死后要下地狱,有人问原因,答曰,"我若不入,阿谁教化汝?"(《五灯会元·赵州从谂禅师》)从谂禅师的使命感很强,念念不忘度化众生,这也应该是所有伟大禅师们的系念,但即便如此,他们也只是开导、启发你,悟不悟全看个人。这就意味着,他们心

---

① [法]亨利·柏格森:《创造进化论》,肖聿译,译林出版社2011年版,第43~44页。
② [法]亨利·柏格森:《创造进化论》,肖聿译,译林出版社2011年版,第248页。

怀度化众生的宏愿，但不会为此所困，也正因为如此，他们才能度化众生，若本人都不能超然于一切系念之外，又如何能度得了别人？在这个意义上，禅师们为众生树立了一种可资效仿的理想人格，铃木大拙把他们称为"真正的生活艺术家"，"他的生活反映着他从取之不竭的无意识之源所创造的一切形象，他的每一个行为都表达了独创性、创造力以及他那充满生气的人格。其中没有因袭，没有顺从，没有抑制的动机。他按照自己的意愿行动。他的举止就像风儿那样随心所欲，他没有那种陷入零碎的、有限的、受约束的和自我为中心的生存之中的自我。他从这个监狱中走了出来。唐代一位伟大的禅师说过：'一个人若是他自身的主人，则不管他在何处，其举止都是真正的他自身。'这种人我称之为真正的生活艺术家。他的自我已经触及到了无意识这个无限可能性之源。他是'无心'的"①。

禅宗讲"无我""无心""无念"，并不是要取消意识，回到原始的无意识状态，如果是那样，"我"就彻底被消解了，人格和创造性也就无从谈起了。"我"还在，但不是那个封闭的、牵动执念的、个人主义意义上的"小我"或"私我"，而是与世界密切相连的、活生生的、行动中的"我"，或者说是海德格尔意义上的于在世的展开状态中领会自身的"此在"。这个"我"，之于世界并无任何优先性，他的本质是与他者"共在"，他只能在"筑造"和"栖居"活动中成就自身。唐代裴休居士有桩公案讲述的就是这个道理：

  公入寺烧香，主事祇接。因观壁画，乃问："是何图相？"主事对曰："高僧真仪。"公曰："真仪可观。高僧何在？"主事无对。公曰："此间有禅人否？"曰："近有一僧，投寺执役，颇似禅者。"公曰："可请求询问得否？"于是遽寻檗至，公睹之欣然曰："休适有一问，诸德吝辞，今请上人代酬一语。"檗曰："请相公垂问。"公举前话，檗朗声

---

① ［日］铃木大拙、［美］弗洛姆、［美］R. 德马蒂诺：《禅宗与精神分析》，洪修平译，辽宁教育出版社1988年版，第19~20页。

曰："裴休!"公应诺。檗曰："在甚么处?"公当下知旨，如获髻珠。(《五灯会元·相国裴休居士》)

"檗"即扮作杂役隐迹于此的黄檗禅师，裴休居士后来成了他的弟子。他告诉裴休，你就是那个闻声而应的你，你与你的生存实践活动是同一的，此外没有你。高僧何在？没有高僧，高僧是无，是空洞的概念、虚幻的影像。追问"我是谁""我在哪里"与追问"高僧何在"一样虚妄，不存在一个静态的、现成的"我"等待我们去发现、去定义，"我"就是我的衣食住行、喜怒哀乐。进而言之，谈论"我的操劳是为了我自己"都是有问题的，因为"我"就是"我的操劳"，并不存在一个独立于"我的操劳"的"我自己"。另有一桩公案对此做了非常生动的揭示：

荆南白马昙照禅师，常云："快活！快活！"及临终时叫："苦！苦！"又云："阎罗王来取我也。"院主问曰："和尚当时被节度使抛向水中，神色不动，如今何得恁地？"师举枕子云："汝道当时是？如今是？"院主无对。(《五灯会元·白马昙照禅师》)

今日之我非昨日之我，或者说昨日之我已非我。我不必与乐观、刚毅的昨日之我保持一致，同样，我也不必为卑微、屈辱的昨日之我而耿耿于怀。——神经症便是源于个体对昨日之我不能释怀，致使心理被"情结"淤塞，或被"防御机制"控制，而精神分析则试图通过疏导、修复等方式，帮助病人摆脱昨日之我，使心理恢复流畅运转。今日之我亦非明日之我。我们常说要"做更好的自己"，在禅宗的意义上，"更好的自己"与成败无关，不能用客观标尺加以衡量。当我们努力做更好的自己时，我们就已经是更好的自己了；若我们懈怠下来，即便此时已功成名就，也与"更好的自己"无涉了。这就意味着，既不必纠缠于昨日之我，也不必焦虑于明日之我，我只是今日之我，我的意义和价值就体现在当下充满生气和创造性的生存实践中。

总而言之，禅宗的"无生"不是"灭生"，执着于"生"是迷，执着于"灭"也是迷，这就是"离生灭相"。"无我"也不是要将"我"的一切欲望、意念彻底清洗掉，过一种"枯木倚寒岩，三冬无暖气"的生活。① 恰恰相反，"无生"旨在"贵生"，"无我"是为了让"我"活得更自在、更康宁，否则的话，禅宗就不是"化度众生"而是"熄灭众生"了。

沙利文告诉我们，婴儿可以感知父母无意识地流露出来的焦虑。与之形成对照的是，我们成年人往往对他人明显异常的言谈举止视而不见，以致在对方出事后才恍然忆起并悔之不及。其中缘由，并非成年后感知能力退化了，而是越来越强的自我意识遮蔽了我们的感知。科胡特也认为婴儿的感知很敏锐，他们在接受照料的时候能够感知到照料者是否投入了真情。讽刺的是，在这方面我们倒是一点也没有变迟钝，我们会从对方的一个眼神、一个不经意的举止中解读出不屑和冷落，并因而感到屈辱和仇恨。诚如柏格森和弗洛姆所说，我们的感知是有选择性的，我们只关注和自己有关的东西，忽略了世界的丰富和美好。禅者亦云："高坡平顶上，尽是采樵翁，人人尽怀刀斧意，不见山花映水红。"（《五灯会元·亡名道婆》）当我们破除了对"我相"（"自我"）的执迷，不再徒劳地为昨日之我和明日之我而耗费心神时，我们的感知力就会变得异常敏锐，不仅如此，我们的想象力也会飞翔起来。香严智闲禅师曾央求沩山灵祐禅师为其道破禅机，遭拒绝后一度心灰意冷，遂蛰居党子谷：

> 一日，芟除草木，偶抛瓦砾，击竹作声，忽然省悟。遽归沐浴焚香，遥礼沩山。（《五灯会元·香严智闲禅师》）

---

① 《五灯会元·亡名道婆》记载：
　　昔有婆子供养一庵主，经二十年，常令一二八女子送饭给侍。一日，令女子抱定，曰："正恁么时如何？"主曰："枯木倚寒岩，三冬无暖气。"女子举似婆。婆曰："我二十年只养了一个俗汉！"遂遣出，烧却庵。
这桩公案寓示了：开悟得道，破除我相，是要破除对"我"的执着，而非断灭"我"的一切意念和欲望，执着于"断"恰恰是未开悟的表现。

此即"从有入空",由一个生活细节悟得宇宙之真谛。我们很容易联想到英国诗人布莱克那几句传诵不衰的诗行:"一花一世界,一沙一天国,君掌盛无边,刹那含永劫。"韦勒克在《文学史上的浪漫主义概念》一文中援引了这首诗,并将其中呈现的思维能力——联系、结合、洞察的能力——称之为想象力。① 香严智闲禅师的顿悟正有赖于想象力的襄助。按照柏格森的"绵延"学说,想象力人皆有之,并非专属于某些有天赋的人。我们的每一个感知,都不是纯粹的生理感觉,都被绵延着记忆所渗透,也就是说,都是当下与过去的复合,都是有深度的。用克罗齐的说法,感知、直觉中就包含了联想、想象。② 和艺术家相比,我们的想象力相形见绌,之所以如此,也是因为"人人尽怀刀斧意":过于强烈的功利追求,使我们的意识受到了理性和科学禁锢,那些和现实功利无关的绵延,诸如回忆、联想、感悟等,都被排除到了无意识之中。所以,铃木大拙认为禅宗的意义在于让我们返回到无意识中汲取创造的源泉,从而成为生活的艺术家。事实上,每一则公案,都是一篇绝妙的艺术小品,都展现了禅师们超卓的想象和创造能力。

"一切声色事物,过而不留,通而不滞,随缘自在,到处现成"(《无门关》),是禅宗追求的生命状态,如此,自然不会有精神问题。而且,破除了"我执",摒除了贪欲,我们就不会再去压榨自然,就不会再有生态问题。众所周知,主客二分的思维方式以及建基其上的人类中心主义价值观和伦理观,是生态问题的思想根源,而禅宗最彻底地消解了主客的二分,宏智禅师曾云:"诸禅德,来来去去山中人,识得青山便是身,青山是身身是我,更于何处著根尘。"(《天童正觉禅师语录》)我就是青山,就是自然,并不独立于自然之外。这就是"色心不二""物我无对",在这个意义上,谈论如何对待自然是没有悟得禅机的表现,因为这一话题本身就是建

---

① [美]雷内·韦勒克:《批评的诸种概念》,张金言译,中国美术学院出版社1999年版,第172页。
② [意]克罗齐:《美学的理论》,田时纲译,中国社会科学出版社2007年版,第18~19页。

立在人与自然的二分之上。① 所以，禅宗虽不像儒家那样谈论敬天惜物、爱护自然，但却蕴涵了一种更深沉的生态智慧。

本章小结

以反形而上学为己任的解构主义大师德里达宣称自然是语言建构之物，是一个需要解构的形而上学概念，对生态思想构成了巨大挑战。因为自然拥有独立于人的秩序和价值，是后者批判"人类中心主义"的主要依据。

海德格尔也反形而上学，宣称一切存在于语言之中，"语言是存在的家"，"语言破碎处，无物存在"。但德里达还是对他展开了批判，指责他把存在变成了一种更加稳固的本源和基础，从而树立了一种新的形而上学。德里达没有误读海德格尔，后者的确没有彻底摆脱形而上学。但问题不在海德格尔身上，他反形而上学的不彻底性恰恰表明，形而上学是我们不能也不应该放弃的。借助荣格和温尼科特的精神分析学说，我们可以清楚地认识到这一点。语言之外并非无物存在，我们用语言表达的种种意义，从根本上说还是源自语言出现之前就已存在的世界。拉康曾和德里达一样激烈地反对形而上学，断然宣布"实在界"是不可能的，将"本我""自然"彻底抹除。但到了晚年，他还是承认了前语言秩序的存在，承认"符号界"没有湮没"实在界"，文化没有抹除自然。

就主流而言，精神分析是对西方哲学的一种反动，是要引领我们弱化过于强大的个体意识、理性意识，与心灵的自然、生命的自然取得和解。这样一种思维取向，与中国古典哲学不谋而合。儒道释三家思想都不执着于"小我"，都主张"天人合一"。相比之下，禅宗对个体意识的消解最为彻底，其"开悟"是为了疏通"我执"之于心理的淤塞，与精神分析的理念异曲而同工。

---

① 这种思想在当代美国著名环境美学家阿诺德·伯林特那里获得了回应，后者声称自然保护区的设立完全没有必要，它人为地将部分自然同更大范围内的自然隔离起来，反而走向了不自然，因为自然之外并无一物。——[美]阿诺德·伯林特：《环境美学》，张敏、周雨译，湖南科学技术出版社2006年版，第9页。

后　记

　　因攻读硕士学位期间遭受过心理问题的困扰，我对精神分析学说一直很感兴趣，多年来较为广泛、深入地阅读了相关经典，并养成了从精神分析的视角观察世界和反思自己的习惯。硕士毕业后，我考入山东大学，跟随中国生态美学奠基人曾繁仁先生攻读博士学位，并把西方环境美学研究作为博士论文选题，很自然地发现了精神分析中存在着生态之维。但限于学识积累不足，直到2016年年底，博士毕业6年后，我才开始动手写作这本书，断断续续写了好几年，是目前完成的6本专著中历时最长的。其间，我分出精力完成了两本文学评论专著，虽延缓了本书的写作进程，但也不无益处，因为精神分析是我写作文学评论最倚重的理论和方法，而我对精神分析的理解也在评论写作中不断得到深化。

　　几年来，世事变幻，风谲云诡，人们越来越焦虑，心态越来越浮躁。对于我来说，写这本书的最大意义，就在于能让我静下心来把它写完。按照精神分析大师弗洛姆的说法，专心做事既是一种自我分析疗法，也是疗治的结果和疗愈的征象（参见本书第三章第二节）。至于其他的意义，有无学术价值，只能由读者来评说了。

　　感谢武汉大学出版社的认可，感谢编辑老师们付出的心血！

2022 年 10 月 28 日